中国银行业协会
CHINA BANKING ASSOCIATION

票据蓝皮书

中国票据市场发展报告 2015~2016

REPORT ON CHINA BILL MARKET DEVELOPMENT

中国银行业协会　编著

中国财经出版传媒集团
中国财政经济出版社

图书在版编目（CIP）数据

中国票据市场发展报告：票据蓝皮书．2015－2016／中国银行业协会编著．—北京：中国财政经济出版社，2017.1

ISBN 978－7－5095－7121－7

Ⅰ．①中…　Ⅱ．①中…　Ⅲ．①票据市场－研究报告－中国－2015－2016　Ⅳ．①F832.51

中国版本图书馆 CIP 数据核字（2016）第 294742 号

责任编辑：王　丽　　　　责任校对：黄亚青

封面设计：田　晗

中国财政经济出版社 出版

URL：http：//www.cfeph.cn

E－mail：cfeph＠cfeph.cn

社址：北京市海淀区阜成路甲 28 号　邮政编码：100142

营销中心电话：88190406　北京财经书店电话：64033436　84041336

北京联兴盛业印刷股份有限公司印刷　各地新华书店经销

889×1194 毫米　16 开　15.5 印张　288 000 字

2017 年 5 月第 1 版　2017 年 5 月北京第 1 次印刷

定价：99.00 元

ISBN 978－7－5095－7121－7/F·5710

（图书出现印装问题，本社负责调换）

本社质量投诉电话：010－88190744

打击盗版举报热线：010－88190492、QQ：634579818

以支持实体经济为己任，
共同推进票据市场稳健发展

中国银行业协会 潘光伟

中国银行业协会党委书记、专职副会长潘光伟题词

专家指导委员会

主　　任　胡　浩

副主任　黄润中　赵　濛

委　　员　徐晓岚　卜祥瑞　龚春刚　王红霞　张喜军
杨　茉　沈佩军　郝　军　侯　林　徐裕发
宁　咏　金　旗　焦建波　景　嵩　何伟强
朱　丹　赵成江　胡立明　胡晓宁　余　建

本书编委会

主　　编　徐晓岚　卜祥瑞

副主编　唐国林　王永琪

编　　委　嵇成柱　邹　江　赵　珣　曾一村　汪办兴

执行主编　嵇成柱　邹　江

编写人员　（排序不分先后）
邹　江　汪办兴　修晓磊　赵　珣　颜村雨
曾一村　汪武超　李晓莉　崔　韬　张晓声
刘庆晓　张宇航　高　辉　江仁让　于　硕
于瑞珍　郭文卿　童　鹏　刘　杰　陈婷婷
刘晓菊　吴安琪

序

21世纪以来，我国票据市场进入异常活跃时期。2015年，境内企业累计签发商业汇票22.4万亿元，比2000年增加21.7万亿元，增长31倍，年复合增长率为25.5%；境内金融机构全年累计贴现量为102.1万亿元，比2000年增加101.5万亿元，增长169倍，年复合增长率为40.2%。

2015年是中国票据市场发展最重要的一年。一是承兑业务波动增长，同比增速放缓，全年企业累计签发商业汇票22.4万亿元，同比增长1.3%；二是我国票据市场票据贴现交易空前活跃，票据融资规模快速增长，金融机构累计贴现102.1万亿元，同比增长68.2%；三是银行票据业务支持实体经济作用进一步提升，年末贴现余额为4.6万亿元，同比增长56.9%，票据融资在各项贷款中的占比上升至4.87%，比2014年末上升了1.33个百分点；四是电子票据市场快速发展，占比明显提升。

在承兑业务放缓、持票量放大、交易业务量增加的同时，票据经营机构内控和风险压力陡增，违规经营和票据案件层出不穷，票据市场非理性发展问题凸显。2016年上半年发生的一系列票据案件一方面反映了票据经营机构尤其是银行业票据风险性文化在盈利性面前的失衡，另一方面也反映了我国票据市场制度体系存在的弊端已经影响到票据市场的健康持续发展，改革的必要性变得更加迫切。

为了全面记录中国票据市场发展历程，真正有效地为中国票据市场发展服务，中国银行业协会于2014年11月18日成立了中国银行业协会票据专业委员会，并成立课题组，将现阶段的《中国票据市场年度发展报告》及其蓝皮书作为一项主要工作，以期共同推动中国票据市场现代化发展进程。

《中国票据市场发展报告2015~2016》由中国银行业协会牵头，中国工商银行承办，中国农业银行、交通银行、中国邮政储蓄银行、中国民生银行、招商银行和北京农商银行协办。作为中国银行业协会票据专业委员会的主任单位，中国工商银行拥有一支较高水准的票据研究团队，多年来在票据理论研究和实践中均取得较为突出的成就，在独立组织《中国票据市场年度发展报告》方面具有一定的经验，赢得业内同行的赞许和肯定，此次受托牵头课题，并在中国银行业协会的指导下，与中国农业银行等六家单位紧密合作，现已圆满完成了任务。《中国票据市场发展报告 2015 ~ 2016》立足 2015 年中国票据市场发展现状，兼顾 2016 年以来市场环境变化及监管政策趋势，以求向读者展现 2015 年以来我国票据市场发展的基本全貌。

在课题研究过程中，我们得到了中国银监会、中国银行业协会的高度重视和中国人民银行有关部门的关心和支持。中国银行业协会领导和行业专家全程参与了课题的研究和审定，并就出版工作提出了宝贵的意见和安排，在此对他们表示衷心的感谢。同时，还要感谢编写组的所有同事和票据专业委员会的各位同仁，在大家的辛勤努力下，课题能够顺利完稿，相信《中国票据市场发展报告 2015 ~ 2016》的面世和蓝皮书的发行能为我国票据市场发展起到积极的促进作用。

中国票据市场风风雨雨地走过了 37 年的发展历程，伴随票据交易所的成立和监管政策的密集出台，我们期待中国票据市场走上更加理性发展的轨道，希望未来的中国票据市场将伴随实体经济的发展壮大而更加健康繁荣。

中国银行业协会票据专业委员会主任
中国工商银行股份有限公司副行长

目 录

表目录

图目录

第一章

2015 年中国票据市场发展综述

近年来，我国宏观经济新常态发展的特征日趋明显，经济运行由高速增长转变为中高速增长，企业一般性信贷需求下降，银行信贷风险加大。同期，商业银行充分利用票据业务加大对中小企业的信用支持和贴现资金投放，票据融资支持实体经济的作用较为突出。2013～2015 年，国内生产总值（GDP）同比增速分别为 7.7%、7.4% 和 6.9%；商业汇票年累计签发量分别为 20.3 万亿元、22.1 万亿元和 22.4 万亿元，同比分别增长 13.3%、8.9% 和 1.3%。尽管企业商业汇票签发量增速放缓，但自 2013 年汇票签发量首次突破 20 万亿元大关后，已连续三年稳定在 20 万亿元之上，为企业提供了大量信用支持和贴现票源。据中国人民银行货币政策执行报告披露，“从行业结构看，企业签发的银行承兑汇票余额主要集中在制造业、批发和零售业；从企业结构看，由中小企业签发的银行承兑汇票约占 2/3。”票据承兑业务的持续增长，有效加大了对实体经济，尤其是中小企业的融资支持。同期，银行合理满足中小企业贴现融资需求，票据融资总量大幅增长。截至 2015 年末，全国金融机构票据融资余额为 4.6 万亿元，比 2013 年末增加了 2.62 万亿元，增长了 1.34 倍；票据融资在各项贷款中的占比由 2013 年末的 2.73% 提升至 2015 年末的 5.03%。新常态下，银行票据业务支持实体经济作用进一步提升。

第一节　2015 年经济金融环境与票据市场发展

一、票据市场发展的宏观经济金融环境

2015 年，世界经济复苏放缓，再加上不确定因素增多，主要经济体增长态势和货币政策进一步分化，国际金融市场波动加剧，对我国宏观经济金融运行产生较为复杂的影响。

2015 年，在三期叠加的作用下，国内生产总值（GDP）同比增长 6.9%，同比下降 0.5 个百分点。总体上看，我国经济仍运行在合理区间，经济运行稳中求进和经济结构调整加快，对金融市场融资需求提供了稳定的拉动力量。

2015 年，中国人民银行继续实施稳健的货币政策，更加注重政策松紧适度，综合运用公开市场操作、中期借贷便利、普降金融机构存款准备金率以及下调存贷款基准利率等多种政策工具，合理调节银行体系的流动性，保持了流动性总体充裕，促进货币信贷合理增长。同时，坚定推进金融市场化改革，将存款准备金由时点法考核改为平均法考核，将差别准备金动态调整机制升级为宏观审慎评估体系（MPA），着力疏通货币政策传导机制，提高金融资源配置效率，为商业银行票据融资业务发展提供了相对有利的金融市场环境。

二、票据市场运行的主要特点

（一）票据承兑业务波动增长，同比增速放缓

2015 年，由于经济增速放缓和企业信用风险上升，银行对企业签发商业汇票的承兑更趋谨慎，票据承兑业务增速放缓。2015 年，企业累计签发商业汇票 22.4 万亿元，同比增长 1.3%，增速同比下降 7.6 个百分点；期末商业汇票未到期金额为 10.4 万亿元，同比增长 5.4%，增速同比下降了 3.9 个百分点。

（二）票据贴现交易活跃，票据融资规模快速增长

2015 年，主要商业银行积极开展票据贴现业务支持贷款投放，票据融资规模快速

增长。2015 年，金融机构累计贴现 102.1 万亿元，同比增长 68.2%；年末贴现余额 4.6 万亿元，同比增长 56.9%；票据融资在各项贷款中的占比上升至 4.87%，比 2014 年末上升了 1.33 个百分点。

（三）票据利率波段式下跌，年中反弹回落后延续小幅下跌

2015 年，票据利率波动下跌，上半年跌幅较为明显，下半年跌幅收窄。年中受多重因素叠加影响，6 月末票据利率小幅回升至 3.8% ~3.9%。下半年，市场资金面仍维持宽裕稳定的局面，票据利率再次回落后延续下跌，并于 10 月末向下突破 3%，此后票据利率围绕 3% 窄幅波动运行。

（四）电子票据市场快速发展，电子票据市场占比明显提升

2015 年，在票据融资规模较快增长和转贴现交易活跃的市场环境下，电子票据各类型业务同比均快速增长。2015 年，电子商业汇票系统（ECDS）出票金额 5.6 万亿元，同比增长 78.9%；承兑金额 5.8 万亿元，同比增长 88.4%；贴现金额 3.7 万亿元，同比增长 148.8%；转贴现金额 22.1 万亿元，同比增长 360.4%。2015 年，电子商业汇票累计承兑量和累计贴现量在全部汇票累计承兑量和累计贴现量中的占比已分别达到 25.8% 和 25.4%。

三、票据市场与货币市场联动发展进一步增强

2015 年，在市场资金面总体合理宽裕、资金利率阶段性波动下跌的背景下，银行间市场同业机构加大短期资金融通和跨市场资金交易获利，票据市场与同业拆借、债券回购等相关货币子市场联动效应进一步增强。

（一）票据市场交易和货币市场交易均保持规模化增长趋势

2015 年，在流动性宽裕的局面下，银行间市场票据累计贴现量、同业拆借量和债券回购量同比分别增长 68%、71% 和 105%，均呈现出强劲增长态势，反映了金融机构对短期资金运作效率和盈利性的重视，加大了短期资金在票据市场、同业拆借和债券回购等相关货币市场的运作力度，促进了短期资金的跨市场流动和不同市场短期资金利率的交互影响。

（二）票据市场交易利率和同业拆借利率、债券回购利率走势的一致性增强

在短期资金寻求跨市场交易获利和避险套利的交易动机下，三大短期资金交易市

场利率走势的关联性加大，表明 Shibor 作为货币市场基准利率对短期资金交易产品的利率定价具有较强的参照价值，进一步促进了票据业务较高的利率市场化特性。

四、不同区域票据市场发展差异较大

从区域票据市场发展看，各地区经济发展水平的差异、经济结构调整进程的不同以及“一带一路”等国家重大发展战略的实施对区域经济发展不同影响，不同经济区域票据市场发展的的区域性特征仍较为明显，主要表现为所处发展阶段各不相同。

从整体上看，上海居于全国票据市场发展的领军地位，票据专营机构集聚对票据市场发展的带动和引领作用较强，未来上海票据市场对全国统一票据市场建设的带动作用进一步增强。江苏、广东、山东、浙江四个沿海经济发达省份为全国领先发展的区域票据市场，票据签发量和票据交易量均居于国内领先地位。中东部位居经济发展中上游的地区票据市场发展潜力巨大，票据承兑和贴现相对活跃，市场成长性较好。中西部欠发达地区票据市场发展相对落后，经济基础薄弱使得票源较为稀缺，参与主体相对较少，制约了该地区票据业务的发展。

2015 年，东部和西部地区承兑业务发生额占比上升。东部地区承兑余额仍然居于绝对优势，占比排全国首位；除中部地区承兑票余额增速较上年下降 4 个百分点外，其他地区增速均较上年有所提高。

2015 年，东部地区票据贴现业务领先发展，票据累计贴现量和贴现余额的市场份额均居首位，分别达到 65.6% 和 57.5%；其次是西部地区，票据累计贴现量和贴现余额占比分别达到 15.0% 和 21%；中部地区两项占比分别为 10.1% 和 14.1%；东北地区两项占比分别为 9.3% 和 7.4%。

五、不同类型金融机构票据业务发展良好

2015 年，金融机构的票据业务经营策略更趋务实，票据市场参与主体增多，票据业务运行特点各异，总体上呈现出市场分工更加精细化、专业化的发展态势。

2015 年，大型国有银行主动调整业务经营策略，从控制风险角度调整承兑业务发展速度，年末承兑余额同比下降 20.64%；大型国有银行重点经营票据贴现业务，年末票据融资余额增至 1.69 万亿元，同比增加 7 170 亿元，同比增幅高达 73.42%，占据全国票据贴现余额的 36.74%。

2015 年，股份制银行承兑业务发展领先同行，同样注重贴现业务。13 家上市股份

制银行年末票据承兑余额约 4 万亿元，同比增加 824.5 亿元，增长 2.1%，在全国承兑余额中的比重为 38.4%；票据贴现余额比上年末增加 2 269 亿元，增长 80.17%。

2015 年，城商行（含城市信用社）和农村金融机构票据业务也呈现良好发展态势，年末票据融资规模分别达到 8 385 亿元和 9 249 亿元，同比分别增长 650 亿元和 116 亿元。其中，3 家上市城商行承兑业务和贴现业务实现双增长，贴现业务增幅更快。年末，3 家城商行承兑余额为 2 790 亿元，同比增加 369.5 亿元，增长 15.3%；票据贴现余额为 637.29 亿元，同比增加 389 亿元，增幅达 157.1%。

第二节　票据业务创新与风险监管

一、多样化票据业务和互联网票据新业态发展

（一）金融机构票据业务创新力度加大

2015 年，商业银行在应对各种经营压力的情况下，对传统的票据业务进行创新发展，适应市场需求的变化推出多项票据创新业务，票据业务创新在以下四个方面取得新进展：

1. 传统票据自营业务创新

2015 年以来，部分中小商业银行开始尝试对传统票据承兑、贴现和转贴现业务进行深层次和高附加值的业务创新，陆续推出了附加保证商业承兑汇票、代理贴现、转贴现（回购）交易组合等创新业务，丰富了银行自营票据业务领域，取得了较好的市场反响。

2. 票据代理经纪业务创新

2015 年，银行更加关注与票据中间业务相关的业务创新，向市场推出票据代理经纪业务，提升票据中间业务创收能力。一是企业票据综合经纪服务成为银行争夺高端企业客户的业务创新重点，为企业提供票据真伪审验、信息登记查询、代保管、拆分置换、托收、代理票据账务核算等一揽子服务的企业票据代理经纪业务；二是大中型银行主动利用自身票据业务信息化系统的优势，适应未来票据交易网络化和电子化发展趋势，加快互联网票据业务创新发展。

3. 票据资产证券化业务创新

在票据业务规范监管的背景下，票据资产证券化业务创新成为银行票据业务创新的新内容，被视为票据投行业务。票据投行类业务是指商业银行运用投行业务工具为票据资产提供融资支持，依据银行资金筹集渠道、资产证券化基础票据来源以及业务创新合作机构的不同，市场上出现的主要有自有资金投资票据资产、自营票据资产证券化、企业票据资产证券化投行服务和票据资产管理计划等业务创新。

4. 自贸区跨境票据业务创新

2015 年，商业银行利用自贸区相对有利的政策和监管环境，大力开展一系列票据创新业务探索和试点。主要业务创新是票据与信用证组合融资，银行推动票据业务参与跨境人民币支付业务领域。

（二）互联网票据新业态发展呈现多样化

2015 年以来，随着金融市场条件的变化和互联网金融健康发展指导意见的出台，互联网票据新业态的市场格局深入发展演变。

1. 互联网票据理财收益率下降，互联网票据行业显现调整

2015 年以来，市场上发售的互联网票据理财产品的预期收益率不断下滑，接近于货币市场同类理财产品收益率，对市场的吸引力有所减弱。同期，在 P2P 网贷风险加大和互联网金融监管加强的背景下，互联网票据的固有风险也有所显现，互联网票据理财出现消退。同时，在互联网金融新业态的市场效应下，部分民间票据中介互联网化仍在持续，但市场影响力有所减弱。

2. 银行加快布局互联网票据业务创新，或将取代第三方互联网票据平台成为市场主导力量

2015 年，主要商业银行加大了借助互联网金融模式拓展票据业务的创新尝试和努力，通过为互联网平台提供票据服务、自主开发网络平台和与互联网平台合作等方式开展互联网票据业务，不同类型银行结合自身互联网金融发展架构，推进互联网票据业务创新转型。

二、票据业务风险防控与外部监管

（一）金融机构票据业务的风险经营压力明显加大

2015 年以来，经济增速下行压力和中小企业生存发展的经济环境面临严峻挑战，

银行票据融资的信用风险防控压力较大。在利率市场化和金融脱媒化进程加快的背景下，银行负债资金成本提高和存贷款利差缩窄，银行间市场流动性短期频繁波动成为常态，银行票据业务的利率风险和流动性风险防控难度加大。同期，在激烈的市场竞争中，部分中小金融机构票据资金错配业务模式的潜在市场风险上升，与民间票据中介开展业务合作，在市场不确定影响因素的作用下，票据业务的合规风险、操作风险和道德风险均有所加大。

（二）监管部门持续强化票据业务风险监管

2015 年，监管部门持续开展了对银行同业业务规范治理落实情况的监管检查，重点对票据业务合规经营进行现场检查。根据现场检查中发现的问题，2015 年末，中国银监会下发《关于票据业务风险提示的通知》（银监办发［2015］203 号），对银行业金融机构在办理票据业务中存在的票据同业业务专营治理落实不到位、与票据中介合作办理非真实贸易背景票据贴现等七大类问题予以风险提示。此后，根据 2016 年以来银行票据业务风险事件发生频率加大的现实，中国人民银行和中国银监会于 2016 年 4 月联合下发了《关于加强票据业务监管　促进票据市场健康发展的通知》（银发［2016］126 号），要求银行业机构严格执行票据同业业务治理规范和业务合规办理标准，加大票据业务风险自查，强化监管检查。

第三节　全国统一票据市场建设与商业银行票据业务经营

一、全国统一票据市场建设发展与前景展望

（一）全国统一票据市场建设实质性推进

2016 年初，在票据业务风险事件接连发生的背景下，中国人民银行明确表示，要加快推动建设全国统一的票据市场（票据交易所），提升电子商业汇票系统交易运行效率。5 月，中国人民银行牵头成立全国统一票据市场（票据交易所）筹备小组，并按计划统筹推进全国统一票据市场建设的各项工作。

票据交易所的建设是我国票据市场运行体系的一次全新变革，将会对全国统一票据市场的形成发挥积极的促进作用：

1. 引入票据市场运行体系建设的核心组织者

票据交易所作为全国统一的票据交易电子化系统的建设方、运行方和维护方，能够从未来电子票据市场发展的角度，在组织制定全国统一票据市场的参与标准、交易规则、风险控制、信息咨询、资金清算的制度规范等诸多方面，发挥好组织和维护票据市场运行的关键作用。

2. 有助于强化票据市场稳健运行

票据交易所是一个全国性电子票据交易市场，可以避免纸质票据的变造、伪造风险和业务操作风险，票据真实性贸易背景受到更加严格的保护；票据交易规则和信息披露更加透明，违规套利等不合规票据交易将减少；票据业务标准和违规处罚条例的市场接受程度更高，有助于提升监管的落实和执行力度。

3. 有助于推进票据市场创新发展

票据交易所运行机制的完善发展，可以促进现行票据法律制度规范的修订完善，为适度放宽和引入融资性票据，适时引入证券、基金、养老金、信托等多样性货币市场机构投资者，拓宽票据市场参与投资主体等提供条件，推进多层次的票据市场建设。

（二）未来全国统一票据市场发展前景

未来一段时期，票据交易所的建设将开创全国统一票据市场发展的新局面，未来票据市场发展前景在以下四个方面值得重点关注：

1. 票据市场深化发展的内在动力有望增强

主要是经济结构调整加快、中国制造2025和供给侧改革等积极因素有利于票据融资规模恢复增长。票据交易所的制度创新和核心市场组织者作用的发挥，以及电子票据加快发展，可以促进跨区域票据市场融合发展。

2. 票据交易所服务功能和运行机制有序完善

今后一段时期，票据交易所将逐步建立起与市场核心组织者定位相适应的组织框架和业务管理体系，逐步完善发展票据交易所服务功能。在运行初期主要为参与主体提供票据转贴现的集中竞价、撮合交易等服务功能，此后有望拓展到企业票据承兑、贴现、担保、见证、咨询等方面，逐步实现为全市场提供票据全链条业务的综合服务功能，并创新引入更具市场化的票据交易做市商机制。

3. 全国统一多层次票据市场体系将获得更大发展空间

票据交易所是我国票据市场运行模式创新在顶层设计方面取得的重大突破和成就。票据交易所运行机制的完善发展，有望加快创新引入更多类型市场参与主体和多元化票据交易投融资工具，推动票据法律体系加快修订完善并与国际接轨，将为我国多层次票据市场体系的不断深化创造新的市场条件。

4. 电子票据替代纸质票据将呈现快速发展态势

截至 2015 年末，中国人民银行电子商业汇票系统（ECDS）直接接入用户数已达 396 家（不含间接接入 ECDS 系统的用户），比 2010 年末增加了 80 家。2016 年初，中国人民银行支付结算司明确提出了加快电子票据替代纸质票据的发展目标。在票据交易所电子票据交易规则制定实施的基础上，将会有更多企业和金融机构关注和使用电子票据，接入 ECDS 系统用户持续增长，中小金融机构和中小企业对电子票据的接受和使用日益增多，将使得电子票据的应用领域更加广泛。

二、商业银行票据业务经营形势

（一）银行票据业务经营环境面临深刻变化

1. 票据市场发展的新常态特征日益显著

伴随着我国经济进入新常态发展，经济运行由高速增长转变为中高速增长，企业商业汇票签发量增速也有所放缓。自 2013 年以来，商业汇票签发量连续三年增速下降。2016 年第一季度，企业商业汇票签发量更是出现 21 世纪以来首次同比负增长，当季同比下降 8.4%。

2. 货币信贷政策调控创新举措市场影响深远

2016 年以来，中国人民银行适应新常态实施货币金融调控新举措，主要是实施以广义信贷规模为着眼点的宏观审慎考核评估体系（MPA）和构建更具市场化的利率走廊货币政策传导机制，为金融机构票据业务经营转型提供了政策支持，也带来了业务发展适应新的货币信贷调控考核机制的挑战。

3. 票据业务合规监管力度持续增强

2015 年末，中国银监会下发 203 号文提示票据业务风险。此后，2016 年 4 月，中国人民银行和中国银监会联合下发 126 号文，要求银行强化票据业务内控管理，坚持贸易背景真实性的业务审查标准，规范票据交易行为，全面开展票据业务风险自查，强化监督检查。

4. 票据交易所创设开启全国统一票据市场发展新阶段

2016 年以来，中国人民银行加快电子票据业务发展，推进全国统一票据市场建设，成为其强化票据业务风险管控的新举措。3 月 9 日，中国人民银行副行长潘功胜接受采访时表示，“中国人民银行正在抓紧推动建设全国统一的票据市场，这是下一步中国人民银行工作计划之一。建设电子票据交易系统，将有利于提高票据市场交易效率，降低票据市场交易成本和交易风险。”

（二）商业银行票据业务发展面临的机遇和挑战

今后一段时期，经济金融深化改革和全国统一票据市场建设，将为商业银行创造一个较为复杂的经营环境，机遇和挑战并存。

1. 未来商业银行票据业务发展面临的主要机遇

（1）经济转型发展为银行票据业务服务实体经济开辟新空间。主要是经济结构加快调整和国家重大发展战略的实施将在稳增长中有效提升企业票据融资需求。

（2）金融调控适应新常态有利于银行票据业务经营转型。主要是中国人民银行在执行稳健的货币政策的同时，更加适应新常态创新宏观金融调控模式，有助于增强银行票据业务创新发展的自主性和灵活性。

（3）全国统一票据市场建设有利于银行增强票据市场主体地位，银行电子票据业务市场优势更加突出。

（4）金融监管模式的转变有利于提升银行票据业务创新活力。主要是未来综合金融监管模式的转型，将更有利于深化金融改革，为银行推进综合化票据业务经营提供市场空间。

2. 银行票据业务经营转型面临的现实挑战

（1）新形势下银行票据业务经营转型的紧迫性更加突出。主要是利率市场化条件下票据贴现利率和交易利差明显下降，以及同业票据业务同质化竞争，使得传统持票生息和交易获利模式难以持续。

（2）银行综合化票据业务创新面临更加全面的政策监管。主要是银监部门持续增强银行票据和同业业务监管力度，以及推行综合化金融监管模式，银行票据综合化业务创新面临更加全面的合规监管。

（3）银行票据业务风险防控的复杂性加大。主要是在票据市场深刻变革的环境下，银行票据业务的信用风险、操作风险、利率风险以及声誉风险的影响因素更加复杂，且不同风险之间传递频率加快。

第四节　2016 年票据市场发展总体展望

一、企业商业汇票签发量进一步放缓

随着新常态下经营增速的放缓和企业融资需求降低，商业汇票签发量增幅逐年降低，今年第一季度累计票据签发量出现首次同比负增长，显示出增幅进一步放缓的迹象。从当前市场环境看，经济增速放缓仍是票据签发量增长乏力的首要因素。同时，票据业务监管持续增强，融资性票据需求更难得到满足，加上营改增和部分中小企业尚不习惯使用电子票据，这些均制约了企业汇票签发量的增长。

二、银行仍延续票据填补贷款规模的经营策略

近两年来，受经济增速放缓和企业信贷需求不足的影响，银行主动加大票据贴现资金运作力度支撑信贷投放，票据融资规模快速增长。2016 年，经济运行仍将处于探底回升的过程，银行仍将面临有效信贷增长乏力和信贷风险加大的双重压力，也仍会重视票据融资拓展信贷投放和管控风险的双重作用，票据融资总量有望延续增长。同时，中国人民银行实施宏观审慎评估体系（MPA），银行将会根据中国人民银行 MPA 实施情况，适时加大票据融资对广义信贷规模的调控管理，票据融资的波动性将加大。

三、票据市场交易仍适度活跃

2016 年，从稳定经济增长、促进结构加快调整和推进金融市场深化改革等层面看，中国人民银行仍会执行稳健的货币政策和注重保持松紧适度，维持流动性宽裕稳定，为金融机构开展票据业务提供有利的市场环境。在有流动性宽裕和资产荒的背景下，票据仍将是众多机构的重要资产配置标的，也将激发票据交易适度活跃。

四、票据市场利率低位震荡运行

2016 年，我国经济运行仍将面临下行压力，中国人民银行货币政策将发挥稳增长

和促进经济结构加快调整的积极作用，为银行业务经营提供相对有利的金融市场条件。在美联储再次加息可能性加大的背景下，中国人民银行须平衡稳增长和外部因素对国内市场的影响，继续实施稳健的货币政策，年内主要运用降准、公开市场操作、SLF和MLF等政策工具调节流动性，引导货币市场利率趋向合意利率区间，再次降息的可能性较小。因此，2016年货币市场利率走势将相对平稳，票据利率也将难以出现往年年初大幅下跌的态势，更多可能是平缓下行和区间震荡的走势。

五、票据市场发展格局面临深刻变革

2015年末，中国人民银行203号文指出，银行业金融机构票据业务经营中存在票据同业业务治理不到位、贸易背景真实性、消减融资规模等问题。2016年第一季度接连发生多起票据风险事件，银监部门持续加大票据业务风险监管力度。同期，中国人民银行明确表示，加快全国统一票据市场建设，提高电子商业汇票运行效率，防控票据业务风险。5月，中国人民银行会同多家银行成立全国统一票据市场（票据交易所）筹备小组。事实上，2016年以来票据市场格局已悄然发生变化，昭示即将到来的深刻变革。一是票据回购交易大幅缩减，二级市场转贴现交易占比明显上升；二是民间票据中介遭遇发展瓶颈，业务经营趋向惨淡；三是电子票据业务提速发展，且与纸票相比呈现融资成本与安全优势，企业和同业机构接受度更高。随着未来全国统一票据市场建设进程的推进，票据市场格局演变将持续深入。

第二章

2015 年中国票据市场发展的宏观环境

第一节　宏观经济环境

2015 年，世界经济复苏放缓，全球经济形势仍然复杂多变，主要经济体增长态势和货币政策进一步分化。国际金融市场和大宗商品价格波动加剧，地缘政治等非经济扰动因素增多。美国经济形势相对较好；欧元区经济回归复苏轨道，但仍面临一些掣肘；日本经济波动较大且面临物价下行压力；新兴市场经济体增长总体放缓。我国经济发展已步入“新常态”，经济运行呈现总体平稳和稳中求进的发展趋势。

一、国际宏观经济环境

2015 年，美国经济延续 2014 年复苏态势。全年 GDP 增长 2.4%，与 2014 年持平；失业率从金融危机爆发时 10% 的高位下降到 5%，较 2014 年下降 1.6 个百分点，接近于充分就业水平；美元升值和年底美联储正式启动加息进程，引发国际资本大量流入美国；核心 CPI 温和上升，消费者信心和零售销售额逐步恢复；房地产市场持续向好，工业产出指数持续恢复，对经济增长支撑较大。

2015 年，欧元区经济步入复苏轨道，但制约因素仍较多。受益于欧洲中央银行刺激政策和欧元贬值等因素，欧元区全年保持温和扩张态势，全年 GDP 增长 1.5%，较 2014 年提高 0.6 个百分点；失业率降至 10.4%，为 2011 年 11 月以来的最低水平；CPI

依然处于低位，且仍面临较大的下行压力，低物价和低利率令欧元区的消费和企业投资有所增加；制造业扩张持续加速。欧元区经济增长的稳健程度略好于英国，而欧洲移民潮危机和巴黎恐怖袭击等负面冲击对欧元区经济复苏的负面影响加大。

2015 年，亚洲经济整体增速下滑。日本经济有所增长，不过波动较大，通货膨胀下行压力仍存在。全年日本 GDP 增长 0.4%，较 2014 年提高 0.4 个百分点，但前景不明，难言复苏。结构性问题和地缘政治问题继续困扰日本经济增长，三驾马车同显疲弱继续成为制约日本经济复苏的直接因素。虽然制造业 PMI 数据第四季度回升明显、失业率持续改善，但日元贬值空间较为有限，通货紧缩压力依然存在，离日本央行 2% 的通胀目标仍有较大差距。韩国因内外利空因素叠加拖累经济，全年 GDP 增速为 2.6%，创下三年来新低。新加坡制造业萎缩，建筑业增长放缓，批发零售贸易及金融保险领域的增长不及上年，全年经济增长 2%，低于 2014 年的 3.3%。香港经济因楼市调整、股市震荡、零售下降、环球贸易欠佳而略有放缓，全年 GDP 增长 2.3%，增速为三年来新低（见表 2－1）。

表 2－1　主要发达经济体宏观经济金融指标

国别	指标	2014 年第四季度			2015 年第一季度			2015 年第二季度			2015 年第三季度			2015 年第四季度		
		10 月	11 月	12 月	1 月	2 月	3 月	4 月	5 月	6 月	7 月	8 月	9 月	10 月	11 月	12 月
美国	实际 GDP 增速（环比折年率,%）	2.1			0.6			3.9			2.0			0.7（初值）		
美国	失业率（%）	5.7	5.8	5.6	5.7	5.5	5.5	5.4	5.5	5.3	5.3	5.1	5.1	5.0	5.0	5.0
美国	CPI（同比,%）	1.6	1.3	0.7	－0.2	－0.1	0	－0.1	0	0.2	0.2	0.2	0	0.1	0.4	0.7
美国	DJ 工业平均指数（期末）	17 391	17 828	17 983	17 165	18 133	17 776	17 841	18 010	17 620	17 689	16 528	16 285	17 664	17 720	17 425
欧元区	实际 GDP 增速（环比,%）	0.4			0.5			0.4			0.3			…		
欧元区	失业率（%）	11.6	11.5	11.4	11.3	11.2	11.2	11.1	11.0	11.0	10.8	10.8	10.6	10.6	10.5	10.4
欧元区	HICP 综合物价指数（同比,%）	0.4	0.3	－0.2	－0.6	－0.3	－0.1	0	0.3	0.2	0.2	0.1	－0.1	0.1	0.1	0.2
欧元区	EURO STOXX 50（期末）	2 998	3 076	3 004	3 198	3 401	3 435	3 439	3 444	3 285	3 432	3 110	2 976	3 216	3 288	3 100
日本	实际 GDP 增速（环比折年率,%）	1.8			4.4			－0.5			1.0			…		
日本	失业率（%）	3.5	3.5	3.4	3.6	3.5	3.4	3.3	3.3	3.4	3.3	3.4	3.4	3.1	3.3	3.3
日本	CPI（同比,%）	2.9	2.4	2.4	2.4	2.2	2.3	0.6	0.5	0.4	0.2	0.2	0	0.3	0.3	0.2
日本	日经 225 指数（期末）	16 414	17 460	17 451	17 674	18 847	19 207	19 983	20 563	20 236	20 585	18 890	17 388	19 083	19 747	19 033

资料来源：中国人民银行及各经济体相关统计部门。

相较全球经济而言，亚洲新兴经济体依然是世界经济中增长最快的地区，中国、印度和越南继续保持强劲增长。印度 GDP 增长 7.3%，与上年基本持平；越南 GDP 增长 6.5%，比上年提高 0.5 个百分点。

2015 年，新兴市场经济体整体增速连续第五年下滑，部分经济体出现负增长。受大宗商品价格持续低迷、美联储加息预期背景下国际资本流动逆转、地缘政治冲击等因素影响，新兴市场经济体金融市场风险上升，加之受自身结构性因素制约，一些经济体经济增速放缓，部分国家甚至出现负增长。俄罗斯全年 GDP 同比萎缩 3.7%，巴西 GDP 同比萎缩 3.8%，连续六个季度负增长。

二、国内宏观经济环境

（一）我国经济运行综述

2015 年以来，我国经济运行处于合理区间，总体呈现出稳中趋缓和稳中有进的运行态势，结构调整进入深水区，动力转换过程中有利因素和不利因素并存，最终消费对 GDP 增长的贡献超过 60%，第三产业比重达到 50.5%，新兴产业、新兴业态和新商业模式蓬勃发展，消费价格温和上涨，就业形势总体稳定。

2015 年，我国 GDP 同比增长 6.9%，低于 2014 年的 7.4%，经济增速创 25 年来新低。投资、消费、出口三大需求趋于平衡发展，但内部分化逐步凸显。投资方面，房地产投资持续回落，基础设施投资增长较快，全年固定资产投资（非农）扣除价格因素比上年实际增长 12.0%；消费方面，全年社会消费品零售总额为 30.1 万亿元，比上年（扣除价格因素）实际增长 10.6%，网购、通信产品、旅游等领域消费高速增长，而石油及制品类消费大幅衰退；出口方面，全年进出口总额为 24.6 万亿元，比上年下降 7.0%，一般贸易出口继续增长，而加工贸易出口、传统七大类劳动密集型产品出口优势均明显下降。价格水平总体平稳，全年 CPI 温和上涨 1.4%；工业领域结构性通货紧缩风险突出，PPI 连续 46 个月负增长。产业结构持续优化，新兴服务业、高新技术产业发展优势明显，势头强劲；资源类、重化工业普遍陷入困境，调整探底。工业升级态势明显，全国规模以上工业增加值按可比价格计算比上年增长 6.1%；农业生产再获丰收，全年粮食总产量 6.2 亿吨，比上年增长 2.4%。民生持续改善，收入就业指标表现较好，城镇新增就业人口提前完成全年目标，城镇调查失业率稳定在 4.05%；全年全国居民人均可支配收入为 21 966 元，名义增长 8.9%，扣除价格因素实际增长 7.4%。货币信贷平稳增长，全年新增人民币贷款 11.72 万亿元，比上年多增 1.81 万亿元；新增人民币存款 14.97 万亿元；比上年多增 1.94 万亿元；全年社会融资规模增量为15.41万亿元。

2015年，我国经济运行中还存在一些问题，例如：新开工大项目不足，投资增长乏力；大量资源固化在产能过剩行业，市场出清困难；第三产业吸纳就业能力开始减弱，隐藏性失业可能逐步显现；实体经济风险、问题向金融领域传导，非法集资问题抬头导致金融风险加大等，这些问题的存在，明显拖累经济增速下行。

（二）我国经济变化及政策导向

2015年是我国全面深化改革的关键之年。国际环境错综复杂，国内结构调整和转型升级正处在爬坡过坎的关键阶段，全面深化改革任务艰巨。党中央、国务院保持战略定力，统筹谋划国际国内两个大局，坚持稳中求进的工作总基调，不断创新宏观调控，深入推进结构性改革，陆续推出多项经济领域重大改革举措，扎实推动“大众创业、万众创新”，为新常态下的中国经济注入了新的活力。全年经济保持了总体平稳、稳中有进、稳中有好的发展态势。

2015年，我国深化改革的重点主要集中在以下三个方面：

1. 国有企业改革

2015年被视为“国企改革元年”。党中央、国务院陆续下发了《关于在深化国有企业改革中坚持党的领导加强党的建设的若干意见》、《关于2015年深化经济体制改革重点工作的意见》等多份重要文件，积极引导并推动国企改革规范有序进行。混合所有制、兼并重组、“整体上市、国有资本投资公司试点等，成为各地推进国企国资改革的主要措施，而供给侧结构性改革成为国企改革的主基调。

2. 构建开放型经济新体制

2015年，国家陆续出台多项重大改革措施，大力推进上海、广东、天津、福建等自由贸易试验区建设和战略实施，强化市场在资源配置中的决定性作用；重点开发开放沿边重点地区，坚持推进“一带一路”战略，深化地区合作，逐步构筑起立足周边、面向全球的高标准自由贸易区网络，助推人民币国际化进程；促进加工贸易创新发展，加强国内外产业链分工合作和地区转移，建立健全开放型经济管理体系，推动贸易大国向贸易强国转变。

3. “十三五”规划及后续改革措施

2015年十八届五中全会审议通过了《中共中央关于制定国民经济和社会发展第十三个五年规划的建议》。响应“十三五”规划创新、协调、绿色、开放、共享的发展理念，科技创新、文化创新蔚然兴起。“工业4.0”、“互联网+”、“美丽中国”、“健康中国”等国家发展战略逐步确立；京津冀协同发展、市场化改革、扶贫攻坚、农垦改革、财税改革、金融改革、社会保障、振兴东北老工业基地步伐加快；深化国税、地税征管体制改革，厘清税费征管职责划分，成为财税改革的主线，“营改增”方案开始列入改革日程。发展普惠金融，提升金融服务的覆盖率、可得性、满意度成为2015年金融改革的主旋律，互联网金融发展节奏加快。

第二节　金融市场环境

纵观整个2015年，世界经济增长乏力，全球经济体政策分化风险进一步凸显，全球金融市场整体波动性上升。美元步入强势周期，全球融资成本上升，资产泡沫化风险加大，石油美元缩水，国际地缘政治冲突加剧。国际金融市场的变化令当前世界经济环境更趋复杂，新兴经济体首次出现资本净流出，但全球流动性在各国扩张性货币政策的支持下继续保持宽松。我国金融市场整体保持稳健运行，金融市场各项改革稳步推进，中国人民银行继续实施稳健的货币政策。

一、国际金融市场环境

2015年，受主要经济体货币政策分化走势影响，全球金融市场整体波动性加大，主要有以下五个方面值得关注：

（一）主要经济体货币政策走向分化

美国先于其他发达国家向货币政策正常化回归，逐步收缩货币投放，并于年末自金融危机以来首次上调联邦基准利率25个基点，正式开启加息周期。欧元区于2015年全面开启量化宽松，连续扩大资产购买计划的规模、范围和比例，欧洲各国中央银行也在2015年普遍下调利率，主要欧洲国家均为负利率。日本央行继续实施量化宽松货币政策，维持每年80万亿日元购债速度，短期利率接近于零的水平。同期，随着经济放缓及抗通货膨胀压力减轻，俄罗斯、印度等多数新兴经济体在2015年采取了主动降息措施，巴西和南非等少数经济体收紧货币政策以应对国内通货膨胀及资本外流压力，减少美联储加息带来的冲击。

（二）全球货币市场利率走势呈现分化

2015年美元持续上涨，年末美联储加息，始于2006年的宽松货币政策迈向终点。

2015 年末，伦敦同业拆借市场美元 1 年期 Libor 为 1.178%，较上年末上升了 55 个基点，全年涨幅 87.34%。同时，受欧洲中国银行继续实施经济刺激计划的影响，欧元区同业拆借利率全年持续下跌，欧元 Libor 收于 0.0 593%，较上年末下跌 23 个基点。欧元区同业拆借利率 Euribor 收于 0.060%，较上年末下跌了 27 个基点，同比下跌 81.54%，已连续两年大幅下降。

（三）美元升值和避险作用增强，全球汇率加快调整

一年期美元指数（DINIW）收报 98.68 点，全年升值 8.2%，延续了 2014 年以来的上涨态势。瑞郎也出现小幅上升，升值 9% 左右，欧元、英镑和日元等其他主要货币对美元均呈贬值走势。随着全球投资者在美元反弹和大宗商品价格下跌之际撤出资金，新兴市场遭受冲击，汇率动荡加剧。

（四）全球股市剧烈波动，走势呈现两极分化的态势

MSCI 全球指数、发达市场国际资本指数和新兴市场指数全年分别下跌 3.7%、2.3% 和 16.3%。主要发达市场中，道琼斯工业平均指数下跌 2.2%，欧元区 STOXX50 指数、日经 225 指数分别上涨 3.2% 和 9.1%。新兴市场经济体股市普遍出现下跌。

（五）大宗商品市场价格下跌

受美元全年升值带来的压力，2015 年，国际黄金价格年末收报 1 060.20 美元/盎司，全年下跌 10.5%，各国央行继续增持黄金储备，黄金抗风险作用增强。受强势美元和中国需求放缓的影响，2015 年原油和铁矿石等大宗商品市场价格大幅下跌，美国原油期货下跌 30%，布伦特原油期货下跌 36%，为连续三年下跌，彭博大宗商品指数累计下跌 24%，创下金融危机以来单年最大跌幅。

二、国内金融市场环境

2015 年，中国人民银行主动适应经济发展新常态，坚持执行稳健的货币政策，更加注重政策松紧适度，为金融市场运行和深化改革创造了一个良好的货币政策环境。

（一）货币信贷适度增长，企业融资成本下降

2015 年，中国人民银行在执行稳健的货币政策中，综合运用降准、降息、公开市场操作以及短期借贷便利（SLF）、中期借贷便利（MLF）等多种工具合理调节银行体系流动性，弥补外汇占款减少等形成的流动性缺口，保持银行体系流动性合理充裕，

促进货币信贷适度合理增长，引导金融机构降低企业融资成本。

2015 年末，广义货币供应量 M2 余额同比增长 13.3%，比上年末高 1.1 个百分点。人民币贷款余额同比增长 14.3%，比上年末高 0.6 个百分点，比年初增加 11.7 万亿元，同比多增 1.8 万亿元。社会融资规模存量同比增长 12.4%。2015 年，中国人民银行五次下调人民币存贷款基准利率，九次降低公开市场逆回购操作利率，适时下调信贷政策支持再贷款、中期借贷便利和抵押补充贷款利率，更加注重稳定短端利率，探索常备借贷便利（SLF）利率发挥利率走廊上限作用，充分运用价格杠杆稳定市场预期，引导融资成本下行。2015 年末，人民币对美元汇率中间价为 6.4936 元，CFETS 人民币汇率指数为 100.94，人民币对一篮子货币保持了基本稳定。

（二）银行间债券市场发行量增长，市场参与主体更加多元化

2015 年，国内债券发行规模同比增加，公司信用类债券继续大幅增长，企业债券融资成本显著降低。2015 年，债券市场全年发行各类债券规模达 22.3 万亿元，较去年同期增长 87.5%，增速同比上升 55.2 个百分点。其中，银行间债券市场发行债券 21 万亿元，同比增长 81.3%。截至 2015 年 12 月末，债券市场托管余额为 47.9 万亿元，其中银行间债券市场托管余额为 43.9 万亿元。从发行主体来看，公司信用类债券发行 7 万亿元，占比最大（31.35%），同比增长 35.8%，公司信用类债券收益率曲线大幅下行，不同等级公司信用类债券信用利差均有所收窄。

随着引入私募投资基金、期货公司及其资产管理产品，银行间债券市场机构投资者类型更加多元化。2015 年末，银行间市场各类参与者共计 9 642 家，较上年末增加 3 180 家；已有 308 家境外中央银行、主权财富基金等境外机构进入银行间市场投资；商业银行、非银行金融机构、非法人机构投资者和其他类投资者持债占比分别为 59.7%、9.7%、30.6%。利率衍生品交易活跃度明显上升，2015 年人民币利率互换共交易 6.6 万笔，名义本金总额为 8.8 万亿元，同比增长 117.2%（见表 2－2）。

表 2－2　　2015 年末银行间债券市场主要券种持有者结构　　（单位：%）

	记账式国债	国开行金融债	政策性银行债券	信贷资产支持证券	公司信用类债券
商业银行	71.2	69.8	77.2	56.6	34.1
非银行金融机构	5.8	12.5	4.4	6.2	12.1
非金融机构	0.0	0.0	0.0	0.1	0.0
非法人机构投资者	2.0	15.9	15.0	35.3	51.4
其他类投资者	21.0	1.8	3.4	1.8	2.4
合计	100.00	100.00	100.00	100.00	100.00

资料来源：中国人民银行。

（三）货币市场交易量显著增长，货币市场利率明显下降

2015 年，银行间市场同业拆借、现券和债券回购累计成交量为 608.8 万亿元，同比增长 101.3%。其中，银行间市场同业拆借成交量为 64.2 万亿元，同比增长 70.5%；债券回购成交量为 457.8 万亿元，同比增长 104%；现券成交量为 86.8 万亿元，同比增长 114.9%。同期，质押式债券回购加权平均利率为 1.95%，较上年同期下降 154 个基点；同业拆借加权平均利率为 1.97%，较上年同期下降 152 个基点。银行间市场债券收益率曲线整体大幅下移，国债收益率各期限曲线收益率较上年末下降 77~96 个基点不等。

（四）证券市场年中大幅震荡，成交量显著增长

2015 年，股票市场主要指数较年初总体有所上涨，IPO 等筹资额明显增加，但期间出现大幅震荡，中国证监会开启救市措施，两市成交量明显放大。年末，上证指数收于 3 539.18 点，较去年末上涨 9.41%，年内最高点为 5 178.19 点，最低点为 2 850.71 点。沪市全年累计成交额为 133.1 万亿元，日均成交额为 5 454.9 亿元，同比增长 254.3%。深证成指收于 12 664.89 点，较去年末上涨 14.98%，年内最高点为 18 211.76 点，最低点为 9 259.65 点。深市全年累计成交额为 122.5 万亿元，日均成交为额为 5 020.3 亿元，同比增长 235.4%。2015 年，各类企业和金融机构在境内外股票市场通过发行、增发、配股、权证行权等方式累计筹资 1.1 万亿元，同比增长 60.4%，其中 A 股筹资 8 518 亿元，同比增长 75.9%。

（五）人民币贬值压力加大，人民币跨境尺幅持续推进

2015 年，受中国人民银行 8 月汇改，美联储加息、CFETS 人民币汇率指数推出等因素的影响，人民币贬值压力加大，我国外汇占款规模缩小，年末外汇占款规模约为 2.8 万亿元人民币。外汇掉期交易增长较快，远期市场成交减少。中国人民银行数据显示：人民币外汇即期成交金额为 4.9 万亿美元，同比增长 17.9%；人民币外汇掉期交易累计成交金额折合 8.3 万亿美元，同比增长 86%；人民币外汇远期市场成交金额 372 亿美元，同比减少 29.7%。全年“外币对”累计成交金额折合 1 202 亿美元，同比增长 98.4%（见图 2-1）。

从跨境人民币市场情况来看，2015 年，“一带一路”战略的逐步推进，人民币加入 SDR（IMF 特别提款权）、跨境结算系统上线、汇改实施，人民币国际化进程加快，境外使用地区不断拓展，国际货币合作不断深化，其在经常项目、资本项目和金融市场业务中扮演的角色也越来越重要。2015 年，经常项目跨境人民币结算量达 6.43 万亿

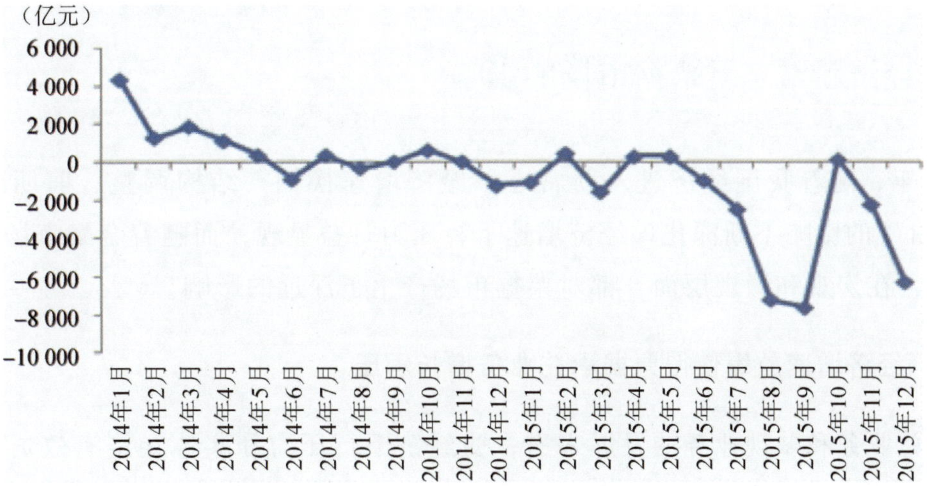

图 2-1 2014~2015 年我国外汇占款

资料来源：国家外汇管理局。

元；人民币对外直接投资（ODI）和外商直接投资（FDI）结算量合计同比增长超过一倍。2015 年，与中国大陆发生跨境人民币收付的国家和地区已经超过 189 个，与人民币直接兑换的币种超过 72 种；中国人民银行先后在 20 个国家和地区建立了人民币清算安排，与 33 个国家和地区签署了超过 3.1 万亿元的双边本币互换协议。离岸人民币市场持续扩容，离岸人民币存款余额约为 2.38 万亿元；离岸人民币债券存量约 5 300 亿元；离岸市场人民币外汇日交易额占全球外汇交易量的份额约为 4.25%，成为全球第五大外汇交易货币；离岸市场投融资、衍生品、股票、保险等人民币产品也不断丰富。

（六）多项金融改革取得实质进展，利率实现完全市场化

2015 年，中国人民银行坚定推进金融市场化改革，一系列重大改革措施陆续出台，以改革促发展，以改革疏通货币政策传导机制，更好地发挥市场在资源配置中的决定性作用，进一步完善货币政策调控框架。2015 年，中国人民银行出台的重大改革措施主要有以下六项：一是放开存款利率浮动上限，利率市场化改革迈出关键性一步；二是完善人民币兑美元汇率中间价报价机制，发布人民币汇率指数，市场机制在汇率形成中的决定性作用进一步增强；三是将存款准备金由时点法考核改为平均法考核；四是完善宏观审慎政策框架，将差别准备金动态调整机制“升级”为宏观审慎评估体系，将外汇流动性和跨境资金流动纳入宏观审慎管理范畴；五是政策性、开发性金融机构改革顺利实施，存款保险制度平稳推出；六是人民币成功加入国际货币基金组织特别提款权货币篮子，在 IMF 投票权升至第三位。

三、经济新常态对票据市场的影响

2015 年，随着我国经济进入新常态，经济增速换挡、结构调整、前期政策消化“三期叠加”的影响不断深化，经济增速下行压力日益显现，而随着金融市场改革步伐持续加快，在宏观和微观层面，都对票据市场产生了深远的影响。

（一）经济增速放缓使得票据承兑业务增长承压

从承兑业务和贴现业务的发展来看，受经济下行压力和实体经济有效资金需求不足的影响，票据承兑业务已从前期的快速增长转变为与经济新常态发展更加适应的增速。据中国人民银行货币政策执行报告披露的信息，2015 年，企业累计签发商业汇票 22.4 万亿元，同比增长 1.3%，增速同比下降 7.6 个百分点；期末商业汇票未到期金额为 10.4 万亿元，同比增长 5.4%，增速同比下降了 3.9 个百分点。票据承兑余额小幅增长，年末比年初增加 0.5 万亿元。企业签发的银行承兑汇票余额仍集中在制造、批发和零售行业，由中小型企业签发的银行承兑汇票仍旧占据约 2/3 的比重。

（二）银行体系流动性宽裕提升票据资金交易业务

伴随着票据业务资金化运作趋势的日渐增强，以及“资产荒”金融机构对优质票据资产投资力度的加大，各金融机构不断加快票据贴现后的转贴现周转运作，从而使得 2015 年票据累计贴现量呈现出爆发式的增长。2015 年，金融机构累计贴现 102.1 万亿元，同比增长 68.2%；期末贴现余额为 4.6 万亿，同比增长 56.9%。票据融资余额总体增长较快，年末比年初增加近 1.7 万亿元；占各项贷款比重为 4.9%，同比上升 1.3 个百分点。

（三）银行间市场利率下降带动票据利率波动下跌

2015 年，中国人民银行继续执行稳健的货币政策，保障银行体系流动性总体合理充裕，票据市场资金供给充足。在货币市场利率下行和中国人民银行再贴现政策的引导下，受资产荒引发的票据市场供求变化等因素的影响，票据市场利率总体波动下行，上半年跌幅加大，年中反弹回落后延续下跌趋势，下半年跌幅收窄。

（四）银行票据业务经营压力加大驱动票据业务加快创新

2015 年，各类型金融机构面对更加激烈的市场竞争，着重加大加快业务创新，票据业务创新呈现新的特点：一是大型银行更加重视买入返售票据业务发展，通过拓展资金业务来提升收益水平；二是电子票据业务继续迅猛发展，电子票据在票据整体承兑和贴现业务中的比重均超过 20%；三是票据理财、票据资产管理等跨市场业务成为机构新兴的盈利增长点，对买入返售业务产生较为明显的替代效应；四是各类互联网平台层出不穷，民间机构深入介入银行间票据业务的形式更加多样化，票据融资业务脱媒现象加剧；五是随着资产证券化（ABS）的逐步兴起，票据资产证券化的推出也逐步走上日程；六是"一带一路"战略和自贸区金融创新大步推进，为银行票据参与跨境人民币支付及对接离岸人民币产品提供了现实机遇，相关研究及业务尝试步伐加快。

（五）经济金融形势复杂传递多重票据业务风险

首先，随着国内实体经济风险、问题向金融领域的传递，部分行业和地区潜在信用风险事件增多，商业银行新增不良贷款持续增加，银行票据业务垫款上升，票据融资的信用风险加大。其次，票据业务资金化趋势明显，部分机构通过借入短期货币资金配置较长期限票据资产的运作方式，在增加票据收益的同时，也加大了市场利率波动，进而增加了市场风险管理的难度。最后，部分金融机构迫于经营压力过度开展票据业务创新，甚至与民间票据中介合作，在带来短期盈利增长的同时，票据业务的合规风险、操作风险也逐渐暴露。此外，各类票据纠纷引发的诉讼案件、公示催告和司法冻结不断增多，票据逾期情况也日渐蔓延，票据业务面临的法律风险逐渐增大。

总体上看，在经济新常态下，我国票据市场机遇与挑战并存，票据业务在国民经济和金融市场中得到越来越多的重视，票据业务依然具有较大的发展和创新空间。

第三节　监管政策环境

随着经济结构调整加快和金融改革深化，我国金融业态正在持续深度重构。2015 年，票据业务各类风险逐渐暴露，监管部门继续深化金融监管体制改革，加强票据业务风险的宏观审慎管理，深入推进票据市场健康持续发展。

一、票据业务风险监管力度加大

2015 年 12 月 31 日，中国银监会下发《中国银监会办公厅关于票据业务风险提示的通知》（银监办发［2015］203 号，以下称 203 号文），通过对 2015 年上半年票据业务的现场检查，明确7项风险提示及4项监管要求，严厉指出了银行业金融机构在办理票据业务中存在的不同程度的不审慎行为，几乎涵盖票据业务现行主流模式的违规要点和整治方向，为督促和引导银行业金融机构切实加强票据业务管理，有效防范风险提供了严肃的监管建议。

203号文发布于2015年底，对于促进票据市场健康发展、加强票据业务监管具有承前启后的重要意义。203号文指出，目前票据业务开展中存在以下七方面的风险：一是票据同业业务专营治理落实不到位；二是通过票据转贴现业务转移规模，消减资本占用；三是利用承兑贴现业务虚增存贷款规模；四是与票据中介联手，违规交易，扰乱市场秩序；五是贷款与贴现相互腾挪，掩盖信用风险；六是创新“票据代理”，规避监管要求；七是部分农村金融机构为他行隐匿、消减信贷规模提供“通道”。

为全面加强票据业务风险管理，203号文提出了更为细化和严格的监管要求：一是必须高度重视票据业务风险，认真落实监管要求。银行业金融机构不得办理无真实贸易背景的票据业务，要严格按照业务权限、交易对手准入清单和同业授信额度开展业务。二是强化合规管理，规范票据经营。银行业金融机构要强化内控建设，加强员工行为管控，严禁机构和员工参与中介业务，严格规范异地账户的开立和使用。三是完善绩效考核，防止资金空转。严防将票据业务作为调节经营指标和绩效收入的工具，确保信贷资金有效服务实体经济。四是加大监管力度，依法查处违规行为。

监管政策趋紧对票据市场来说利大于弊，是在监管部门进一步加大监督检查力度、规范票据交易行为、严控票据风险的背景下，票据市场将朝着健康有序的方向发展。

二、《票据法》修订工作取得较大市场反响

从2004年8月28日第十届全国人民代表大会常务委员会第十一次会议《关于修改〈中华人民共和国票据法〉的决定》完成第一次修正工作起，十多年来，中国票据市场发生了深刻变化，但《票据法》的再次修订一直未提上议程，这使得票据基础法律制度与票据市场发展实际显现某种程度的脱节现象。近年来，票据业界对尽早启动《票据法》的二次修订的呼声颇高。

为深入推进中国票据市场健康持续发展，完善票据市场运行的基础法律体系，为未来票据市场的创新发展提供制度支撑，2015年10月28日，中国银行业协会牵头组织召开了“银行业《票据法》修订意见暨商业汇票典型纠纷案例汇编工作会议”。根据会议形成的意见，2015年11月，中国银行业协会票据专业委员会“《票据法》修订意见”课题组向各家银行业金融机构征求“《票据法》修订意见”，旨在为《票据法》的二次修订汇总全行业的建设性意见及建议。课题组征询《票据法》修订意见主要包

括以下方面的探讨：融资性票据合法性的确立；票据无因性原则的彻底体现；实务中部分票据行为尚存在立法空白；电子票据法律效力；票据映像和支付密码合法性等。

《票据法》的修订将对票据业务未来发展产生重大影响。当前，票据的实际功能已经远远超越了《票据法》当初所预定的汇兑、支付功能，随着中国人民银行建成电子商业汇票系统（ECDS）和大力推动电子票据的推广应用，票据业务的未来发展亟须法律的修订和认可，相信在规范弹性的票据法律框架下，票据市场将健康有序发展。

第三章

2015年中国票据市场运行情况

2015年，宏观经济运行在合理区间，增速下行压力加大，经济结构调整加快。中国人民银行继续执行稳健的货币政策，更加注重政策松紧适度，全年分别实施了5次降准和5次降息，同时运用公开市场操作、短期借贷便利（SLF）、中期借贷便利（MLF）等货币政策工具调节流动性总量和投向，信贷规模和市场流动性均较为宽松。在此背景下，承兑业务延续缓慢增长态势，票据融资快速增长，贴现量首破百万亿元，票据利率总体呈现波动下跌的运行态势。

第一节　各季度票据市场发展情况

从季度票据市场运行情况看，票据承兑业务增长缓慢，季均约为5.6万亿元，季末承兑余额基本保持在10万亿元出头，同比增速有所放缓；贴现量继续较快增长，季均贴现量超过25万亿元，贴现余额逐季增长，同比增速均在50%以上；票据贴现利率第一季度维持高位震荡，第二季度快速下跌，第三季度在低位徘徊，第四季度继续小幅下探。

一、第一季度票据市场发展情况

第一季度，票据承兑业务平稳发展，融资余额较快增长，商业银行综合考量信贷业务和票据融资业务的经营策略，在积极拓展一般性贷款投放的同时，适度开展银行承兑汇票及其贴现业务，票据融资总量小幅增加，表外票据资产仍延续回归表内。票据贴现利率小幅下跌。

第一季度，企业累计签发商业汇票5.4万亿元，同比下降4.8%，为2010年第一季度以来首次出现下降；期末商业汇票未到期金额为10.2万亿元，同比增长7.2%，比上年末增长3.0%。金融机构累计贴现量为19.2万亿元，同比增长77.6%；期末贴现余额为3.1万亿元，同比增长63.3%，比上年末增长6.9%。从走势看，1~3月票据贴现余额均小幅增长，月均增量为548亿元；3月末，全国金融机构票据融资规模为3.08万亿元，比上年末增加了1 642亿元，增长了5.62%，票据贴现余额占各项贷款余额的占比为3.58%，比上年末上升0.01个百分点，未贴现的银行承兑汇票增加604亿元，同比少增加5 132亿元。

第一季度，受票据融资小幅增长和市场流动性总体宽裕的影响，商业银行转贴现交易意愿同比回升，回购交易意愿明显回暖。在中国人民银行连续实施降准和降息驱动融资成本下跌的政策背景下，票据转贴现利率年初震荡下跌，后在季中缴准缴税、IPO期间资金跨市场流动以及银行负债成本难以下降等短期因素的叠加作用下，票据转贴现利率表现为震荡整理走势，整体利率水平同比小幅下降。3月末，票据直贴利率（以长三角地区直贴报价利率为例，下同）为5.22%，比上年末下降54个基点；票据转贴现利率（中国票据网转贴现买入报价利率与转贴现卖出报价利率的平均值，下同）为5.32%，比上年末下降20个基点；票据回购利率（中国票据网买入返售报价利率与卖出回购报价利率的平均值，下同）为5.27%，比上年末下降116个基点。票据直贴利率均值为5.22%，同比下降134个基点，比上季度上升34个基点；票据转贴现利率均值为5.29%，同比下降114个基点，比上季度上升39个基点；票据回购利率均值为5.41%，同比下降85个基点，比上季度上升39个基点。

二、第二季度票据市场发展情况

第二季度，企业票据签发量较第一季度小幅增长，融资余额增速加快，交易量同比大幅增长，票据市场利率受中国人民银行降息和降准等货币政策的影响出现大幅下跌。

第二季度，企业累计签发商业汇票5.9万亿元，同比增长11.3%，比第一季度增加0.5万亿元，环比增长9.3%；期末商业汇票未到期金额为10.8万亿元，同比增长5.8%，分别比上年末和上季末增长9.1%和5.9%。当季金融机构累计贴现量为28.7万亿元，同比增长93.9%；期末贴现余额为3.78万亿元，同比增长71.7%，比上年末增加了7 049亿元或增长31.0%，增速比第一季度明显加快。从走势看，第二季度票据融资月均增量为 2 349 亿元，比第一季度月均增量提高了 1 802 亿元，其中最高的 6 月份单月增加 3 455 亿元；6 月末，票据贴现余额占各项贷款余额的比重为 4.3%，分别比上年末和上季末上升 0.8 个和 0.7 个百分点。

第二季度，银行承兑汇票业务环比小幅增长，银行间转贴现的活跃度有所上升，转贴现利率步入下行通道，在中国人民银行于 4 月实施全面降准和定向降准后，转贴现利率再下台阶。4 月，“中国票据网”转贴现买入报价加权平均利率为 4.84%，环比下降了 64 个基点。5 月，票据转贴现利率持续震荡下跌。6 月，受 IPO 加快发行节奏和大盘股发行以及临近半年末证券市场异常大幅波动等因素的叠加影响，票据转贴现利率有限回升。中国票据网转贴现买入、卖出和正、逆回购报价加权平均利率分别为 3.82%、3.55%、3.53% 和 3.90%，分别比上年 12 月下降了 206 个、189 个、216 个和 245 个基点，比 3 月分别下降了 167 个、164 个、173 个和 175 个基点，比 5 月分别上涨了 12 个、21 个、23 个和 45 个基点。第二季度，银行体系流动性合理充裕，在资金和规模均较为充裕、票源条件较好和交易活跃的情况下，票据市场利率快速大幅下跌，受年中股市异常波动、监管层加大配资管控力度对资金面的扰动，票据利率在短期内波动加大。6 月末，票据直贴利率为 3.84%，比上年末下降 192 个基点，比 3 月末下降 138 个基点；票据转贴现利率为 3.84%，比上年末下降 169 个基点，比 3 月末下降 148 个基点；票据回购利率为 4.52%，比上年末下降 192 个基点，比 3 月末下降 75 个基点。第二季度，票据直贴利率均值为 3.93%，同比下降 133 个基点，环比下降 129 个基点；票据转贴现利率均值为 4.05%，同比下降 113 个基点，环比下降 124 个基点；票据回购利率均值为 3.86%，同比下降 108 个基点，环比下降 154 个基点。

三、第三季度票据市场发展情况

第三季度，票据承兑业务增幅环比趋缓，融资余额延续环比较快增长，票据市场利率在较低水平徘徊，整体呈下行趋势。

第三季度，企业累计签发商业汇票 5.3 万亿元，同比增长 1.9%，环比减少 0.6 万亿元，环比下降 10.2%；期末商业汇票未到期金额为 10.6 万亿元，同比增长 9.3%，比上年末增长 7.1%，增速继续放缓。当季金融机构累计贴现量为 27.3 万亿元，同比增长 61.5%，转贴现交易继续保持活跃；期末贴现余额首次突破 4 万亿元，达 4.3 万亿元，同比增长 59.7%，比上年末增长 48.7%。从走势看，当季各月票据融资增量逐月递减，月均增量为 1 769 亿元，比第二季度月均增量下降了 580 亿元；9 月末，票据贴现余额占各项贷款余额的比重为 4.68%，分别比上年末和上季末上升了 1.1 个和 0.42 个百分点。

在市场宽裕资金的带动下，年中票据利率短期回升无力后下跌，7 月中旬之后在资金成本难以下降的支撑下，转贴现利率窄幅波动运行，票据买入利率在 3.65% ~ 3.80% 区间波动运行。9 月末，票据直贴利率为 3.84%，比上年末下降 192 个基点，与 6 月末基本持平；票据转贴现利率为 3.87%，比上年末下降 166 个基点，与 6 月末基本持平；票据回购利率为 3.50%，比上年末下降 293 个基点，比 6 月末下降 102 个基点。票据直贴利率均值为 3.65%，同比下降 124 个基点，环比下降 28 个基点；票据转贴现利率均值为 3.74%，同比下降 119 个基点，环比下降 31 个基点；票据回购利率均值为 3.52%，同比下降 129 个基点，环比下降 34 个基点。

四、第四季度票据市场发展情况

第四季度，票据承兑业务继续放缓，增量同比出现下降，融资余额维持较快增长态势，票据市场利率整体小幅下降。

第四季度，企业累计签发商业汇票 5.8 万亿元，同比下降 1.7%，增速由正转负；期末商业汇票未到期金额为 10.4 万亿元，同比增长 5.4%，增速继续放缓。当季金融机构累计贴现量为 26.9 万亿元，同比增长 47.8%，增速与前几个季度相比有所放缓，但仍保持较高水平；期末贴现余额继续突破历史高位，增至 4.6 万亿元，同比增长 56.9%。从走势看，10 月和 11 月分别增长 1 836 亿元和 1 426 亿元，分别环比增长 4.26% 和 3.17%，12 月成为全年票据融资规模唯一下降的月份，当月环比减少 634 亿元或 1.37%，使得当季月均票据融资增加下降至 867 亿元；12 月末，票据贴现余额占各项贷款余额的比重为 4.9%，分别比上年末和上季末上升了 1.4 个和 0.2 个百分点。

10 月，票据利率延续第三季度回落震荡下跌走势，在 10 月末中国人民银行再次实施双降政策后，转贴现利率小幅下跌并向下突破 3%，在年末机构交易相对谨慎和资金面更趋均衡的背景下，票据转贴现利率围绕 3% 作震荡整理运行。12 月末，票据直贴利率为 3.36%，比上年末下降 240 个基点，比 9 月末下降 48 个基点；票据转贴现利率为 3.07%，比上年末下降 246 个基点，比 9 月末下降 80 个基点；票据回购利率为 3.47%，比上年末下降 297 个基点，比 9 月末下降 3 个基点。票据直贴利率均值为 3.19%，同比下降 169 个基点，环比下降 46 个基点；票据转贴现利率均值为 3.22%，同比下降 169 个基点，环比下降 52 个基点；票据回购利率均值为 3.13%，同比下降 188 个基点，环比下降 39 个基点。

第二节 票据市场运行特征

2015年，在经济增速放缓和货币政策更加注重稳增长的调控方向的背景下，企业票据签发量和银行承兑汇票业务增速放缓，票据融资规模在快速扩张中创出历史新高，票据交易投资高度活跃，年票据累计贴现量首破百万亿元。受票据融资增长和交易活跃度提升的影响，票据市场利率波动下跌后整体利率水平同比显著下降。同期，在银行加快业务创新步伐的推动下，电票业务加速发展，市场份额显著提升，产品创新和制度建设均持续推进，票据风险加大，票据业务监管明显趋严。

一、汇票签发量波动发展，票据承兑业务同比增速放缓

在三期叠加因素共同作用的新常态下，受经济增速放缓和部分行业企业结构调整中经济活动减弱的影响，企业交易性商业汇票需求减少，企业签发票据动力不足。同时，在企业信用风险加大的宏观背景下，银行承兑汇票逾期垫款有所增加，银行承兑汇票业务的开展更趋谨慎，也限制了企业签发商业汇票的积极性。受上述多方面因素的影响，2015年，企业商业汇票签发量同比增速放缓，银行承兑汇票业务波动发展。第一季度，企业累计签发商业汇票5.4万亿元，同比下降4.8%；上半年，企业累计签发商业汇票11.3万亿元，同比增长3.2%；前三季度，企业累计签发商业汇票16.6万亿元，同比增长2.3%；全年，企业累计签发商业汇票22.4万亿元，同比增长1.3%，增速比2014年回落7.6个百分点，为近年来最低增速水平；期末承兑余额为10.4万亿元，同比增长5.4%，增速比2014年降低3.9个百分点，未贴现的银行承兑汇票余额为5.85万亿元，同比下降14.8%（见图3－1）。

二、票据融资快速扩张，贴现余额创历史新高

2015年前11个月，金融机构票据融资业务整体呈现出逐月波动增长的态势，保持月均增长1 500亿元以上的节奏。6月末，票据融资规模突破2009年6月末创出的最高纪录3.6万亿元；前三个季度，全国金融机构票据融资规模分别增加了1 643亿元、7 048亿元和5 311亿元，单季环比增速分别为5.6%、21.9%和14.1%；12月，金融机构票据融资规模年内首次减少，当月减少634亿元，第四季度票据融资合计增加

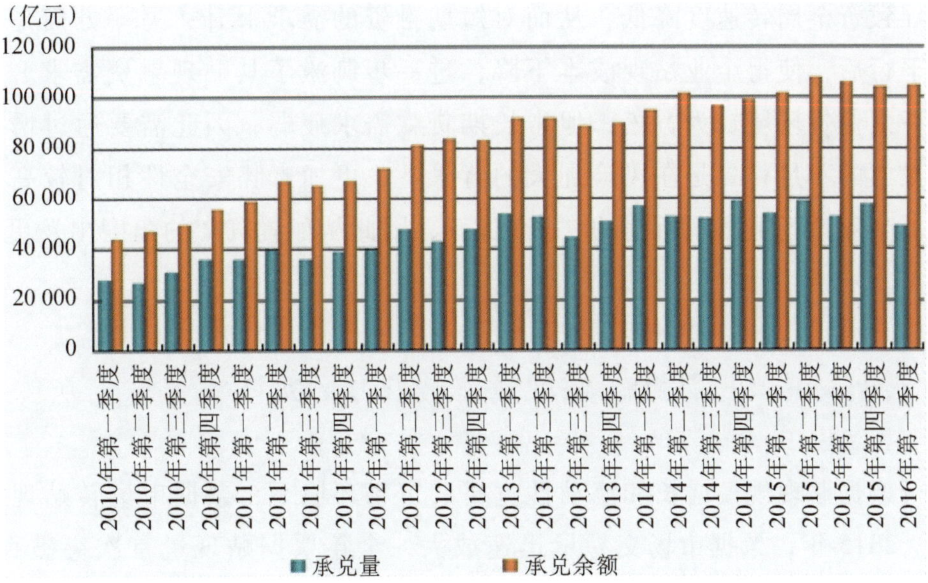

图 3－1　2010 年以来季度票据承兑量及承兑余额

资料来源：根据历年中国人民银行货币政策执行报告披露数据整理编制。

2 628 亿元，比 9 月末增长 6.1%。截至 12 月末，全国金融机构票据融资余额为 4.58 万亿元，比上年末增加了 1.66 万亿元或增长 57%；票据融资在各项贷款中的占比上升至 4.87%，比上年末上升了 1.3 个百分点。从增量看，全年新增票据融资占新增贷款的比重为 14.2%，同比上升 4.4 个百分点，尤其是下半年以来占比明显上升，单月增量占比最高达 30% 以上，反映出票据融资对于银行信贷扩张的支持作用明显提高（见图 3－2）。

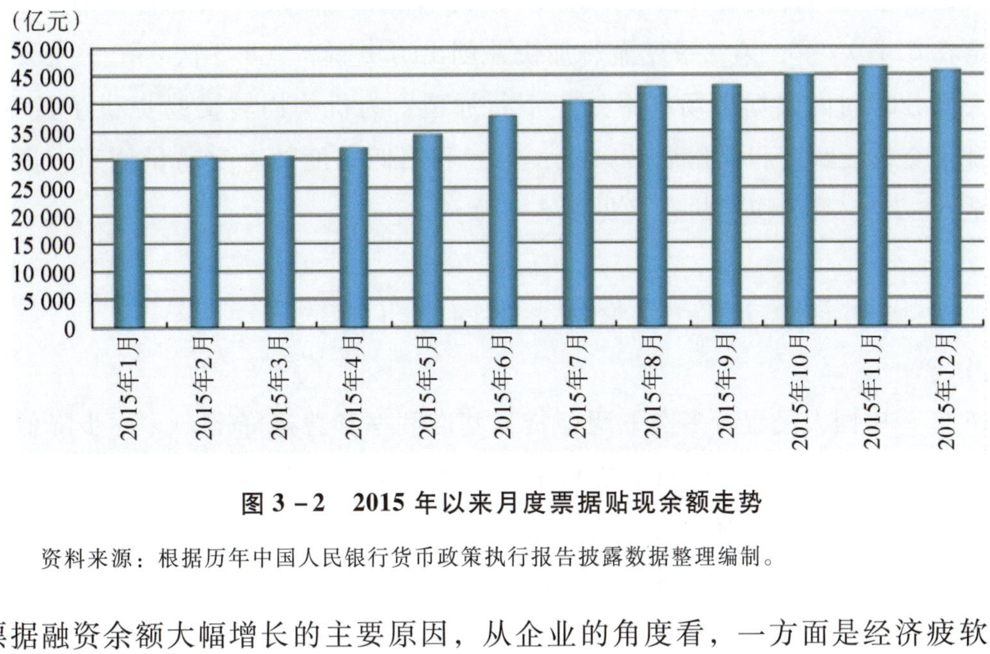

图 3－2　2015 年以来月度票据贴现余额走势

资料来源：根据历年中国人民银行货币政策执行报告披露数据整理编制。

票据融资余额大幅增长的主要原因，从企业的角度看，一方面是经济疲软、经营活动放缓导致资金周转速度降低，从而对短期融资的需求上升；另一方面是票据市场利率显著下行后，使得企业贴现成本下降，进一步刺激了其贴现融资需求。从银行的角度看，一是信贷环境较为宽松，但中长期贷款需求疲弱，因此需要通过增持票据来填补信贷投放的不足；二是在风险加大的背景下，更加青睐安全性相对较高的票据资产；三是下半年市场上出现所谓的“资产荒”，因此从配置资产的角度出发更愿意积极买入票据。

三、票据交易高度活跃，贴现量突破百万亿元

在银行票据贴现规模增长和流动性宽裕的市场环境下，票据市场转贴现交易意愿较为旺盛。2015 年，票据市场交易量迅速放大，全年票据贴现量首次突破百万亿元，累计贴现量达 102 万亿元，同比增长 68.2%。2015 年，在票据市场交易活跃的背景下，单季累计贴现量超过 25 万亿元。其中，第二季度单季贴现量达 28.2 万亿元，再创历史新高，第三和第四季度稍有回落，但仍维持在 27 万亿元左右的高位。“中国票据网”报价信息显示，2015 年，“中国票据网”买断报价金额 7.32 万亿元，卖断报价金额 4.66 万亿元，市场买断卖断报价金额比值为 1.57，显示在当前信贷资金规模宽裕和经济下行压力尚未缓解的情形下，主要商业银行依赖买入票据扩充信贷规模的策略明确，提升了票据转贴现交易的活跃度。随着各机构业务运作方式的转变，近年来票据市场交易活跃度显著提升，目前一个季度的交易量基本相当于 2010 年全年的交易量。

从票据的季度周转次数（当季贴现量/季初季末平均贴现余额）看，第一季度周转次数稳定在 6.4 次/季；第二季度显著加快并创出历史新高（8.3 次/季），主要是因为二季度大部分时间内票据市场利率处于下行通道，为机构周转交易提供了盈利机会，进而提升了交易活跃度和票据周转频次；第三和第四季度随着交易量回稳，周转频次又恢复至 6 ~ 7 次/季的稳定状态（见图 3 – 3）。

四、市场利率波动下跌，整体水平同比明显下降

2015 年，中国人民银行多次下调存贷款基准利率和普遍降准，并逐步降低公开市场逆回购操作利率，引导银行间市场利率平稳适度下行。在票据融资规模持续增长和转贴现交易迅猛增长的市场环境下，票据市场利率主要受货币市场利率的影响，总体呈现波段式下降趋势，上半年震荡下跌，年中反弹回落后延续下跌震荡运行。全年转贴现利率平均值为 4.05%，同比下降 129 个基点，上半年跌幅较为明显。

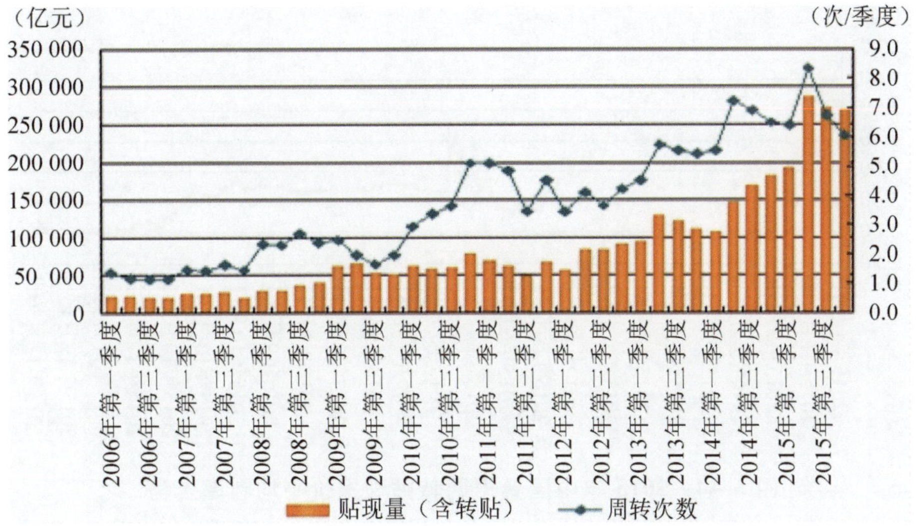

图 3－3　票据市场季度交易量及周转次数

资料来源：根据历年中国人民银行货币政策执行报告披露数据整理编制。

首月，票据转贴现买入加权平均利率和转贴现卖出加权平均利率分别由上年 12 月的 5.9% 和 5.5% 左右下跌至 1 月的 5.4% 和 5.05% 左右，分别下跌了约 50 个基点和 45 个基点；2 月和 3 月，金融市场政策面相对稳定，票据转贴现利率震荡整理，于第二季度中国人民银行降准和降息后再次步入下行通道，转贴现利率再下台阶；4 月，“中国票据网”转贴现买入报价加权平均利率为 4.84%，环比下降了 64 个基点；5 月，票据转贴现利率持续震荡下跌，转贴现利率跌至 3.7% 附近；6 月和 7 月上旬，受半年末时点效应、大盘股 IPO，以及证券市场波动加大等因素的叠加影响，监管部门加大金融市场维稳力度，票据转贴现利率有限回升，6 月中下旬票据转贴现利率短期内反弹至 3.8% ~3.9% 区间。下半年，市场资金面仍维持宽裕稳定的局面，转贴现利率回升无力后回落，延续震荡下跌，在 10 月末中国人民银行再次实施双降政策后，转贴现利率小幅下跌并向下突破 3%，在年末机构交易相对谨慎和资金面更趋均衡的背景下，票据转贴现利率围绕 3% 作震荡整理运行（见图 3－4）。

五、电票业务快速增长，市场占比显著提升

2015 年以来，在票据融资规模较快增长和转贴现交易活跃的市场环境下，银行间票据转贴现业务竞争更趋激烈，在票据贴现收益率持续震荡下跌的环境下，主要经营机构加大收益率相对更高的电子票据交易业务，电子票据各类型业务同比均快速增长，占比迅速上升。截至 2015 年末，中国人民银行电子商业汇票系统（ECDS）参与者共计 396 家，当年共有 23 家机构接入 ECDS。全年电子商业汇票系统出票 134.1 万笔，

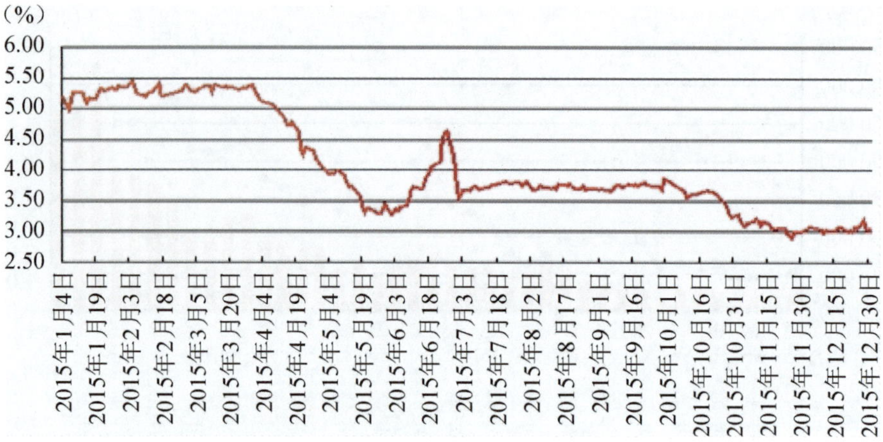

图 3－4　2015 年中国票据网转贴现报价平均利率走势

资料来源：根据中国票据网报价数据整理编制。

金额为 56 000.1 万亿元，同比分别增长 58.7% 和 78.9%；承兑 137.5 万笔，金额为 57 872.7 亿元，同比分别增长 64.2% 和 88.4%；贴现 49.5 万笔，金额为 37 337.0 亿元，同比分别增长 110.5% 和 148.8%；转贴现 155.7 万笔，金额为 221 285.9 亿元，同比分别增长 217.0% 和 360.4%。全年电子票据累计承兑量和累计贴现量分别占全部票据的 25.8% 和 25.4%，比 2014 年提高 11.9 个和 15 个百分点。其中，2015 年第四季度电子票据累计承兑量的市场占比已上升至 30.9%，累计贴现量的市场占比上升至 37.5%。2016 年第一季度，电子票据累计承兑量和累计贴现的市场占比继续攀升，分别为 38.3% 和 48.2%（见图 3－5）。

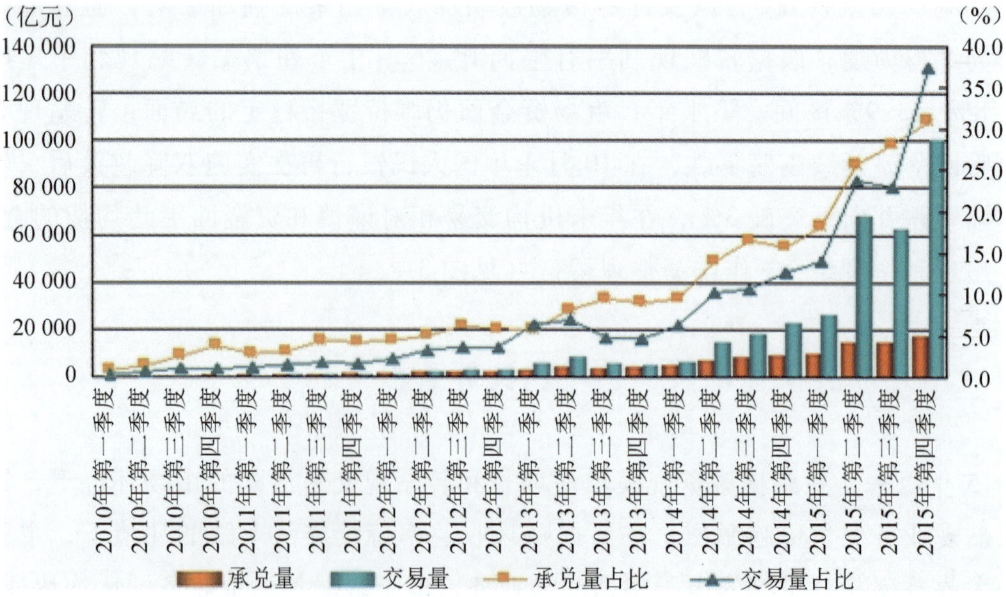

图 3－5　电子票据承兑、交易量及其市场占比情况

资料来源：根据历年中国人民银行支付系统运行报告披露数据整理编制。

在中国人民银行 ECDS 系统建成投产和推广应用六年后，电子票据终于在票据市场上占据了重要地位。主要原因：一是部分银行显著加大了电子票据企业客户和同业客户的市场拓展，使得电子票据市场参与成员大幅扩充，提升了交易活跃度；二是部分银行开发出电子票据的同业投资（资产管理计划）业务渠道，增加了电子票据业务运作的灵活性，从而使其更受市场机构的欢迎。

六、产品创新积极推进，制度建设更上层楼

2015 年，金融机构围绕票据业务创新，在跨市场票据业务创新和互联网票据新业态两个方面取得了新的进展。

2015 年，资产荒为票据资产跨市场业务创新提供了市场契机。在资产证券化采取备案制、注册制、试点规模扩容等政策的推动下，票据资产证券化业务创新成为银行开展票据业务创新的着力点，多家银行根据自身经营和市场环境加大跨票据资产证券化业务创新力度，并在实践中应用发展。同期，在银行票据同业业务监管更加严格的背景下，银行在寻求替代票据回购业务模式的过程中发展了票据理财计划作为票据规模出表的业务路径，成为当前票据业务的主流运作方式。

2015 年，在票据交易频率加快、电子票据业务提速发展中，各家经营机构更加注重票据电子化交易业务和“互联网＋票据”的业务创新，主要商业银行加大了借助互联网金融模式拓展票据电子化交易业务的创新尝试和努力，向市场推出电子票据资产管理计划、纸质票据电子化托管等新型业务。2015 年 11 月，中国工商银行正式推出了工银票据电子化交易平台，该平台依托于工行银行“融 e 购”互联网金融架构，在客户票据资产托管的基础上，为客户提供集自由报价、交易匹配、票据交易、资金清算、风险控制、统计分析、信息资讯等功能于一体的票据综合服务。在电子票据加快发展和银行互联网票据新业态深入发展的背景下，2015 年 9 月，中国人民银行提出建立全国统一票据交易平台的设想，为票据交易电子化和全国统一的票据市场建设提供加快发展的契机。

七、票据业务风险防控难度加大，年末业务监管明显趋严

2015 年以来，在经济增速放缓和利率市场化进程加快以及同质化票据业务竞争更趋激烈的背景下，票据融资业务的信用风险、利率风险明显上升，操作风险更加突出，票据业务经营风险防控的压力加大。首先，随着经济下行压力加大和经济结构调整优化，部分行业、领域的信用风险逐渐暴露，银票承兑和商票贴现风险显现，部分承兑

银行存在恶意拖欠的现象，一些企业签发的商票到期后无法兑付。其次，利率市场化和金融脱媒化进程加快，银行业负债资金成本增加，票据贴现利率和交易利差收益明显下降，中小金融机构票据业务经营的资金杠杆和错配力度加大。在银行间市场利率更易受到证券市场 IPO 常态化发行、中国人民银行公开市场操作等更复杂因素的影响，市场利率走势更难以预测的背景下，银行票据业务的利率风险和流动性风险防控难度加大。最后，随着票据周转加快和模式多元化，在纸票占比仍较高的市场环境中，同质化票据业务竞争和交易量大幅增加，加重了业务人员工作压力，部分机构存在简化流程、降低标准、不遵循程序操作，甚至委托票据中介办理业务等现象，操作风险和合规风险隐患相应增加。

监管部门密切关注票据市场的风险状况，加大了监管和检查的力度。据不完全统计，在各地监管部门披露的 2015 年下半年对商业银行经营违规行为的处罚案例中，对票据业务违规行为的处罚金额占总罚金的 1/3 左右，主要涉及商业银行违规办理无真实贸易背景的承兑业务。2015 年 12 月 31 日，中国银监会办公厅发布了《关于票据业务风险提示的通知》（银监办发［2015］203 号），对中国银监会 2015 年上半年检查中发现的问题进行揭示，列举了相关银行业金融机构在办理票据业务过程中普遍存在的七大类问题，要求银行业金融机构加大票据业务风险检查，预示着票据业务正面临新一轮更加严格的监管检查。

第四章

2015 年中国票据市场与相关货币市场联动发展

21 世纪以来，商业汇票在快速发展中成为我国货币市场的重要交易工具，目前交易规模仅次于债券回购，已成为国内第二大货币子市场。近年来，随着金融市场的完善发展和利率市场化进程的加快，不同市场间的资金流动更趋频繁，票据市场和同业拆借、债券回购市场的关联性和耦合度越来越高。

第一节　货币市场发展概况

2015 年，在市场流动性总体保持充裕的环境下，货币市场利率整体下行明显，市场交投高度活跃，交易量显著放大，投资主体更加多元化。全年银行间市场同业拆借、现券和债券回购累计成交量为 608.8 万亿元，同比增长 101.3%。2015 年末，银行间市场各类参与者共计 9 642 家，较上年末增加了 3 180 家。

一、货币市场利率运行情况

2015 年，货币市场利率整体走势呈现为第一季度高位震荡、第二季度迅速下行和下半年保持低位徘徊的阶段性运行轨迹。年初，人民币汇率持续贬值，为缓解外汇占款大幅下降对流动性的不利影响，中国人民银行在公开市场重启逆回购，操作利率基本与二级市场持平，货币市场利率维持高位震荡。从 3 月中下旬开始，随着各项经济金融指标数据的逐步公布，经济增长的预期降低，货币政策宽松加码。4 月，中国人民银行下调存款准备金率，并逐步降低公开市场操作利率，货币市场利率开始出现明显下降。下半年，管理层为应对证券市场异常波动采取暂停 IPO 和加大力度清理配资等措施，关联市场对货币市场利率的扰动显著降低，中国人民银行延续公开市场滚动对冲操作投放流动性，货币市场利率保持低位平稳运行。

（一）第一季度利率高位震荡

2015 年第一季度，货币市场利率维持高位震荡，总体略有上升，主要是受到春节现金备付需求上升、新股密集发行以及人民币汇率持续贬值导致外汇占款明显下降等因素的影响，资金供给相对偏紧。最能够直接衡量银行间资金供给状况的超额准备金率从 2014 年第四季度末的 2.7% 下降到 2015 年第一季度末的 2.3% 。尽管中国人民银行为了对冲流动性的减少而在公开市场重启逆回购，但操作利率依然维持 3.85% 的较高水平，与二级市场的利率基本持平，反映出当期货币市场利率处于货币政策合意利率区间。3 月，同业拆借和质押式回购月加权平均利率分别为 3.69% 和 3.61% ，比上年 12 月分别高出 20 个和 12 个基点，比上年同期分别高出 121 个和 112 个基点。3 月中旬以后，随着中国人民银行通过多种渠道提供流动性以及前期降息效果的逐步显现，货币市场利率出现回落。3 月末，隔夜、7 天期 Shibor 分别为 3.18% 和 3.89% ，分别较上年末下降 35 个和 75 个基点；3 个月和 1 年期 Shibor 为 4.90% 和 4.78% ，分别较上年末下降 24 个和上升 5 个基点（见图 4 - 1）。

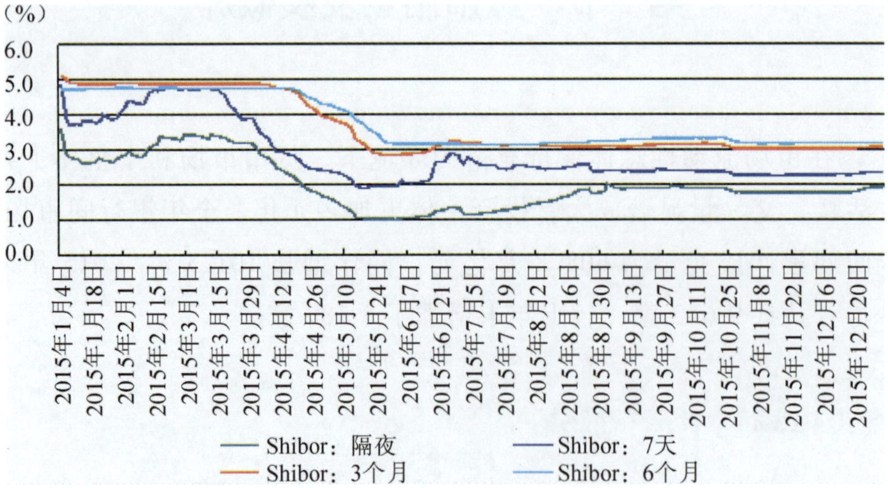

图 4 - 1　2015 年 Shibor 主要期限利率走势

资料来源：中国人民银行。

（二）第二季度利率快速下行

在第一季度宏观经济金融运行数据公布后，市场对经济增长前景的乐观预期有所下降，自第二季度起中国人民银行货币政策宽松加码，多次下调公开市场操作利率，货币市场流动性宽裕，资金利率快速下行。6 月，同业拆借和质押式回购月加权平均利率分别为 1.44% 和 1.41%，分别比 3 月下降 225 个和 220 个基点，同比分别下降 141 个和 148 个基点。6 月中下旬，随着半年末考核时点临近，资金需求呈边际上升态势，前期超跌的资金利率出现短暂的反弹。6 月末，隔夜和 7 天期 Shibor 分别为 1.26% 和 2.65%，比上年末分别下降 227 个和 199 个基点，比 3 月末分别下降 192 个和 124 个基点；3 个月期和 1 年期 Shibor 分别为 3.23% 和 3.39%，比上年末分别下降 190 个和 134 个基点，比 3 月末分别下降 167 个和 139 个基点（见图 4－2）。

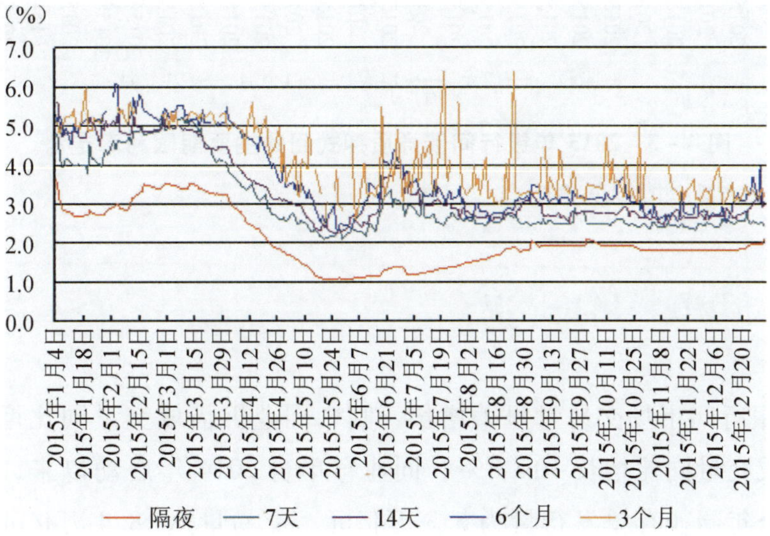

图 4－2　2015 年银行间同业拆借主要期限利率走势

资料来源：中国人民银行。

（三）下半年保持较低水平运行

下半年，货币市场利率整体维持较低水平运行，主要是货币市场资金需求有所下降，且中国人民银行延续公开市场对冲操作投放流动性，货币市场供求相对均衡。12 月，同业拆借和质押式回购月加权平均利率分别为 1.97% 和 1.95%，比 6 月分别高出 53 个和 54 个基点，比 9 月分别低了 8 个和 6 个基点。12 月末，隔夜和 7 天期 Shibor 分别为 1.99% 和 2.36%，分别比上年末下降 154 个和 228 个基点，比 6 月末上升 73 个和下降 29 个基点；3 个月期和 1 年期 Shibor 分别为 3.09% 和 3.35%，分别比上年末下降 205 个和 138 个基点，比 6 月末下降 14 个和 4 个基点。从期限结构看，下半年以来隔夜 Shibor 有所上升，与 7 天期品种的利差呈收窄趋势（见图 4－3）。

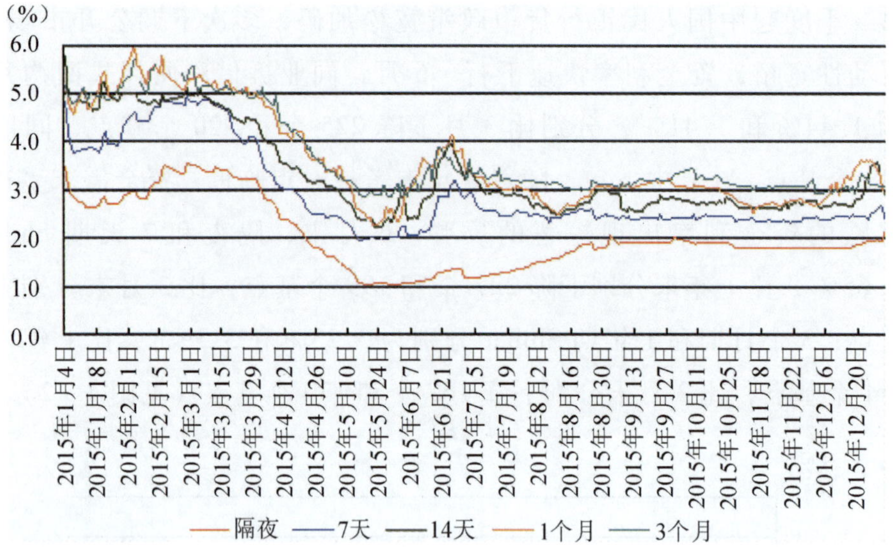

图 4－3　2015 年银行间债券质押式回购主要期限利率走势

资料来源：中国人民银行。

二、货币市场规模增长情况

2015 年，银行间市场交易量显著增长，其中同业拆借成交量同比增长 71.2%，债券质押式回购成交量同比增长 104.8%，同业存单自 2014 年启动以来，2015 年进入发展的快车道，全年同业存单发行量为 5.3 万亿元，交易量达 18.4 万亿元。

（一）银行间市场交易量显著增长

同业拆借成交量大幅上升。2015 年，同业拆借累计成交量为 64.2 万亿元，日均成交量为 2 579 亿元，同比增长 71.2%，增速比上年提高 65.1 个百分点。分季度来看，第一季度，同业拆借成交量为 8.3 万亿元，同比增长 15.7%，增速同比提高 46.3 个百分点；第二季度成交量为 16.2 万亿元，同比增长 52.4%，增速同比提高 48.9 个百分点，比第一季度提高 36.7 个百分点；第三季度成交量为 17.7 万亿元，同比增长 82.1%，增速同比提高 57.5 个百分点，比第二季度提高 29.8 个百分点；第四季度成交量为 22.1 万亿元，同比增长 116.8%，增速同比提高 74.6 个百分点，比第三季度提高 34.7 个百分点。总体看，四个季度同业拆借成交量均保持较高水平，同比、环比增速均持续提升（见表 4－1）。

从期限结构看，同业拆借交易主要集中于隔夜和 7 天短期品种，隔夜成交量占比为 84.1%，比上年上升 5.8 个百分点；7 天期成交量占比为 12.0%，比上年下降 4.2 个百分点。两个期限品种的成交量合计占总成交量的比重高达 96.1%。换言之，14 天

表 4－1　　2015 年四个季度同业拆借交易量及增速

季度	同业拆借交易量（万亿元）	同比增速（%）
第一季度	8.3	16.9
第二季度	16.2	51.4
第三季度	17.7	82.5
第四季度	22.0	115.7
合计	64.2	71.2

资料来源：2015 年中国人民银行货币政策执行报告。

及以上期限品种的合计成交量占比还不到 4%。

从融资主体看，一是中资大型银行依然是主要的资金融出方，且交易量大幅增加，全年净拆出资金 18.4 万亿元，同比增长 191.0%，接近两倍；二是中资中小银行在拆借市场的融出量减少，全年净拆出 2.4 万亿元，同比下降 42.7%；三是外资银行和其他金融机构净拆入资金大幅上升，外资银行净拆入 3.0 万亿元，同比增长 6.4 倍，其他金融机构及产品净拆入 7.1 万亿元，同比增长 2.2 倍；四是证券业机构同业拆借净融入 10.7 万亿元，同比增长 36.1%（见表 4－2）。

表 4－2　　2015 年金融机构同业拆借资金净融出、净融入情况　　（单位：亿元）

机构	2015 年	2014 年
中资大型银行①	－183 955	－63 213
中资中小型银行②	－23 790	－41 485
证券业机构③	106 682	78 390
保险业机构④	58	180
外资银行	29 785	4 035
其他金融机构及产品⑤	71 221	22 094

注：①中资大型银行包括中国工商银行、中国农业银行、中国银行、中国建设银行、国家开发银行、交通银行、中国邮政储蓄银行。②中资中小型银行包括招商银行等 17 家中型银行、小型城市商业银行、农村商业银行、农村合作银行、村镇银行。③证券业机构包括证券公司和基金公司。④保险业机构包括保险公司和企业年金。⑤其他金融机构及产品包括城市信用社、农村信用社、财务公司、信托投资公司、金融租赁公司、资产管理公司、社保基金、基金、理财产品、信托计划、其他投资产品等，其中部分金融机构和产品未参与同业拆借市场。⑥负号表示净融出，正号表示净融入。

资料来源：中国人民银行、中国外汇交易中心。

债券回购交易量成倍增长。2015 年，银行间债券市场回购累计成交量为 457.8 万亿元，日均成交量为 1.8 万亿元，同比增长 104.8%，增速比上年提高 62.9 个百分点。其中：质押式回购成交量为 432.4 万亿元，占全部回购成交量的 94.5%；买断式回购成交量为 25.4 万亿元，占比为 5.5%。分季度来看，四个季度债券回购成交量分别为

66.4 万亿元、108.7 万亿元、125.4 万亿元和 157.3 万亿元，分别同比增长 71.1%、95.9%、99.7% 和 133.7%，呈逐季加速增长态势（见表 4－3）。

表 4－3　　2015 年四个季度债券回购交易量及增速

季度	债券回购交易量（万亿元）	同比增速（%）
第一季度	66.4	71.1
第二季度	108.7	95.9
第三季度	125.4	99.7
第四季度	157.3	133.7
合计	457.8	104.8

资料来源：2015 年中国人民银行货币政策执行报告。

从期限结构看，债券回购与同业拆借一样，交易主要集中在隔夜和 7 天两个期限品种，全年隔夜品种成交量占总成交量的 85.1%，比上年上升 7.0 个百分点；7 天期限品种成交量占比在 10% 左右，两个期限品种成交量占总量的比重高达 95% 以上。

从融资主体看，一是中资大型银行仍然是资金融出主导力量，全年回购净融出资金 188.6 万亿元，同比增长 130.8%；二是中资中小银行在回购市场融入量成倍增长，全年回购净融入资金 62.0 万亿元，同比增长 96.7%；三是证券业机构净融入较快增长，保险业机构则有所下降，其中证券业机构回购净融入资金 36.5 万亿元，同比增长 77.2%，保险业机构回购净融入资金 7.9 万亿元，同比下降 5.1%；四是外资银行和其他金融机构及产品净融入数倍增长，其中外资银行净融入资金 10.5 万亿元，是 2014 年的 7.9 倍，其他金融机构及产品净融入资金 71.7 万亿元，是 2014 年的 3.6 倍（见表 4－4）。

表 4－4　　2015 年金融机构债券回购资金净融出、净融入情况　　（单位：亿元）

机构	2015 年	2014 年
中资大型银行①	－1 885 635	－816 890
中资中小型银行②	619 911	315 128
证券业机构③	364 808	205 904
保险业机构④	79 014	83 257
外资银行	104 578	13 272
其他金融机构及产品⑤	717 324	199 329

注：①中资大型银行包括工商银行、中国农业银行、中国银行、中国建设银行、国家开发银行、交通银行、中国邮政储蓄银行。②中资中小型银行包括招商银行等 17 家中型银行、小型城市商业银行、农村商业银行、农村合作银行、村镇银行。③证券业机构包括证券公司和基金公司。④保险业机构包括保险公司和企业年金。⑤其他金融机构及产品包括城市信用社、农村信用社、财务公司、信托投资公司、金融租赁公司、资产管理公司、社保基金、基金、理财产品、信托计划、其他投资产品等，其中部分金融机构和产品未参与同业拆借市场。⑥负号表示净融出，正号表示净融入。

资料来源：中国人民银行、中国外汇交易中心。

（二）同业存单发行交易显著增加

2015 年，同业存单发行交易进一步显著增加。12 月，同业存单发行主体范围进一步扩大至市场利率定价自律机制观察成员。全年有 283 家机构在银行间市场共发行同业存单 6 101 只，发行总量为 5.3 万亿元，二级市场交易总量为 18.4 万亿元，同业存单发行交易全部参照 Shibor 定价。从季度看，第一季度有 58 家金融机构在银行间市场陆续发行同业存单 965 只，发行总量为 7 138 亿元，二级市场交易量为 5 375 亿元；第二季度，银行间市场发行同业存单 1 240 只，发行总量为 9 562 亿元，二级市场交易量为 1.9 万亿元，比第一季度成倍增长；第三季度，同业存单发行 1 644 只，发行量 1.6 万亿元，二级市场交易量为 4.3 万亿元，发行量和交易量均保持环比大幅增长；第四季度，同业存单发行 919 只，发行量 2.0 万亿元，二级市场交易量为 11.6 万亿元，发行量和交易量环比有所回落。同业存单交易量季度增长幅度远快于发行量，二级市场的活跃明显高于一级市场（见表 4 –5）。

表 4 –5　　2015 年四个季度同业存单发行量和交易量

季度	发行数量（只）	发行金额（亿元）	交易金额（亿元）
第一季度	965	7 138	5 375
第二季度	1 240	9 562	19 000
第三季度	1 644	16 000	43 000
第四季度	2 252	20 000	116 000
合计	6 101	52 700	184 000

资料来源：2015 年中国人民银行货币政策执行报告。

与此同时，大额存单发行交易有序推进。2015 年 6 月，中国人民银行发布《大额存单管理暂行办法》，自此，大额存单正式启动发行。全年金融机构发行大额存单 4 768 期，发行总量为 2.3 万亿元。大额存单发行交易的有序推进，进一步扩大了金融机构负债产品市场化定价范围，培养了金融机构的自主定价能力。

三、货币市场成交量增加的原因

2015 年，货币市场利率总体快速下行，主要是受到市场预期改善的政策引导、市场流动性供需两旺等多方面因素的影响，包括以下五个方面：

（一）货币政策宽松，流动性充裕

2015 年，中国人民银行分别进行了 5 次降准和 5 次降息，综合应用公开市场操作、

SLF、MLF等工具调节市场流动性，引导市场形成资金面平稳、资金利率保持低位的一致预期。在此背景下，投资者融资展业需求和以量补价交易动机得以释放，带动货币市场成交量快速放大。

（二）商业银行资产配置方式发生转变，信贷、同业等传统项目的投放规模减少，沉淀资金在银行体系内循环

2015年以来，实体经济增长动力不足导致信贷投放和信贷续期需求减少，同业业务监管明显趋严也抑制了银行配置同业资产的规模增长，因此以银行为主的存款性金融机构在信贷、同业等传统资产项目上的投放规模有所减少，在货币市场环境有利的情况下，银行将沉淀的资金在货币市场进行流量运作和到期滚动续作，放大了成交量。

（三）银行通过货币市场管理内部富余资金的需求增强，增加了货币市场的资金供给

在银行间市场流动性宽裕的局面下，商业银行为降低机会成本，偏好将富余资金投向期限短、流动性强的货币市场，尤其是隔夜和7天短期品种，在获取接近无风险的融资收益的同时，还可以满足银行对资金安全性和流动性的管理要求。同时，由于上半年股票市场单边上升，大量社会资金流入股市，银行类机构证券保证金规模快速扩大，股票交易和融资融券业务的客户资金和保证金向第三方存管银行快速汇集，对存款分布产生一定影响，部分银行保证金存款大幅增加，出于头寸管理的需要，向市场融出过剩流动性的意愿增强。

（四）金融机构融资套利交易活跃，激发了回购交易需求

中国人民银行综合应用多种货币政策工具，从资金价格、资金供给量和资金期限等方面对全社会资金供给的价格和数量进行定向调节，使得市场形成资金利率在低位平稳运行的一致性预期。一些城商行、农商行、证券公司等机构的交易账户由于盈利要求高、资金规模小，普遍采取套息交易做大流量的方式放大价差收益，从而推动了回购交易规模的快速扩张。

（五）非银行类金融机构资金需求增加

股票等关联市场融资需求持续增加间接推动了货币市场交易量的增长。上半年股市行情向好，吸引大量资金加入，机构投资者对新股申购、交易配资等杠杆化投资业务需求显著上升，吸引了证券公司、基金公司等跨市场机构从货币市场融入资金，以满足其直接从事新股申购或间接提供配资等需求。下半年随着IPO暂停和清理配资，这类融资需求有所下降。

第二节 票据市场与货币市场的关联性

票据交易在货币市场中的作用日益增强，它是货币市场中与实体经济联系最紧密的子市场，同时票据业务逐渐显现出与货币市场短期融资业务相契合的资金化运作的交易特征，票据业务与货币市场资金交易业务的内在联系和关联性日益增强。

一、票据市场利率与货币市场利率的关联性

票据市场利率体系主要包括承兑费率、贴现利率、转贴现利率、回购利率和再贴现利率。转贴现、回购利率由资金供求和票源供求关系决定，利率市场化程度最高；贴现利率通常是银行综合衡量流动资金贷款利率、贴现企业或授信机构信用风险、货币市场利率等因素，结合实体企业的议价能力在转贴现利率基础上加点生成，利率市场化程度次之；政策层面上讲，承兑费率目前也已实现市场化定价，根据中国银监会和发改委颁布的《商业银行服务价格管理办法》，除实行政府指导价、政府定价的服务价格以外，商业银行服务价格实行市场调节价，因此银行承兑汇票承兑手续费自2014年8月1日起改为“市场调节价”，改变了延续16年的0.05%的全行业统一定价标准，但目前尚没有具体数据可以反映承兑费率的市场化定价执行情况；再贴现利率由中国人民银行制定、发布和调整，自2010年12月中国人民银行将再贴现利率调整为2.25%，至今已有五年多未变动，再贴现利率市场化操作机制有待改进完善。货币市场利率体系中，最具代表性的是Shibor、债券质押式回购利率和同业拆借利率。票据市场利率与货币市场利率走势既有相似之处，又蕴含各自的特点。以下重点对市场化程度较高的票据转贴现、回购利率与Shibor、债券质押式回购利率、同业拆借利率进行走势比较，剖析票据利率与资金利率之间的关联性。

（一）票据利率与Shibor

上海银行间同业拆放利率（Shibor）是由信用等级较高的商业银行组成报价团自主报出的人民币同业拆出利率计算确定的算术平均利率，是单利、无担保、批发性利率。目前对市场公布的Shibor有8个期限品种，包括隔夜、7天、14天、1个月、3个月、6个月、9个月和1年期限。本节主要选取常作为参考利率的隔夜、7天、1个月、3个月、6个月五个期限品种与票据利率进行比较，其相关关系表现为以下两个方面：

（1）票据回购利率与 Shibor 之间的契合度较好，走势较为一致。2015 年，票据回购利率与 1 个月 Shibor 的线性相关系数达到 0.97，与其他期限品种 Shibor 的相关系数也都在 0.85 以上。票据转贴现利率与 Shibor 的关系相对更加复杂，主要是因为票据作为一种特殊资产，既能反映资金的价格，也包含信贷因素。从历史走势看，在信贷规模相对宽松的宏观环境下，票据转贴现利率与 Shibor 走势较为一致，相反则差异较大。2015 年以来，信贷规模整体处于相对宽松，但也存在某些时点紧张的现象，因此转贴现利率在大部分时间的走势都与 Shibor 比较契合，尤其与 1 个月和 3 个月 Shibor 的相关程度较高，线性相关系数达 0.95 和 0.94。从期限结构来看，1 个月以内的短期限 Shibor 与票据回购利率的相关系数略高于与转贴现利率的相关系数，而长期则相反，这与 2015 年资金交易呈现短期化特点有关，而票据转贴现期限比回购期限要高。

（2）票据利率一般略高于同期限的 Shibor，特别是票据转贴现利率明显高于各期限 Shibor，一方面票据利率尤其是转贴现利率中包含信贷价格因素，资源稀缺性决定票据贴现和转贴现利率应该高于单纯资金价格 Shibor。2015 年，票据回购利率平均值分别比隔夜、7 天、1 个月、3 个月、6 个月 Shibor 均值高出 195 个、108 个、43 个、28 个基点；票据转贴现利率平均值比隔夜、7 天、1 个月、3 个月、6 个月 Shibor 均值分别高出 205 个、118 个、77 个、53 个、38 个基点。应指出的是，上述结论在信贷规模非常宽松的时期可能不完全成立，因为在规模极度宽松时期，很多金融机构为了完成信贷投放计划，不惜成本买入票据资产填补贷款规模缺口，这种非经营性行为导致出现负的规模溢价现象，形成票据利率与资金利率倒挂的局面（见图 4－4）。

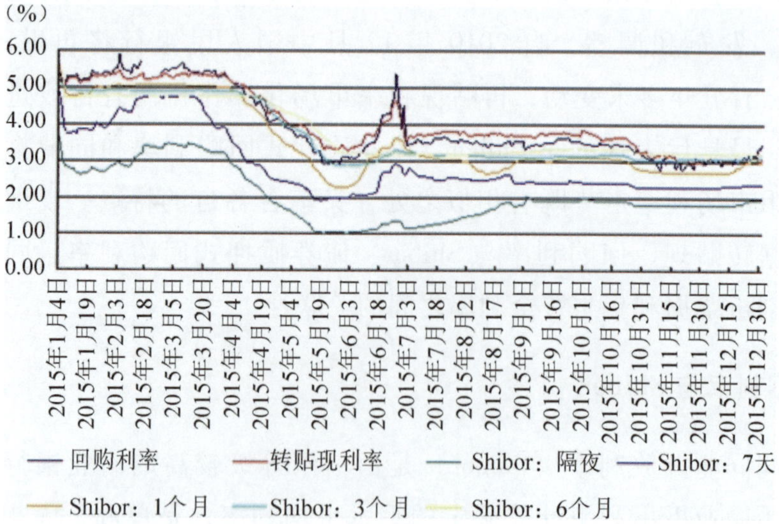

图 4－4　票据回购和转贴现利率与 Shibor 走势对比

资料来源：中国人民银行。

（二）票据利率与同业拆借利率

同业拆借利率是货币市场的核心利率之一，也是整个金融市场上具有代表性的利率，能够及时、准确地反映货币市场乃至整个金融市场短期资金供求关系。目前公布的 11 个同业拆借利率品种包括隔夜、7 天、14 天、21 天、1 个月、2 个月、3 个月、4 个月、6 个月、9 个月及 1 年期。由于同业拆借交易主要集中在短期品种，本节选取其中较具代表性的隔夜、7 天、1 个月和 3 个月四个期限品种的同业拆借利率与票据利率进行比较（见图 4－5）。

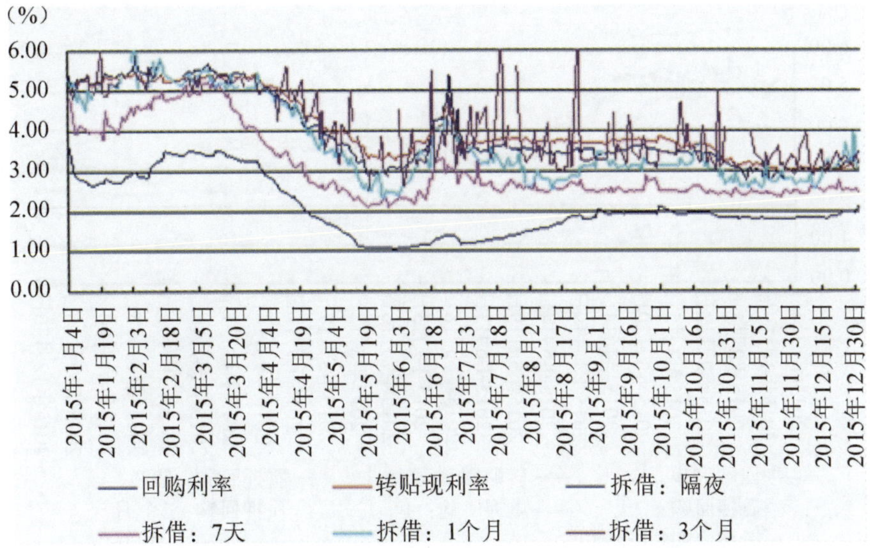

图 4－5　票据回购和转贴现利率与同业拆借利率走势对比

资料来源：中国人民银行。

（1）由于票据回购利率和同业拆借利率均为反映资金价格的利率，再加上 2015 年票据回购和同业拆借都主要集中在 1 个月以内的短期交易，从短端拆借利率与回购利率对比看，两者的契合度相对较好，相关系数基本在 0.90 以上，而 3 个期限的同业拆借利率由于成交量较少，期限较长，利率波动较大，与票据回购利率的相关性相对较低。与 Shibor 相似，同业拆借利率也不能直接反映信贷规模溢价因素，因此通常在信贷规模相对紧张的情况下，票据转贴现利率与同业拆借利率的走势差异性较大，2015 年信贷规模总体宽松，两者具有一定的相关性，但仍不及票据回购利率与短端同业拆借利率的相关性高。

（2）相比 Shibor，同业拆借利率与票据利率的相关关系更为稳定一些。同业拆借市场主要是为了弥补银行短期资金不足、清算差额及临时性资金余缺调剂的信用拆借，基本是在中国人民银行开立的存款账户中进行交易，因此能间接反映信贷类金融机构的资金余缺情况。

（三）票据利率与债券质押式回购利率

银行间债券质押式回购利率，是指银行间以国债等高信用等级债券作为质押物，通过回购方式进行资金借贷所产生的利率。目前公布的 11 个品种债券质押式回购利率包括隔夜、7 天、14 天、21 天、1 个月、2 个月、3 个月、4 个月、6 个月、9 个月及 1 年期。为方便比较，本节选取隔夜、7 天、1 个月、3 个月、6 个月五个期限的债券质押式回购利率与票据利率进行比较（见图 4－6），其相关性包括以下两个方面：

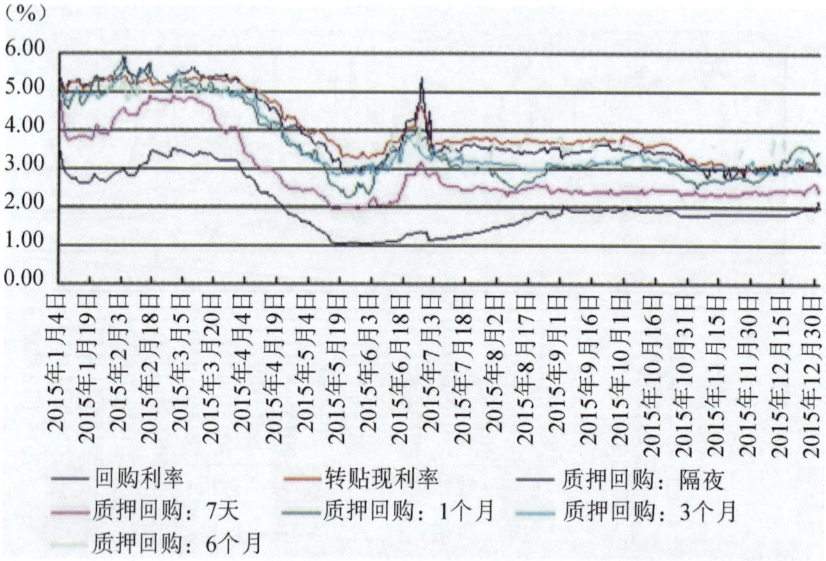

图 4－6　票据回购和转贴现利率与债券质押式回购利率走势对比

资料来源：中国人民银行。

（1）与 Shibor、同业拆借利率情况相似，质押式回购利率与票据回购利率的相关程度更高。在 2015 年信贷宽松的环境下，质押式回购利率与票据转贴现利率的走势也较为一致。从历史走势看，在信贷规模紧张时，质押式回购利率与票据转贴现利率走势的差异明显，这是因为质押式回购利率仅能体现资金价格的变化，无法反映信贷规模的供需状况，而票据转贴现利率则是资金供求状况与信贷规模因素的综合反映。

（2）与 Shibor 和同业拆借不同，债券回购和票据交易在现阶段仍存在实物操作，受宏观调控的影响更加明显，因此从利率相关性对比来看，票据利率与债券回购利率的相关性要高于其与 Shibor 和同业拆借利率的相关性。

总体来讲，通过票据市场利率和货币市场利率的走势对比及相关性分析，可以得出以下结论：一是票据市场利率与 Shibor、同业拆借利率、质押式回购利率的相关程度均较高，说明票据市场利率与货币市场利率的联动性强，主要是两个市场的利率市场化程度都较高，市场的关联性和耦合度较高，货币市场的变化会及时传导至票据市场，反之亦然。二是票据作为一种特殊的资产，兼具资金业务和信贷业务属性，资金业务属性是票据市场和货币市场的共性特征，而信贷业务则属于票据转贴现的个性特征，因此转贴现利率和回购利率与货币市场的关联度并不完全一致，票据回购利率与货币市场利率的相关性相对更高，主要体现为两者的资金业务属性，而票据转贴现利率与货币市场利率的相关性相对较低，主要体现为票据转贴现业务独有的信贷业务属性。三是票据利率与债券质押式回购利率的相关性高于其他两种货币市场利率，这可能是因为票据市场和债券回购市场均属于实物市场，资产特点有一定的相似性，两者相关性更强一些，而 Shibor 和同业拆借属于信用市场，因此与票据市场的相关性相对弱一些。

二、票据市场与货币市场比较分析

（一）产品种类

通常而言，货币市场是融资期限在一年以内的短期资金融通的市场，票据市场属于货币市场的组成部分，因此货币市场的产品远比票据市场丰富。票据市场产品包括一级市场的承兑、贴现以及衍生的票据保贴、代理、置换、票据池等运作模式，二级市场的转贴现、回购、再贴现，以及基于票据资产的理财、同业投资等新兴业务。货币市场从业务类型看，包括同业拆借、票据业务、债券回购、同业存单等，而每个业务类型中又包含隔夜、7 天、1 个月、3 个月、6 个月等多种期限的业务品种，产品更加丰富多样。

（二）市场规模

从交易量来看，2015 年票据贴现量突破百万亿元，仅次于债券回购交易量（457.8 万亿元），高于同业拆借交易量（64.2 万亿元）和同业存单交易量（18.4 万亿元）。从存量来看，2015 年末票据承兑余额为 10.4 万亿元，贴现余额为 4.6 万亿元，同业拆借余额为 1.3 万亿元，债券回购余额为 10.7 万亿元，其中质押式回购余额为 9.7 万亿元，买断式回购余额为 1.0 万亿元。可见，票据存量与债券回购存量基本相当，均远高于同业拆借存量，这是因为同业拆借主要集中在隔夜和 7 天短期品种，业务期限短，业务存续期短。

（三）参与主体

从交易投资主体看，票据市场由于有纸票实物的存在，交易受到时间和地域的局限，参与主体广泛分布在全国各地的各类金融机构、非金融企业和个人投资者，包括政策性银行、商业银行、农信社、财务公司及证券、信托、基金等非银行金融机构在内的上千家法人机构及其分支机构，同时企业、个人投资者也可以通过互联网平台以购买理财产品的方式间接投资票据资产，此外还广泛涉及票据中介的居间撮合服务（大部分中介直接参与票据交易）。由于货币市场交易具备电子化优势，加上监管部门对线上同业业务专营的严格监管要求（银监办发［2014］140号文规定，对同业拆借、买入返售和卖出回购债券、同业存单等可以通过金融交易市场进行电子化交易的同业业务，不得委托专营部门以外的其他部门或分支机构办理），目前货币市场业务已基本形成集约化经营的格局，每家法人机构只有一个或少数几个参与主体。虽然货币市场的参与主体类型与票据市场没有明显的差别，但市场参与交易的机构数量明显少于票据市场。

从主体结构看，票据市场与货币市场具有本质的相似点：一是中资大型银行在货币市场上主要表现为资金净融出方，在票据市场表现为票据买入方，也是票据行业的主要资金供给方。二是中资中小银行在货币市场主要表现为双向的资金交易，总体为资金净融入，是最主要的资金使用者，也是扩大资金交易规模的主要力量。同样，由于其规模和资金相对有限，在票据市场上更偏重以周转交易的方式通过快进快出做大流量，提高收益回报，也是资金使用者和做大票据交易规模的主要力量。

（四）影响因素

从货币政策向实体经济的传导路径来看，货币市场更接近中国人民银行货币政策操作端，受政策性因素的影响相对更加直接和明显，比如降准、降息、公开市场操作、定向调控措施等，这些因素通过影响市场流动性，进而影响货币市场的交易行为。票据市场作为连接金融市场和实体经济之间的桥梁，一方面政策性因素通过影响货币市场可以间接传导至票据市场，进而影响票据市场参与主体的行为；另一方面，实体经济运行状况和企业融资需求也直接影响票据市场的供求状况。比如，实体经济运行疲弱、有效信贷投放不足时，票据融资规模会增加，反之则减少；市场规模和资金面都相对稳定时，交易投资的活跃度会上升，反之则下降。与此同时，两个市场还分别受到来自自身领域的监管政策的影响，但由于票据市场属于货币市场子市场之一，货币市场的一些监管政策同样会影响到票据市场。比如，中国人民银行127号文对同业业务进行了规范，它对货币市场和票据市场的运作模式和交投行为均产生影响。再如，中国银监会 203 号文关于票据业务风险提示的通知，只对票据市场带来较大的影响，而很难影响到其他货币子市场。总体看，票据市场的影响因素更加多元和复杂，既有影响两个市场的共性因素，也有带来独立影响的个性因素。

综上所述，由于票据市场是货币市场的子市场，两个市场之间存在较强的关联性和耦合性，各种因素对货币市场的影响会传导至票据市场，而票据市场的变化又会反作用于货币市场，最终导致两个市场走势基本趋同，同时又体现各自的独有特征。

第五章

2015 年中国票据市场业务开展情况

第一节　票据市场业务运行情况

2015 年，在经济发展的新常态下，企业商业汇票签发量和银行承兑汇票业务同比增速放缓，金融机构票据融资快速增长，转贴现交易活跃，再贴现业务余额小幅下降；票据市场利率上半年快速下跌，年中反弹回落后在低位徘徊，电子票据业务快速发展，市场占比急速上升；票据业务经营的影响因素更加复杂，票据业务风险加大。

一、主要业务开展情况

2015 年，票据承兑业务和贴现业务呈现出截然不同的发展特点，票据承兑业务同比增速放缓，票据贴现业务则继续保持快速增长的势头。在票据承兑业务方面，全年企业累计签发商业汇票 22.4 万亿元，同比增长 1.35%，增速比 2014 年回落 7.6 个百分点；年末商业汇票未到期金额为 10.4 万亿元，同比增长 5.05%，增速比 2014 年降低了 3.9 个百分点。在票据贴现业务方面，全年金融机构累计贴现业务 102.1 万亿元，同比增长 68.20%；年末贴现业务余额为 4.6 万亿元，同比增长 58.62%。全年票据融资合计增加 1.7 万亿元，同比增加 7 062 亿元，在新增贷款中的占比为 14.5%，年末在各项贷款中占比为 4.87%，比上年末提高 1.3 个百分点。年末再贴现余额达到 1 305 亿元，同比小幅回落，下降了 4.88 个百分点。

电子票据业务量增长显著。2015 年，电子商业汇票系统（ECDS）新增用户为 23 家，年末接入 ECDS 系统的机构数达到 396 家。2015 年，电子商业汇票系统出票金额为 56 000.13 亿元，同比增长 78.92%；承兑金额为 57 872.68 亿元，同比增长 88.39%；贴现金额为 37 337.01 亿元，同比增长 148.83%；转贴现金额为 221 285.89 亿元，同比增长 360.35%。2015 年，电子商业汇票累计承兑量和累计贴现量在全部汇票累计承兑量和累计贴现量中的占比已分别达到 25.84% 和 25.36%，市场占有率比 2013 年增长了一倍多。根据电票出票的市场占有率计算，2013 年电子票据在整体出票量中的占比为 8.3%，2014 年达到 16.2%，2015 年达到 25%，总体呈现市场占比逐年提高的发展态势。

二、市场主体票据业务经营的主要特点

2015 年，票据支持实体经济作用更加显著，承兑业务增速放缓，贴现业务快速增长。同期，经济增速放缓和经营压力加大，企业信用风险凸显，票据业务风险总体上升，商票业务风险陡增。

（一）银行更加重视票据业务支持实体经济融资需求

新常态下，经济增速放缓和经济结构调整加快，部分行业企业经营形势严峻，银行信贷经营的信用风险明显上升。同时，在流动性宽裕和低利率的金融市场环境下，"资产荒"的显现使得银行更加重视资产配置的风险收益的平衡。在上述经营环境下，银行充分利用票据业务满足中小企业融资和自身控制信用风险以及赚取经营收益的多重目标。一是相对于银行贷款和债券融资，企业开展票据融资的准入门槛相对较低，办理手续更加便捷，且票据贴现利率市场化程度相对更高，能够更好地满足中小企业低成本融资需求，使得银行为企业办理票据业务可以有效拓展企业信贷客户；二是票据的真实贸易背景以及承兑银行的信用保证，更有利于银行合理控制信用风险，提升信贷资产质量。

（二）票据贴现业务和承兑业务发展不完全均衡

21 世纪以来，银行票据承兑业务和贴现业务的发展处于不平衡状态，主要原因在于票据承兑和贴现分别反映在表外和纳入信贷统计口径，票据贴现业务受到货币信贷总量的约束更强，受到信贷规模调控的影响更大，从而政策调控期间的波动性更加明显，使得票据承兑市场和贴现市场发展不同步。这主要表现为在货币政策从紧调控阶段，银行往往无法完全满足企业持有的银行承兑汇票的贴现需求。从业务发展上看，

银行通过开票在满足中小企业融资需求的同时，迫使企业设法通过非银行渠道进行融资，成为民间票据中介机构快速发展的重要原因之一。由于票据承兑和贴现业务发展的不平衡状况，已承兑票据的贴现比率在各个年份之间往往具有较大差异，如 2007 年贴现票据占总承兑票据比例超过 80%，而在货币政策趋紧时，承兑票据获得贴现的占比则大幅下降，最低时仅为 20%（见图 5－1）。

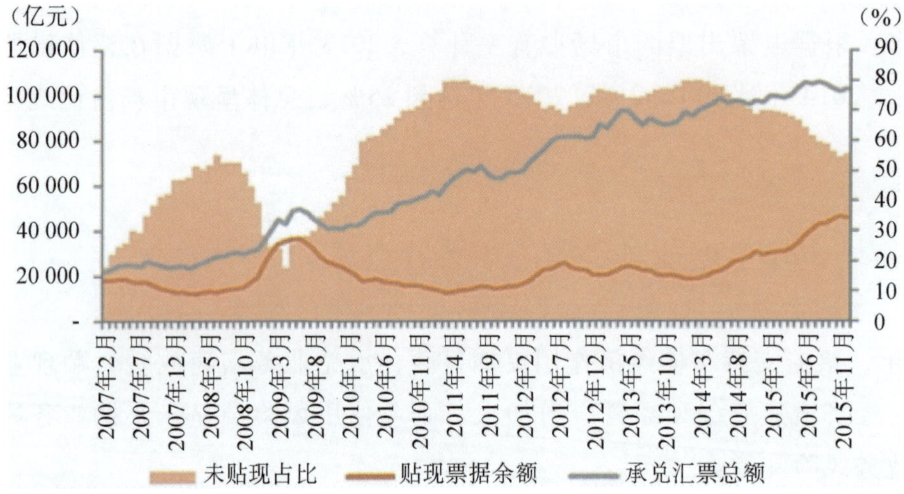

图 5－1　票据市场未贴现票据占比走势

资料来源：根据中国人民银行历年货币政策执行报告披露数据整理编制。

2015 年，在中国人民银行坚持执行稳健的货币政策条件下，银行对信贷资金运作采取合理配置的经营策略，银行承兑汇票贴现比率为 45%，仍有半数以上票据难以获得银行贴现。

（三）市场主体票据业务综合收益率明显下降

2015 年，银行体系流动性总体合理充裕，中国人民银行综合运用降准、降息和下调公开市场逆回购操作利率等货币政策，引导金融机构降低企业融资成本，银行存贷款利率大幅下跌，货币市场利率波动下降。在票据融资规模快速增长和市场交易活跃的带动下，票据市场利率总体波动下行。2015 年 12 月，票据融资加权平均利率为 3.33%，同比下降 234 个基点，票据转贴现交易利率同步收窄，票据业务综合收益率明显下降。

（四）银行票据贴现业务支持信贷投放的作用增强

2015 年，在企业一般性信贷需求不足和信贷风险加大的背景下，主要商业银行纷纷加大贴现业务运作，弥补信贷投放不足，票据贴现对贷款投放的支持力度明显上升。

2015 年，稳增长政策提升了企业投资意愿和工业制造活动，部分适应结构调整方向的行业、企业和民营中小企业的潜在票据融资需求回暖。同时，由于投资对信贷投放的带动作用须有一个过程，加上流动性宽裕下资产荒对银行资金收益的不良影响，银行仍须继续依靠增加票据贴现来完成全年信贷投放任务和提升信贷资金整体收益水平，票据融资规模持续增长。

（五）银行间转贴现票据业务竞争更加激烈

2015 年，中国人民银行在执行稳健的货币政策的基础上，灵活采取定向宽松的政策操作措施支持经济增长，银行间市场资金面总体宽裕，银行间市场资金利率持续波动下行，为银行开展先买后卖的票据交易性业务提供了有利条件。部分商业银行主动加大票据买入，为市场创造了更多交易机会，部分票据持仓量较大的银行也积极加大了交易获利的业务操作，银行间转贴现票据竞争更加激烈，使得票据交易利差收窄，又进一步提升了转贴现市场的活跃度。

（六）银行票据业务信用风险明显加大

在经济增速放缓和经济结构调整加快的新常态下，银行信贷业务和票据业务经营的信用风险有所上升，对于银行票据业务而言，商票的信用风险更加值得关注。这导致商票的贴现利率相对于银票而言具有更高的风险溢价，从而将商票和银票贴现利率拉开了合理的差距。在高额的利差驱使下，很多民间票据中介机构在商票直贴和转贴之间寻找更大的牟利空间。同时，很多中小金融机构开展票据业务的时间不长，对于商票业务的认知尚不全面，把商票业务等同于银票业务，在企业贴现业务办理的审查方面未能足够重视信用风险，从而埋下票据风险隐患，并在后续票据转贴现业务交易流通链条中，把风险传递给市场，由单个商票的信用风险引发连带的市场风险，甚至持票主体为隐瞒风险诱发出的操作风险和道德风险。

第二节　商业汇票承兑业务发展

2015 年，受经济下行压力和实体经济有效资金需求不足的影响，金融机构票据承兑业务告别前期的快速增长态势，转而进入相对稳定和平缓的发展阶段。

一、商业汇票承兑业务发展综述

2015 年，针对经济增速放缓的下行压力，中央采取微刺激政策。中国人民银行实施稳健的货币政策，更加注重政策的松紧适度，适时采取定向宽松政策的预调微调，保持市场流动性总体宽裕，为银行票据业务经营提供了有利的市场环境。金融机构加大商业汇票承兑业务办理力度，充分发挥了承兑业务在支持中小企业票据信用增级和融资支持两方面的重要作用，银行承兑汇票业务波动发展。2015 年，国家通过多措并举引导金融机构优化信贷结构，加大对“三农”、小微企业、民生等重点领域和关键环节的金融支持，为银行承兑汇票业务的发展指明了市场方向。2015 年，企业商业汇票累计签发量为 22.4 万亿元，同比增长 1.3%，连续第三年超过 20 万亿元，其中电子商业汇票承兑金额同比增长 88.4%。上半年，票据承兑余额小幅增长，8 月末达到 10.9 万亿元，之后承兑余额小幅波动，年末比年初增加 0.5 万亿元。从行业结构看，企业签发的银行承兑汇票余额仍主要集中在制造业、批发和零售业；从企业结构看，由中小型企业签发的银行承兑汇票约占 2/3。可以看出，2015 年银行承兑汇票业务平稳增长，为第三产业的发展提供了非常大的资金支持。从结构上看，中小企业依然是商业汇票的主要出票人，且其市场份额有逐步增大的趋势。可以说，商业汇票在中小企业的融资过程中发挥着越来越重要的作用。分季度看，2015 年各季度的商业汇票签发量均超过 5 万多亿元，各季签发量差异不大，票据累计签发量同比增长率呈下降趋势。每季度末的承兑余额较为接近，平均承兑余额为 10.5 万亿元，但季末承兑余额同比增长率波动较为明显（见表 5－1）。

表 5－1　2015 年承兑业务相关数据及增长率

2015 年	全国承兑发生额（万亿元）	同比增长率（%）	全国承兑余额（万亿元）	同比增长率（%）
第一季度	5.4	4.8	10.2	7.2
上半年	11.3	3.2	10.8	5.8
前三季度	16.6	2.3	10.6	9.3
全年	22.4	1.3	10.4	5.4

资料来源：根据 2015 年各季度中国人民银行货币政策执行报告披露数据整理编制。

二、票据承兑业务发展特点

2015 年，票据承兑业务量在波动中平缓增长，第一和第四季度承兑量同比小幅下降，第二和第三季度承兑量平缓增长，合计全年票据承兑业务同比小幅增长，对实体经济的支持作用不断显现。同时，票据承兑业务签发形势日趋多样化，在金融机构中发挥着不同的作用。

（一）票据承兑业务量继续保持波动增长

2004年以来，票据承兑业务量逐年增长，2009年和2013年分别突破10万亿元和20万亿元，年累计签发量从2004年的3.4万亿元增长到2015年的22.4万亿元，年复合增长率达到18.70%。2015年，在商业汇票签发量继续保持增长的局面下，受经济环境影响，各季度签发量小幅波动，其中第一和第四季度承兑量同比小幅下降，第二和第三季度承兑量平缓增长。各季度票据承兑业务发展情况具体为：第一季度票据承兑量为5.4万亿元，同比回落5.26个百分点；第二季度票据承兑量为5.9万亿元，同比增长11.32%；第三季度票据承兑量为5.3万亿元，同比增长1.92%；第四季度承兑量为5.8万亿元，同比回落1.69个百分点，全年票据承兑量合计达到22.4万亿元，同比增长1.3%。票据承兑的持续稳定增长加大了对实体经济，特别是中小企业的金融支持（见图5-2）。

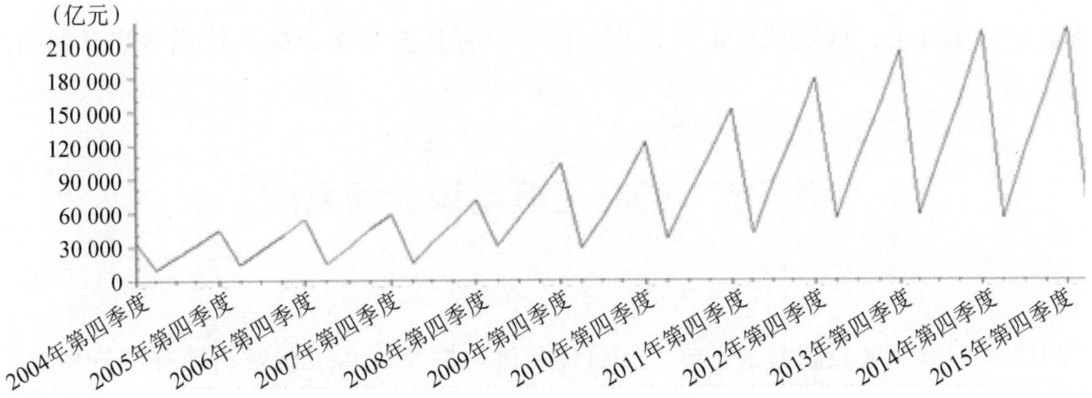

图5-2 2004~2015年商业汇票（票据）签发量变化情况比较

资料来源：根据中国人民银行历年货币政策执行报告披露数据整理编制。

（二）商业汇票签发量增速有所放缓

2015年，在经济下行压力加大的背景下，CPI、PPI继续保持低位运行，通货紧缩风险上升，企业需求下降比较明显，这使得企业以票据用于支付结算和作为融资工具的各类需求均有所下降，票据的供给出现收缩。同期，银行适度以承兑汇票的方式来替代贷款，以满足客户的融资需求，并通过收取保证金存款来控制信用风险，成为2015年企业累计签发票据总量小幅增长的主要原因。

（三）不同类型金融机构票据承兑业务更趋务实

在宏观经济形势尚未根本性改善的环境下，主要商业银行在承兑汇票业务开展中通过合理设定和调整保证金比率来控制信用风险和拓宽保证金存款来源。总体上看，不同类型金融机构票据承兑业务的经营策略更趋务实。大型商业银行处于票据业务链的上游链条，更加注重增强承兑保证金对于存贷款业务和风险防控的作用；中小商业银行则更加注重票据上游业务及票源对于下游业务的拉动作用。大型商业银行在运用票据承兑业务进行企业信用增级和企业融资需求方面仍然具有较大的发展空间，而小型商业银行尤其是非上市银行（城商行、农商行和农信社等小型金融机构）在应对或有负债风险敞口方面仍需进行进一步的强化。

（四）票据承兑业务在创新中呈现方式多样化

近年来，融资担保模式日趋多样化，更多企业客户愿意选择收益更高的结构性存款或保本理财产品作为承兑担保方式，由于不同类型商业银行对不同类型企业客户的议价能力不同，中小型商业银行承兑保证金比例下降较快，这也将导致中小商业银行负债成本的进一步上升，并进一步影响其利润成长空间。同时，银行根据不同类型企业的信用资质评估，确定承兑汇票信用风险敞口保证金比率，提高优质客户营销力度。

第三节　商业汇票贴现业务发展

2015 年，在企业贷款需求下降、银行体系流动性充裕和票据融资填补信贷规模需求强烈的背景下，金融机构票据融资余额快速增长，商业汇票贴现业务呈现爆发式增长。同期，票据同业业务监管力度持续加大，票据资产从表外快速返回贷款表内。在票据资产配置需求上升和资产荒的背景下，金融机构对票据资产的争夺加大了票据转贴现交易的活跃度，转贴现交易价差持续收窄。在中国人民银行的政策引导下，再贴现业务支持小微企业的作用不断显现，受各季度再贴现业务办理试点差异的影响，期末余额小幅下降。

一、商业汇票贴现业务发展综述

2015 年，企业贷款需求增长动力不足，银行为扩张信贷总量，在加大票据贴现业务发展的同时，促进表外存量票据资产回归表内，年末金融机构票据贴现余额达到

4.58 万亿元，创历史最高水平，全年票据融资增加 1.66 万亿元，增幅达 57%，占当年新增贷款的比例为 14.5%，增幅创 2011 年以来历史新高。其中，16 家上市银行票据承兑余额合计 6 万亿元，票据贴现余额合计 2.27 万亿元，分别占全国金融机构票据承兑余额的 57.74% 和贴现余额的 49.29%。国有大行因整体贷款规模较大，成为票据贴现业务增长的主力，仅建行、农行两家机构就增长接近 5 000 亿元。因规模持续宽松，票据规模溢价逐步减弱，票据资金交易业务的特点更趋明显（见表 5－2）。

表 5－2　2015 年贴现量排名前五的银行数据

排名	银行名称	2015 年贴现量（亿元）	2014 年贴现量（亿元）
1	中国工商银行	5 192	3 504
2	中国建设银行	4 398	1 718
3	中国农业银行	3 569	1 573
4	中国银行	2 250	1 842
5	中国邮储银行	1 572	1 100

资料来源：银联信整理。

总体来看，2015 年商业汇票贴现业务发展主要有以下特点：

（一）商业汇票贴现业务呈现爆发式增长，创历史最高水平

自 21 世纪以来，除 2011 年票据贴现量同比下降 3.85% 外，其他年份票据贴现量均呈现快速增长，期间，年均复合增长率高达 42.16%。2015 年，资产荒促使银行加大票据资产的配置，银行更加注重票据贴现业务的开展，在合理宽裕的流动性支持下，银行票据业务资金化运作趋势不断增强，各金融机构不断加快票据贴现后的转贴现周转交易，从而使得票据累计贴现量呈现出爆发式的增长，贴现量首次突破 100 万亿元，达到 102 万亿元，同比增长 68%。分季度来看，第一、第二、第三和第四季度的票据贴现量分别为 19.2 万亿元、28.7 万亿元、27.3 万亿元和 26.9 万亿元，单季平均累计贴现量超过 25 万亿元，各季度贴现余额呈递增趋势。上半年票据贴现余额同比和环比增速均高于下半年（见表 5－3）。

表 5－3　2015 年贴现数据及增长率情况

2015 年	全国贴现发生额（万亿元）	同比增长率（%）	全国贴现余额（万亿元）	同比增长率（%）
第一季度	19.2	77.6	3.1	63.3
上半年	47.9	87	3.8	71.7
前三季度	75.2	77	4.3	59.7
全年	102.1	68.2	4.6	56.9

资料来源：中国人民银行。

（二）票据融资对于银行信贷扩张的作用显著增强

2015 年以来，在信贷需求不足和贷款不良率上升的背景下，主要商业银行积极开展票据业务扩张贷款，票据融资规模逐月上涨。2015 年前 11 个月，金融机构票据融资业务整体呈现出逐月波动增长的态势，保持月均增长 1 500 亿元以上的节奏。12 月，金融机构票据融资规模年内首次减少，当月减少 634 亿元。全年票据融资合计增长 1.66 万亿元。增幅达 57%，占当年新增贷款的 14.5%，票据融资余额占各项贷款的比重为 4.87%，同比上升 1.33 个百分点（见图 5－3）。

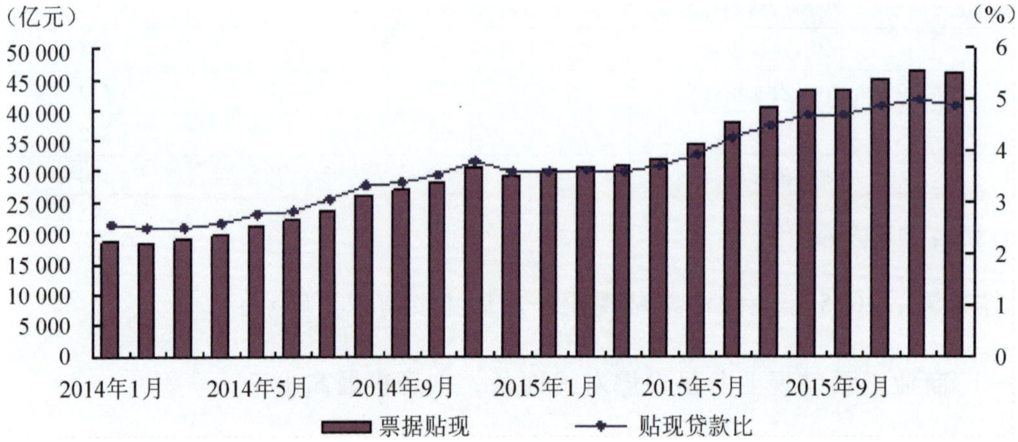

图 5－3　2014～2015 年票据贴现业务余额变化情况

资料来源：根据中国人民银行披露数据整理编制。

（三）社会融资中未贴现银行承兑汇票占比明显下降

在 2015 年“资产荒”和票据监管强化的背景下，银行表外票据资产进一步向表内回流，使得未贴现银行承兑汇票在社会融资总量中的占比有所下降。截至 2015 年末，社会融资规模存量未贴现银行承兑 58 542 亿元，同比下降 14.8%。在 2015 年社会融资规模增量中，未贴现银行承兑汇票下降 10 569 亿元，同比多降 9 371 亿元。

二、商业汇票转贴现业务发展情况

（一）转贴现交易持续活跃，票据买卖报价意愿增强

自 2015 年以来，票据市场贴现规模持续大幅增长，2015 年第一季度、上半年、前三个季度和全年，金融机构累计贴现量分别为 19.2 万亿元、47.9 万亿元、75.2 万亿

元、102.1 万亿元，同比分别增长 77.8%、87.1%、76.9% 和 68.2%。

2015 年，经济下行压力加大和企业信用风险上升，银行更加青睐于票据融资填补信贷规模的经营策略。同时，部分银行通过与证券、基金等机构的合作开展以票据资管计划、ABS 为代表的票据业务创新。部分股份制银行在利差逐渐收窄的情况下，继续采取以量补价的业务策略，加快票据周转交易，提升资金收益率。在此背景下，主要机构寻求在票据转贴现市场上买入票据，票据买断报价意愿持续加强，转贴现市场波动性加大。2015 年，中国票据网买入和卖出票据报价金额 12.11 万亿元，同比上升 1.5 万亿元或 14.15%（见图 5-4）。

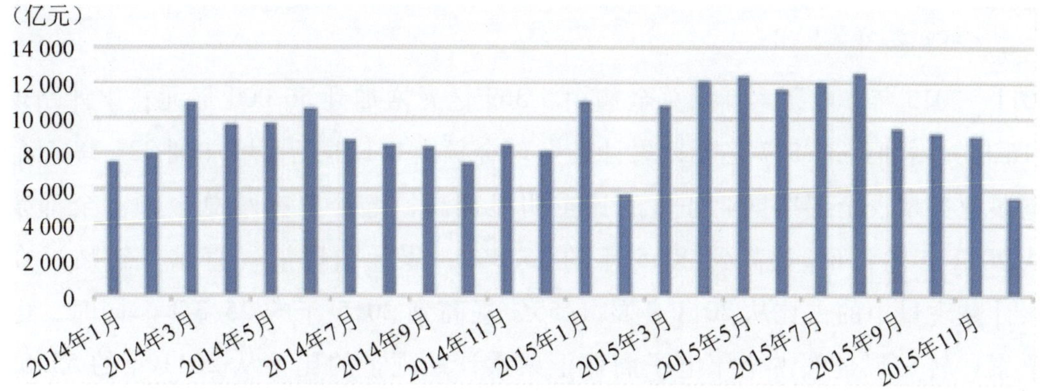

图 5-4　2015 年票据买卖断报价金额

资料来源：根据中国票据网报价信息编制。

（二）票据转贴现利率震荡下行，利差逐渐收窄

2015 年，宏观经济运行下行压力加大，中国人民银行继续执行稳健的货币政策，更加注重政策的松紧适度，期间适时根据经济环境变化加大货币政策预调微调，全年分别进行了五次降准和五次降息，维持流动性合理宽裕，促进货币信贷合理增长。在 2015 年“资产荒”凸显的背景下，同业机构配置票据资产的意愿持续增强，票据市场转贴现交易活跃，转贴现利率震荡下行，年末票据转贴现利率运行为 3.0% ~3.15%，比上年末下降 240 个基点，全年转贴现平均利率约为 4.03%，比 2014 年下降 125 个基点（见图 5-5）。

（三）电票业务快速发展，电票业务量市场占比显著提升

自 2009 年中国人民银行电子商业汇票系统（ECDS）正式投产应用以来，电子票据承兑保持高速增长，交易量加速扩张，企业和银行已经逐步接纳并认识到电子票据不可替代的优势，电子商业汇票无论是在企业之间的应用推广，还是在商业银行之间的流通性都不断加强。近年来，票据市场电子化程度不断提高，各项电票业务加快发

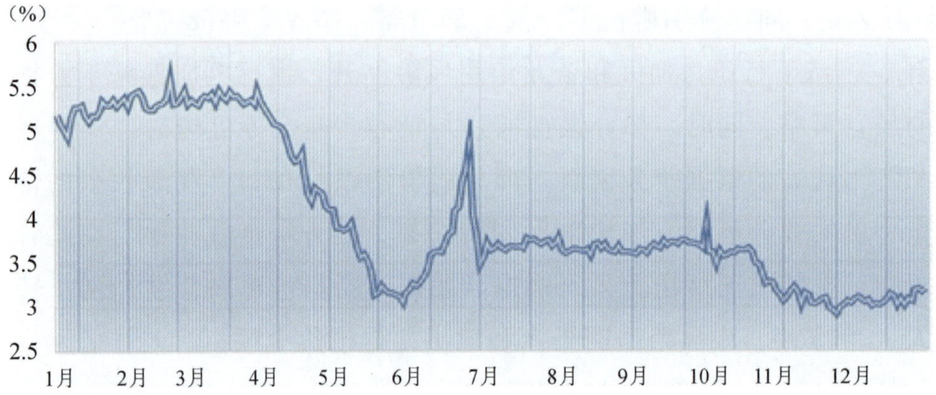

图 5－5　2015 年转贴现报价利率走势

资料来源：中国票据网。

展，2011～2015 年，电票累计承兑金额由 5 369 亿元增加到 56 000 亿元；累计贴现金额从 1 716 亿元增加到 37 337 亿元；累计转贴现金额由 2 151 亿元增加到 221 286 亿元。

电票业务量占全部票据业务量的比重明显提高，电子票据承兑金额占全部票据的比重从 2011 年的 3.6% 提高到 2015 年的 25.8%；累计贴现量（直贴＋转贴）在全部票据累计贴现量中的占比从 2011 年的 1.55% 提高到 2015 年的 25.3%。同时，电子商业汇票累计转贴现金额占全年电子商业汇票累计贴现量的比重从 2011 年的 55.62% 提高到 2015 年的 85.6%；电子商业汇票累计转贴现金额占全年票据累计贴现量的比重从 2011 年的 0.86% 提高到 2015 年的 21.67%。可见，无论是承兑金额还是交易金额，电票的占比均加速上升，这主要是由于在票据市场周转交易需求日益增加、纸票交易风险逐渐暴露、信贷规模因素弱化的背景下，电子票据的高效、便捷、安全等优势逐渐凸显，金融机构发展电票的意愿明显增强（见图 5－6）。

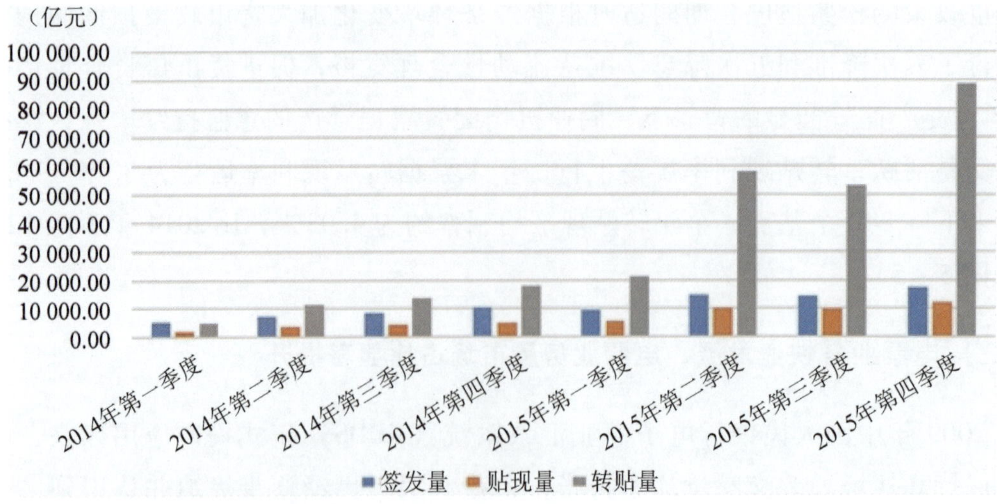

图 5－6　2014～2015 年电子商业汇票签发、贴现、转贴现开展情况

资料来源：中国人民银行支付体系运行报告。

三、商业汇票回购业务发展情况

（一）票据回购报价意愿大幅下降

2015 年，在信贷规模和流动性双宽松的市场条件下，大型银行不断重视票据回购业务的发展，通过不断配置资金来提升票据回购业务的整体收益水平。上半年，国有银行买入返售票据余额同比增加 57.22%；下半年，在监管部门加大银行同业业务监管力度后，各家银行对监管部门规范“买入返售 + 消规模 + 搭桥”业务模式的预期较为强烈，主要机构回购报价的意愿下降。2015 年，Wind 数据库票据回购报价金额为 5.03 万亿元，同比减少 3.11 万亿元或 14.15%（见图 5 -7）。

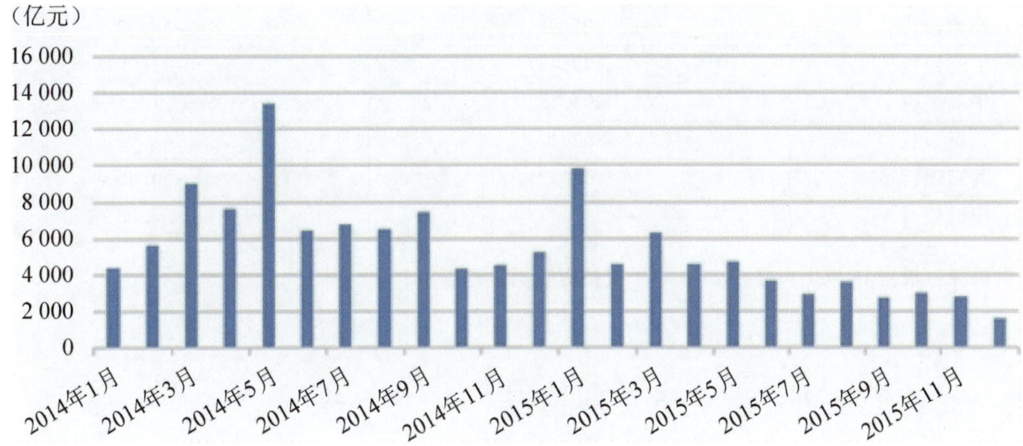

图 5 -7　2015 年 Wind 票据回购报价金额

资料来源：Wind。

（二）多数上市银行买入返售余额有所下降

2015 年，在银行更加重视票据融资填补信贷规模的经营策略下，银行加快了表外票据资产回归表内的步伐，从而使得原本以买入返售形式出表的票据资产规模开始重新回流表内，银行买入返售票据资产规模有所下降。截至 2015 年末，16 家上市银行买入返售票据余额合计 2.03 万亿元，同比减少 4 313 亿元，同比下降 17.5%。从 2015 年上市银行票据买入返售同比增幅角度看，除中国工商银行和北京银行票据买入返售业务增长明显之外，多数上市银行买入返售票据余额不同程度下降或基本持平。2015 年末，中国工商银行和北京银行买入返售票据余额分别同比增长 127.65% 和 48.91%，招商银行买入返售票据余额同比增长 9.8%，其他多数上市银行买入返售票据业务均不同程度下降，其中中国银行、兴业银行和平安银行年末买入返售票据余额分别同比下降92.37%、73.19%和71.96%（见表5－4）。

表5－4　2015年末16家上市银行票据买入返售余额情况表

机构	买入返售余额（亿元）	同比（%）
中国工商银行	3 044.88	127.65
中国农业银行	2 927.41	-2.50
中国银行	15.27	-92.37
中国建设银行	1 887.41	2.82
交通银行	716.86	-38.44
中信银行	707.88	-16.08
浦发银行	1 052.38	-42.98
招商银行	1 067.29	9.78
民生银行	5 173.41	-12.91
兴业银行	978.39	-73.19
光大银行	805.95	-54.72
平安银行	142.48	-71.96
华夏银行	994.12	1.61
北京银行	832.1	48.91
南京银行	35.37	-54.86
宁波银行	0	0.00

资料来源：根据16家上市银行2015年年报披露数据整理编制。

四、商业汇票再贴现业务发展情况

（一）再贴现业务支持经济薄弱领域作用加强

近年来，中国人民银行以再贴现业务为杠杆，积极引导金融机构将再贴现资金用于为小微企业办理优惠利率票据贴现业务，对优化金融机构信贷结构，降低实体经济融资成本发挥了积极作用。2015年，中国人民银行积极支持票据再贴现业务开展，加大其在重点领域和薄弱环节方面的投放，加大对小微企业、“三农”和棚改等国民经济重点领域和薄弱环节的支持力度，发挥票据再贴现对涉农和小微贷款发放的撬动作用，不断辐射支持供应链上下游中小微企业，扩大再贴现工具的影响面。前三季度，再贴现余额保持增长态势，第一季度增速较快，超过25%，之后每季度逐步回落。第一季度，再贴现余额为1 322亿元，同比增加268亿元，同比增长25.43%；第二季度，再贴现余额为1 300亿元，同比增加180亿元，同比增长16.07%；第三季度，再贴现余额为1 281亿元，同比增加24亿元，同比增长1.91%；第四季度，再贴现余额为

1 305 亿元，同比下降 67 亿元，降幅为 4.88%（见图 5-8）。

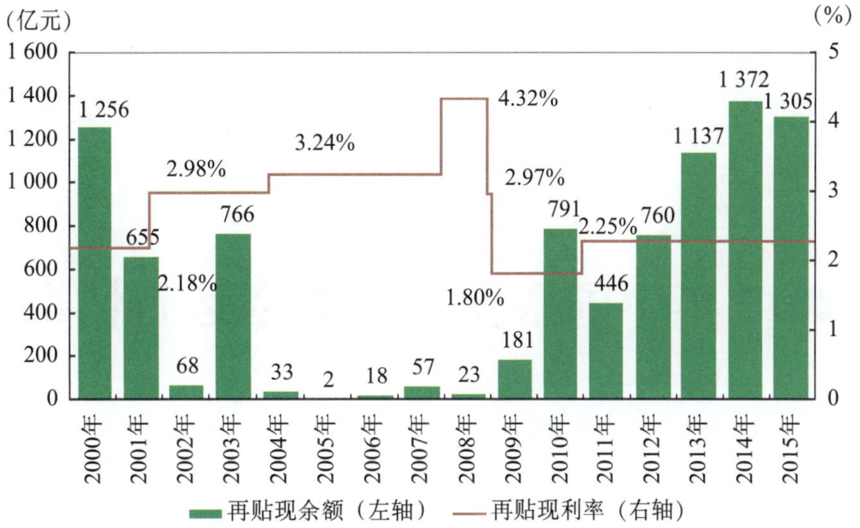

图 5-8 2000～2015 年再贴现业务余额与利率情况

资料来源：根据中国人民银行再贴现业务数据整理编制。

（二）以利率优惠和规模优先方式助力再贴现业务发展

针对小微企业面临的持有小额票据却难以贴现的困境，一些地区采取“利率优惠，规模优先”的政策，降低小微企业票据贴现准入条件，有效拓宽小微企业融资渠道，积极支持小微企业发展。同时，在提高再贴现额度使用效率方面，进一步用好增量，盘活存量，按照涉农和小微企业票据的分布情况，优化再贴现额度的地区结构。金融机构办理再贴现票据的贴现利率低于该金融机构同期同档次贴现加权平均利率，促进了社会融资成本的降低。

（三）积极试点和推广电子商业汇票再贴现业务

2015 年，在电子票据加速发展的市场环境下，多地积极试点、推广电子商业汇票再贴现业务。该业务的试点办理进一步鼓励商业银行强化电子票据业务的开办，有效推动电子商业汇票在中小企业中的应用。对于企业来说，电子票据具有无纸化、方便、快捷、安全、易于保存等优势，企业直接通过网上银行即可进行贴现申请，融资效率将得到进一步提升。

中国人民银行再贴现业务的开展，为金融机构拓宽了贴现票据出口渠道，有利于金融机构更好地完成“三个不低于”的监管指标。对中小微企业开展再贴现业务，拓宽了中小企业融资渠道，降低了中小企业融资成本，促进了实体经济的发展，为中小企业发展提供了强有力的融资支持。

第六章

2015 年中国票据市场利率运行情况

2015 年，“三期叠加”的影响不断深化，经济增速进一步放缓，经济结构调整加快。中国人民银行加大对稳健货币政策的调整力度，年内分别 5 次降息和 4 次全面降准，逐步降低逆回购操作利率，引导金融机构降低融资成本。2015 年，票据市场各类型业务交易利率均呈现波动下跌走势，票据市场利率中枢明显下移。

第一节　票据市场利率运行概述

2015 年，中国人民银行分别多次降息和降准，并逐步下调公开市场逆回购操作利率，引导金融机构降低融资成本，银行间市场利率震荡下跌。受此作用的影响，票据市场利率跟随资金市场利率跌势震荡下行，直贴利率跌幅明显，转贴现利率波动下跌。

一、直贴利率明显下降

2015 年，利率市场化改革进程迈出关键性步伐，存贷款利率均实现市场化，市场信息透明度日益加强，商业银行的竞争进入白热化阶段，尤其是在实体经济增长乏力、企业客户对于票据结算需求下滑的情况下，贴现业务的供给票源逐渐减少，客户对利率波动反应更为敏感。在此过程中，银行间市场规模、资金双宽松的格局通过票据产品和票据运作逐渐传导至实体经济，直贴利率呈现持续下行的走势。以长三角票据贴现价格指数为例（见图 6－1），2015 年，企业直贴利率一路走低，该指数从年初的

3 129.70 降至 1 788.11，降幅高达 42.87%。

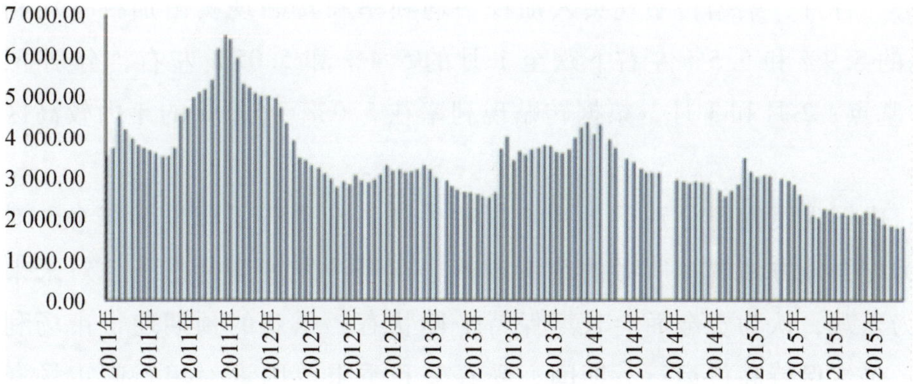

图 6－1　长三角地区直贴利率近年走势

资料来源：Wind。

二、转贴现利率波动下跌

在票据直贴利率下跌和季节性因素的影响下，全年票据转贴现利率呈现出第一季度高位震荡整理、第二季度快速下跌，年中快速反弹回落后下半年震荡延续下跌的阶段性运行走势，上半年跌幅明显大于下半年（图 6－2）。

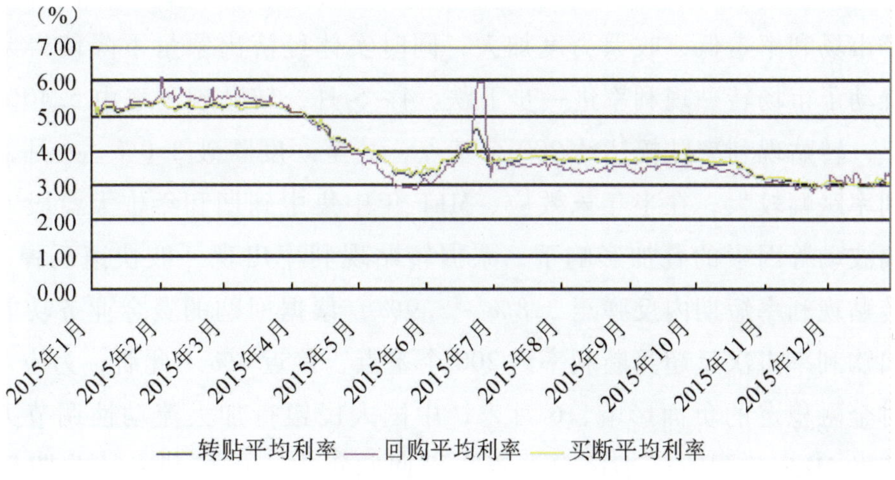

图 6－2　票据转贴现每日报价加权平均利率走势

资料来源：Wind。

（一）第一季度票据利率小幅下跌后高位震荡整理

2015 年第一季度，银行在年初重点拓展一般性贷款业务企业客户，对企业商业汇票承兑及其贴现业务的办理相对较少。转贴现市场受到票源相对较少的影响，银行间转贴现交易尚不活跃，票据市场转贴现利率在年初小幅下跌后在多数时间内呈现高位盘整的走势。首月，票据转贴现买入加权平均利率和转贴现卖出加权平均利率分别由上年12月的5.9%和5.5%左右下跌至1月的5.4%和5.05%左右，分别下跌了约50基点和45基点；2月和3月，票据转贴现利率在5.0%～5.5%的年内较高区间内横向整理。

期间，中国人民银行分别于2月4日和3月1日进行了降准和降息，对此，市场普遍解读为配合地方债置换所做的政策调整。在经济发展新常态下，对未来经济形势的预期较为乐观，认为资金面会长期保持平衡状态。乐观的预期使得市场利率整体未出现下行，仍然保持高位运行。期间，受春节和季末等因素对银行间市场资金面的影响，回购利率反超买断利率约10～30个基点。

（二）第二季度票据利率快速下跌后反弹回落

从往年票据市场利率走势看，随着第二季度企业票据签发量增多和银行入市交易量的上升，每年4月和5月通常是全年票据交易利率下行较快的时期。2015年票据市场利率走势同样如此。第二季度，中国人民银行运用货币政策坚定引导利率下行，票据转贴现利率再次步入下行通道，转贴现利率再下台阶。在4月19日中国人民银行超常规降准1个百分点后，票据市场利率应声跌破了4.0%。中国人民银行于5月10日再次降息，增强了市场对转型期经济长期平稳增长呈“L”型走势的预期判断，市场预期下半年市场利率走低，收票力度加大，同时实体经济出票量下降使得票据市场供不应求，推动了市场转贴现利率进一步下跌。4～5月，转贴现利率由5.40%以上降至3.50%以下，转贴现利率跌幅达约200个基点，甚至一度跌破3.0%。6月，由于前两个月市场利率跌幅较大，在半年末效应、MLF年中集中到期和年中大盘股IPO以及证券市场大幅波动等因素的叠加影响下，票据转贴现利率出现一波快速反弹。6月中下旬，票据转贴现利率短期内反弹至3.8%～3.9%，票据回购的资金业务功能进一步显现，票据回购利率再次反超买断利率约200个基点，接近6%。此后，为应对证券市场异常波动对金融稳定的负面影响，6月末，中国人民银行加大流动性调节力度，重启逆回购，续做MLF并同时降准降息，资金面回归正常，市场利率从前期高位回落至3.5%左右。

（三）下半年票据利率延续波动下跌跌幅收窄

下半年，票据转贴现利率延续高位回落后的震荡下跌走势，跌幅较上半年明显放缓。在中国人民银行公开市场操作维持流动性总体宽裕的格局下，7～9月，票据转贴现利率在3.5%～4.0%的区间内横向整理，比第一季度的转贴现利率中枢下跌了约

150 个基点，期间中国人民银行于 8 月 25 日同时降准和降息。在宏观政策多重刺激的背景下，市场普遍预期 2016 年实体经济企稳可期。中国人民银行双降举措对票据利率下跌走势的拉动作用不明显。9 月末，票据利率受季末效应出现约为 10～20 个基点的小幅上涨。10 月和 11 月，票据市场利率再次快速下跌，在中国人民银行于 10 月 23 日再次同时降准降息后，转贴现利率一路下行并跌穿 3.0%，突破了上半年的低点。12 月，票据转贴现利率在创出 2.9% 的近六年来新低后，又出现了一波反弹，不过力度较 6 月的反弹要弱得多。主要原因一方面是此前 10～11 月的累计跌幅要比上半年跌幅小，超跌幅度相对有限；另一方面是年末资金面虽略有趋紧，但较半年末证券市场异常波动期间要平稳得多。因此，12 月市场利率最高也只是反弹到 3.2% 左右，在年末机构交易相对谨慎和资金面更趋均衡的背景下，票据转贴现利率基本稳定在 3.0%～3.1% 之间。此时，回购利率基本与买断利率脱钩，票据回购成为银行间市场的资金业务。

第二节　票据市场利率变动特征

2015 年，票据市场所处的宏观环境可以总结为以下几点：实体经济增速回落，企业信贷与票据结算需求疲弱；稳健的货币政策注重松紧适度，资金市场整体流动性充裕；银行经营面临资产荒和经营风险上升等问题；市场对未来经济走势更趋一致等。在上述多种因素的共同作用下，2015 年全年票据市场利率波动下行，整体利率水平进入了“3”时代，呈现出各种差异化特征。

一、票据市场利率螺旋式下行

2015 年，在经济金融复杂影响因素和自身周期性效应的共同作用下，票据市场利率走势呈现“年初回落—盘整—下跌—反弹—回落盘整—延续下跌”的往复过程。上半年和下半年均表现为“三个月横向盘整、两个月快速下跌、一个月反弹震荡”的曲线形态。同时，利率水平整体下行，全年下降 150 个基点以上，上半年跌幅大于下半年。

二、买断与回购业务的利率相关性下降

票据回购业务由于使用高质量的票据资产作为抵押，实质上类似于债券质押式回

购的资金拆借业务。在实际票据业务经营中，回购业务更接近于资金业务模式，利率水平更多地受资金市场的流动性状况、回购期限、交易对手信用风险等因素的影响，而票据资产本身作为单纯的抵押物，与回购利率的关联度下降。票据买断业务涉及实际票据资产的所有权转移，价格涵盖了出票企业、承兑行、直贴行、票据到期期限等因素，利率水平与标的票据的相关性较高。回购业务加速转型后，票据回购交易更趋近资金业务本质使得其利率走势与买断利率的一致性下降。此外，买断业务包含了部分信贷属性，而回购业务并不占用银行的信贷规模，这也导致了二者的利率走势逐渐背离。

2015 年上半年，同期限纸银买断与回购的平均报价利率走势仍保有较高的一致性。下半年，随着回购业务资金化运营程度的不断加深，买断和回购利率出现了较为明显的利差背离（见图 6－3）。

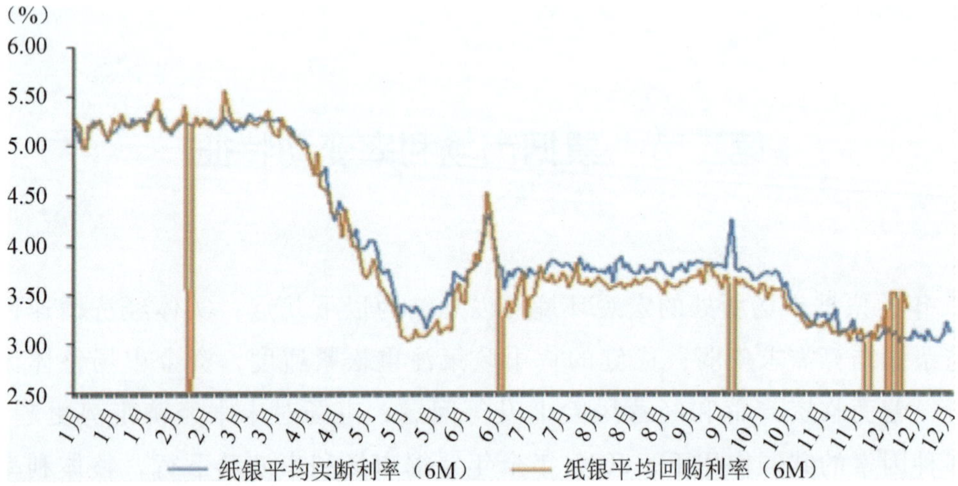

图 6－3　2015 年平均买断利率与平均回购利率的关系

资料来源：中国票据网。

三、票据利率期限结构曲线不再单调上升

一般来说，根据利率的流动性偏好理论，票据收益率的期限结构曲线通常是单调上升的，即在大部分交易报价中，距到期日长的票据收益率高于短期票据。受市场环境影响，2015 年存在部分时期票据期限结构收益率曲线形态与上述理论出现背离的现象，如 1～3 月就出现了短期票据利率高于长期票据利率的现象（见图 6－4）。

为了解释这一现象，我们需要结合利率期限结构的流动性偏好和预期理论来讨论。预期理论通过数学推导，得出“长期利率是未来短期利率的加权平均值”的结论，即市场判断未来短期利率会下降时，会出现长期利率低于当期短期利率的现象。流动性

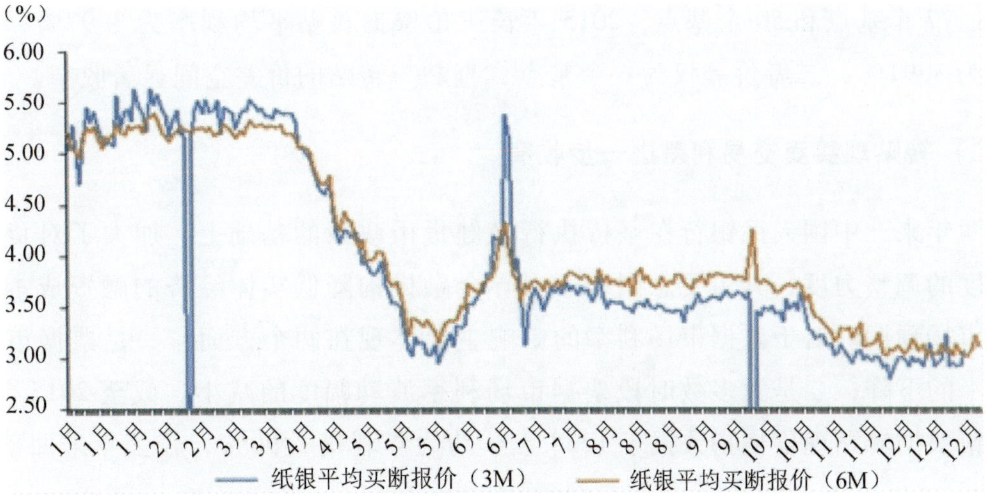

图 6－4　2015 年不同期限票据平均买断利率的关系

资料来源：中国票据网。

偏好假说认为，长期利率除了预期信息之外，还包括了风险因素，它可能是对流动性的补偿。投资者在相同条件下会更偏好持有流动性更强、风险度更低的短期票据，只有在长期票据收益率对流动性偏好提供补偿时，投资者才会考虑持有长期票据。在未来短期利率下降的预期效应高于流动性偏好溢价时，则会出现短期票据利率高于长期票据利率的现象。

2015 年第一季度，市场对中国人民银行的降准降息预期极为强烈，这可能正是票据利率期限结构曲线走势反转的重要原因之一。至于为何下半年多次降准降息，却并未引起类似现象，可能的原因有：一是短期利率持续走低预期已被急速下降的利率水平消化，机构转而预期利率反弹；二是机构的流动性偏好表现强势，对冲了预期效应，使得长期票据买断利率再次回到短期利率之上，利率期限曲线呈现正常的上升形态。

四、票据直贴与转贴现利差和转贴交易利差均收窄

（一）转贴与直贴利差收窄

近年来，票据转贴现业务的市场化程度不断加深，市场定价趋于理性均衡，银行机构对票据产品的定位由单纯规模调节工具、支付结算工具向资产负债流动性管理和盈利创收工具转变。转贴利率定价模式的市场化使得直贴、转贴利率价差明显收窄。2012～2014 年，工银票据贴现价格指数的均值分别为 6.34%、6.55% 和 5.87%，工银票据转贴现价格指数的均值分别为 5.47%、5.78% 和 5.37%，二者的价差分别为 87

个基点、77 个基点和 50 个基点，2015 年长三角票据直贴平均利率为 3.97%，票据转贴利率为 3.91%，二者价差仅为 6 个基点，直贴与转贴的价差空间显著收窄。

（二）转贴现买卖交易利差进一步收窄

近两年来，中国人民银行在坚持执行稳健货币政策的基础上，加大了对货币政策松紧适度的调整力度，其主要意图在于引导金融机构降低实体经济的融资成本，并合理引导市场预期。对于票据市场利率的影响主要体现在两个方面：一是票据市场整体利率水平的下降，二是大多数时段票据市场利率波动幅度的减小。截至 2015 年 12 月末，工银票据转贴现价格指数报于 1233 点，约为年利率 2.90%，较去年末回落了 282 个基点。

在中国人民银行稳定宽松的政策调控背景下，票据市场转贴现交易持续活跃，近两年来票据转贴现买卖利差水平不断缩窄。中国票据网报价信息显示，2015 年转贴现买卖平均报价利差约为 11 个基点，比 2014 年下降了 12 个基点，比 2012 年下降了 45 个基点。

五、纸票与电票业务的发展形势发生背离

（一）电票普及范围扩大

客观上，纸票存在易被伪造、变造以及出现克隆票的风险，在递送、保管等环节也会有丢失、损毁、灭失的可能。2015 年末，票据市场暴露的风险事件主要集中在纸质票据上，也体现了纸票的上述风险特征。电子票据由于流转便捷、安全性高、记录性强，其优势在票据承兑与贴现业务中逐渐凸显，得到了市场和企业的普遍认可。同时，监管部门出台了鼓励电子票据发展的相关政策，未来电子票据在市场中所占比例会大幅超过传统的纸质票据，成为承兑与交易的主流。

（二）电票、纸票利差空间增加

根据上文的论述，相对于同期限的电票，纸票的风险特征更为复杂，其收益率中除了共同的期限、承兑行、出票企业等定价因素外，还涵盖了风险溢价和交易成本部分，使得在基础票面属性相同的情况下，纸票利率往往高于电票。此外，市场对于电票接受程度的增加和对纸票风险的规避，使得电票需求端自 2015 年第四季度起大幅上扬，供不应求的局面拉低了电票收益率，纸票与电票的利差空间进一步扩大（见图 6－5）。

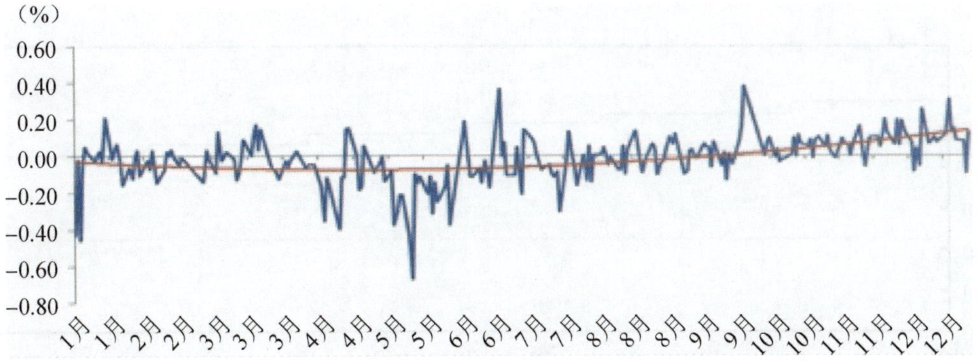

图 6－5　2015 年同期限纸票与电票买断平均报价的利差走势

资料来源：Wind。

六、再贴现利率的市场杠杆作用有待进一步增强

再贴现一直以来是中国人民银行引导金融机构信贷投向、促进信贷结构调整的主要政策工具之一。近年来，中国人民银行非常注重通过安排再贴现增量额度增加金融机构信贷资金来源，通过对金融机构申请办理再贴现票据的选择，促进扩大三农和小微企业票据融资，要求对涉农票据、县域企业及中小金融机构签发、承兑、持有的票据优先办理再贴现；要求各分支行加大对辖内再贴现额度的调剂，按照涉农和小微票据的分布情况优化再贴现额度的结构；加强对再贴现投向的监测考核，确保再贴现用于支农支小。

近年来，在中国人民银行再贴现业务政策更趋具体化和针对性的同时，再贴现利率基本维持稳定，再贴现利率自 2010 年 12 月 26 日从 1.8% 上调至 2.25%，保持至今一直未再调整（见图 6－6）。2015 年，中国人民银行分别五次下调贷款利率，票据市场直贴利率振荡下行，直贴利率与再贴现利率的利差空间不断收窄，银行通过再贴现开展票据贴现业务的收益大幅下降，削弱了再贴现利率对贴现业务的指导作用，对信贷投向的引导作用也逐渐减弱。在利率市场化进程中，建立以市场为导向、动态调整的再贴现利率形成机制，探索依据再贴现的期限、产业、企业类型、办理方式等情况，实施差别化、多层次再贴现利率体系，将有助于增强再贴现利率的市场杠杆作用。

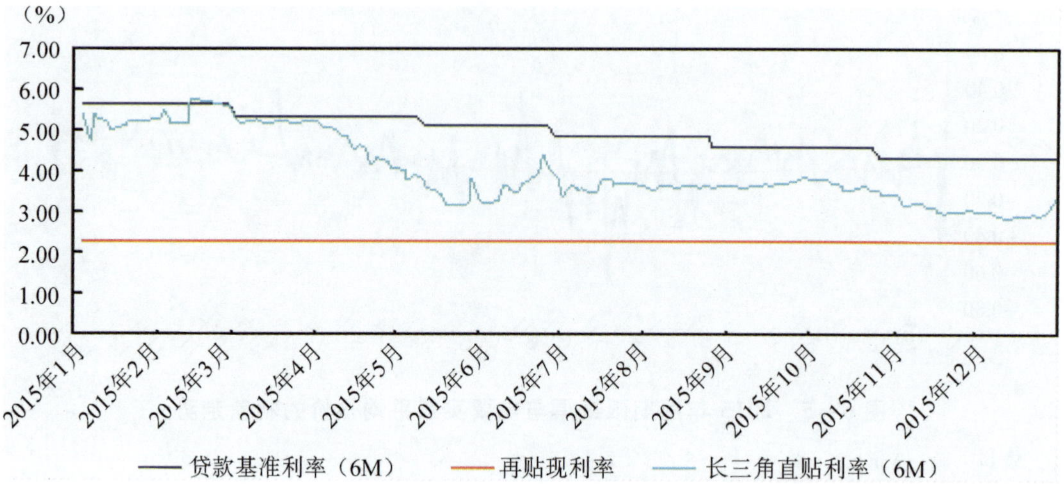

图 6－6　2015 年贴现、再贴现及贷款利率对比

资料来源：Wind。

第七章

2015 年中国区域票据市场发展

第一节 全国区域经济发展情况

2015 年，我国区域经济总体平稳发展，不同省区（含直辖市，下同）因经济体量和发展阶段存在差异，产业结构调整和行业转型升级进程不同以及区域经济创新活力差异等因素的影响，在经济增长方面显现较为明显的分化态势。

一、各省区经济平稳增长中显现分化

2015 年，我国区域经济运行平稳，结构调整取得积极进展。东部、中部、西部和东北地区生产总值加权平均增长率较上年略有回落，全年东部、中部、西部和东北地区生产总值加权平均增长率分别为 8.0%、8.2%、8.6% 和 4.6%，整体上看均在合理区间。东部地区率先发展，经济发展的质量和效益较高，投资、消费增速相对平稳，地区生产总值占全国比重进一步提升，第三产业增加值占比率超过 50%；中西部地区承接东部地区制造业产业转移取得较大进展，第二产业增加值增速高于各地区平均水平，地区生产总值增速总体继续领先；东北地区经济结构调整和转型压力依然较大。

2015 年，全国各省区的地区 GDP 同比增速分化态势明显：一是多数省份保持经济稳定增长。2015 年，共有 23 个省区的地区 GDP 同比增幅超过 7%，其中重庆、贵州和西藏三个省（市）区 GDP 同比增长均超过 10%，位居全国前列。二是东北地区和资源

大省经济增速进一步下滑。2015 年，受能源原材料价格大幅下降的影响，山西 GDP 增速由上一年的 3.9% 进一步下滑至 3.1%。吉林、黑龙江和辽宁三省的地区 GDP 分别同比增长 6.5%、5.7% 和 3%，经济增速仍落后于全国平均水平，其中辽宁 GDP 同比增速为全国倒数第一，创下 23 年以来最低值。

二、三大战略加快推进实施

（一）京津冀协同发展提速

2015 年 3 月 23 日，中央财经领导小组会议审议研究《京津冀协同发展规划纲要》，4 月 30 日，中共中央政治局召开会议正式审议通过并下发实施。与此同时，其他相关配套规划正在加快编制和落实。

2015 年在中央高度关注和协调推动下，京津冀三省市协同合作，在交通一体化、生态环境保护、产业转移升级三大重点领域率先突破，取得了许多实质性进展，并确定了协同发展推进实施的 113 个重点任务。

（二）长江经济带建设相关规划和沿江区域合作推进

长江沿线 11 个省市在 2015 年政府工作报告中均提出，要抓住并积极融入建设长江经济带重大机遇，并陆续出台了贯彻国家长江经济带战略的实施意见等纲领性文件。与此同时，各省区均加快组织研究“十三五”时期具体融入长江经济带战略的措施和办法，如上海提出谋划做好长江经济带的龙头，湖北提出建设成为支撑长江经济带发展的“龙腰”，重庆提出要发力打造长江经济带的西部枢纽等。

在中共中央、国务院主要领导的直接指导下，国家发展与改革委员会等相关部门组织编写了《长江经济带发展规划纲要》并已上交国务院。另外，在长江经济带建设战略框架下，长江经济带相关省区通过建立交界地区或沿江经济协作区等方式积极开展区域合作。

（三）“一带一路”战略开局

2015 年 3 月，国家发展与改革委员会、外交部、商务部联合发布《推动共建丝绸之路经济带和 21 世纪海上丝绸之路的愿景与行动》。各省区相继出台参与建设“一带一路”的实施方案，积极谋划在多个领域推动重点工作和重大合作项目。中蒙俄经济走廊等重要走廊的规划编制工作稳步推进，我国与沿线国家达成了多项务实合作意向，与俄罗斯、匈牙利、蒙古等国签署了一系列合作文本，一批铁路、公路、天然气管道等建设项目有序推进，产能合作项目正加快实施。

三、地区发展新增长点开始形成

2015年以来，在加快推动经济结构调整中，各地区紧抓新型城镇化建设机遇，推进智能制造和“互联网+”等新技术驱动下的新业态和新产业的形成和发展，锻造地区增长的新引擎。

（一）自贸区试点范围不断扩大

2015年4月，国务院印发广东、天津、福建自由贸易试验区总体方案和进一步深化上海自由贸易试验区改革开放方案。由此，全国自贸区试点扩大至4个。

（二）区域创新改革试验不断推进

2015年3月，中共中央、国务院发布《关于深化体制机制改革 加快实施创新驱动发展战略的若干意见》；9月，中共中央办公厅、国务院办公厅印发《关于在部分区域系统推进全面创新改革试验的总体方案》，在1个跨省级行政区域（京津冀）、4个省级行政区域（上海、广东、安徽、四川）和3个省级行政区域的核心区（武汉、西安、沈阳）开展系统性、整体性、协同性改革的先行先试，重点促进经济社会和科技等领域改革的相互衔接和协调，探索系统改革的有效机制、模式和经验。这些具有先行优势的区域，有望在我国创新发展中成为重要的支撑地区。

（三）跨区域经济合作深入发展

2015年4月和9月，国务院分别批复实施《长江中游城市群发展规划》和《环渤海地区合作发展纲要》，推进区域经济合作，促进形成区域协调均衡发展，以城市群为平台的多层次、多元化区域合作机制开始加快形成。此外，多个省区以高铁、港口等为纽带加快探索区域合作新模式。

第二节 区域票据市场发展概述

2015年，各地区金融机构在服务实体经济发展的过程中，充分重视票据业务的发展，较好地满足了实体经济，尤其是中小企业的票据融资需求，票据业务服务和支持实体经济发展的作用不断增强。

一、区域金融总体运行情况

2015 年，各地区贷款增长总体平稳，信贷结构进一步优化。截至 12 月末，全国金融机构贷款余额为 99.3 万亿元，同比增长 13.4%，增速与上年末基本持平。2015 年，不同地区本外币贷款增速有所分化。其中，中部和东北地区本外币各项贷款 2015 年末余额同比分别增长 15.7% 和 14.9%，比上年末分别上升 0.2 个和 1.2 个百分点；东部和西部地区同比分别增长 11.0% 和 14.8%，比上年末分别下降 0.2 个和 2.0 个百分点。

综合各方面情况看，随着“大众创业、万众创新”、“互联网 +”、“一带一路”、京津冀协同发展、长江经济带、自由贸易区等国家战略的加速布局，激发了市场活力和发展潜力，为各地区经济社会发展带来新机遇。经济长期向好的基本面没有变，经济韧性好、潜力足、回旋余地大的基本特征没有变。中国人民银行继续推进稳健的货币政策，保持货币信贷总量与社会融资规模合理增长，为区域经济发展和供给侧结构性改革营造中性适度的货币金融环境。

二、区域票据市场发展总体情况

总体来看，由于各地区经济发展的差异性较为明显，区域金融环境不同，票据市场也在各地区反映出不同的发展状态，呈现各异的发展特点，主要有以下四个方面：

（一）经济发达地区票据发展全国领先

通常而言，经济发展在全国领先的省区其票据市场发展也均处于领先位置，这些地区包括江苏、广东、山东、浙江。这四个省在 GDP 和贷款规模上均是全国前四名，他们的共同特点主要是东部沿海地区经济发达，企业贸易结算和融资需求旺盛，票据资源和金融资源丰富，市场交易活跃，创新能力强。因此，这些省份从票据承兑、银行直贴到金融机构的转贴现都很活跃，票据发展指数在全国遥遥领先。

（二）上海稳居全国票据市场的领军地位

上海虽然在经济总量和贷款规模上不能达到全国前列，但作为国际金融中心定位的打造，营造了综合性、多功能、全方位的金融服务体系，繁荣了各类金融子行业，呈现出丰富的行业结构和机构类型，吸引更多不同层次的金融机构向上海集聚。截至 2015 年末，上海辖内设立外资法人银行（含 1 家财务公司）共 22 家，外国及港澳台银行分行 49 家，异地外资法人银行在沪分行 12 家，外资银行代表处 77 家。总行级专营机构集聚加速，商业银行总行在沪设立异地在沪持牌专营机构，包括票据、资金营运、信用卡、私人银行、贵金属、中小企业六大类总计24家。共有本地法人信托公司7家；集团财务公司17家；金融租赁公司6家；汽车金融公司7家；货币经纪公司2家；消费金融公司1家。机构与功能集聚正在产生良好效应，上海票据市场交易活力显著提升。2015年，上海票据累计贴现量达到8.87万亿元，占全国票据累计贴现量的比重达到8.7%，高于GDP比重的4.95个百分点。因此，该地区的商业承兑汇票余额、转贴交易量和回购业务量在全国名列前茅，同时上海的电子票据业务占比和商业承兑汇票占比也都位于全国的领军地位。

（三）经济结构调整较快地区票据市场发展潜力巨大

经济结构调整较快的地区主要包括辽宁、北京、河北、河南、福建、四川、天津、湖北、重庆、安徽。这些省份（直辖市）大多位于中部地区，经济总量和金融资源存量处于全国中上游，随着我国经济结构调整加快，中部经济增速逐渐超过东部沿海地区，因此这些地区的票据一级市场（承兑业务）相对活跃，二级市场正在迅速成长，该类型的特点就是票据市场发展迅速且潜力巨大。

（四）中西部经济欠发达地区票据市场发展相对落后

中西部欠发达地区主要包括山西、湖南、陕西、云南、江西、内蒙古、吉林、黑龙江、广西、新疆、贵州、甘肃、宁夏、青海、海南、西藏。这些省份多位于中西部欠发达地区，综合经济和金融资源相对较为落后，票源较为稀缺，参与主体相对较少，投入票据市场的金融资源也不足，票据市场发展相对落后。

三、区域票据市场发展概述

2015年，票据贴现规模保持高速增长，票据承兑余额和签发量同比增速下滑，近1/3省区余额出现同比下降。中部地区票据市场发展速度很快，东北市场快速复苏，票据业务发达地区出现新变化，市场指标背离现象加剧，各主要机构区域发展的差异为交易合作带来空间。受票据市场风险加大的影响，票据市场监管明显加强。2015年，企业累计签发商业汇票22.4万亿元，同比增长1.3%，增幅跌破两位数；累计贴现量为102.1万亿元，同比增长68.2%，持续快速增长。年末，未到期承兑汇票余额为10.4万亿元，同比增长5.4%；贴现余额为4.6万亿元，同比增长56.9%。

（一）区域票据市场分化发展

2015 年，主要区域票据市场发展可以概括为：经济发达地区贴现余额和交易走势出现背离，中西部地区保持快速增长，东北地区回升明显。

2015 年，全国金融机构票据融资余额保持高速增长，仅天津和西藏出现下降。2014 年唯一大幅下降的陕西省则重回上升通道，同比增幅 493%，居全国之首。余额排名前三的仍然是江苏、上海和广东。除陕西外，湖北、湖南和吉林票据融资余额增幅居前，均超过 130%。余额增长居前的是江苏（1 549 亿元）、浙江（1 512 亿元）和上海（1 188 亿元），广东和福建分别从 2014 年的第二、第三位下降至第六、第九位。从区域看，中西部地区增长较快，经济发达地区增量较多，长三角地区增长较珠三角地区快（见图 7－1）。

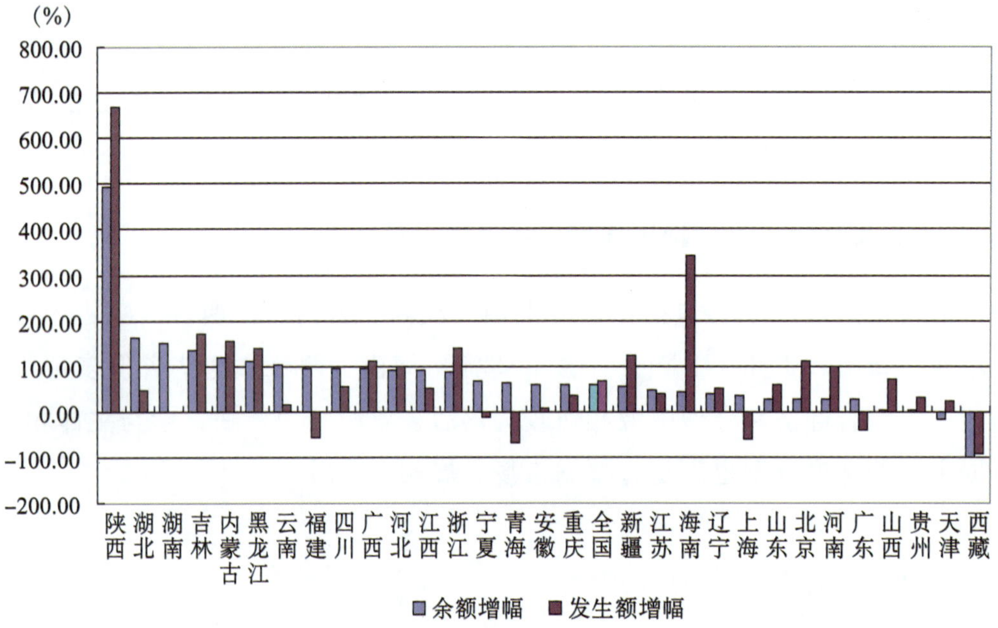

图 7－1　2015 年区域票据贴现余额与发生额增幅排名情况

资料来源：根据中国人民银行区域金融报告信息整理编制。

大多数省区累计贴现发生额仍保持了较快增长，增长较多的前三位分别是浙江（9.0 万亿元）、北京（3.1 万亿元）和吉林（3.0 万亿元），均为新上榜，较前两年有较大变化。增幅居前的是陕西（667%）、海南（341%）、吉林（169%）。发生额下降最多的是广东（－4.5 万亿元）、上海（－4.0 万亿元）和福建（－1.6 万亿元）。降幅居前的是青海（－68.2%）、上海（－60.2%）和福建（－55.2%）。原来票据业务发展迅猛的经济发达地区成为贴现发生额下降最明显的地区。

2015 年，有不少区域出现了贴现余额和发生额走势背离的现象，主要集中在经济发达地区。上海、广东和福建贴现余额保持较快增长，但发生额出现了大幅下降。天津则相反，贴现余额同比下降 15%，但发生额增长 24%。

（二）区域票据市场承兑业务发展均放缓

总体上看，不同区域票据市场票据承兑业务均表现出增速持续放缓态势，且签发量减缓势头超过余额，传统票据业务发达地区出现两极分化。

2015 年末，票据承兑余额同比增速重新下滑，余额同比负增长的省区达到十个，多集中在湖南、云南等中西部地区，而减少量最多的则继续以票据发达地区为主，前三位为江苏（ -481.3 亿元）、重庆（ -279.8 亿元）和云南（ -233.4 亿元），江苏更是从 2014 年的增长冠军成为下降最多的省区。余额增长最多的是广东（1 336.3 亿元）、上海（1 286.8 亿元）和山东（907 亿元），上述三省占全国增量的 70.6%。余额增幅最多的是西藏、上海和海南，减幅最多的是云南、内蒙古和宁夏。

票据承兑签发量增速进一步下滑至 1.4%，增幅同比下降 6.6 个百分点，超过半数省份同比出现负增长。承兑签发量增长排名居前的省份是江西（5 070.4 亿元）、天津（996.5 亿元）和辽宁（950 亿元），较去年有明显变化。江西省的增长占全国增长的 168%，是承兑业务发展的最大亮点。减少最多的是湖南和上海，均同比减少 6 000 亿元以上。去年增长最多的陕西今年签发量减少，位居第三，减少额高达 3 787 亿元。从增速看，签发增长最快的是江西（131.89%）和西藏（63.42%），同比减幅最多的是上海、湖南和黑龙江，均减少 60% 以上（见图 7 -2）。

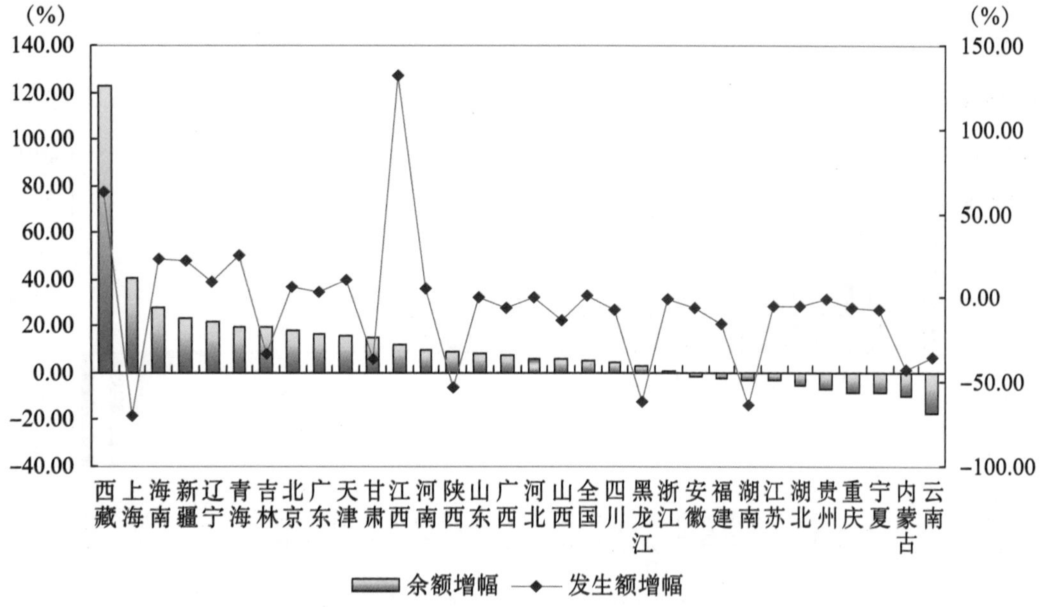

图 7 -2　2015 年全国区域票据承兑增幅情况

资料来源：根据中国人民银行区域金融报告信息整理编制。

2015 年，从总量上看，承兑余额与签发量排名前列的仍是江苏、山东、浙江和广东。有 1/3 的省区承兑余额与签发量走势背离，即签发量萎缩而余额仍保持增长。传统票据业务发达地区发展也出现了两极分化，上海、黑龙江、吉林等省市承兑余额仍保持增长，但签发量萎缩明显，而重庆、江苏等省市承兑余额和签发量出现双降。

（三）区域票据市场贴现业务与承兑业务背离发展

与区域票据市场承兑业务增幅放缓不同，多数地区票据交易维持高速增长，承兑与贴现走势背离，仅环渤海地区实现同步增长。

从累计发生额看，2015 年，全国票据累计发生额（承兑与贴现合计）为 124.5 万亿元，同比增加 41.7 万亿元，增幅为 50%，较去年增长一倍，重新出现高速增长态势。其中，浙江以 8.9 万亿元的增量超过江苏跃居首位，占全国增量的 21%。吉林异军突起，增长 2.9 万亿元，排在第二位，江苏第三，增长 2.7 万亿元，仅为上年增量的 1/3。从增幅看，海南、山西、吉林和浙江同比增幅超过 100%，其中海南增幅高达 279%。减幅最大的是上海，减幅超过 61%。从累计发生额绝对量看，浙江经过一年的快速增长，从上年的第四位上升至首位，江苏和广州仍稳居前三，广东累计发生额回落至 10 万亿元以下。

近半数地区承兑与贴现发生额走势背离，出现承兑签发下降而贴现发生额仍保持较高增长的态势，背离最明显的是内蒙古和黑龙江。仅环渤海地区的北京、天津、山东、河北实现全面同步增长，全国同步增长最明显的是江西、海南和辽宁。青海和西藏是少数承兑增长但贴现下降的省份。值得注意的是，广东也出现了承兑增长但贴现下降的情况。有 4 个省市则出现了同步下降的走势，分别为湖南、上海、福建和宁夏四省（市）区（见图 7－3）。

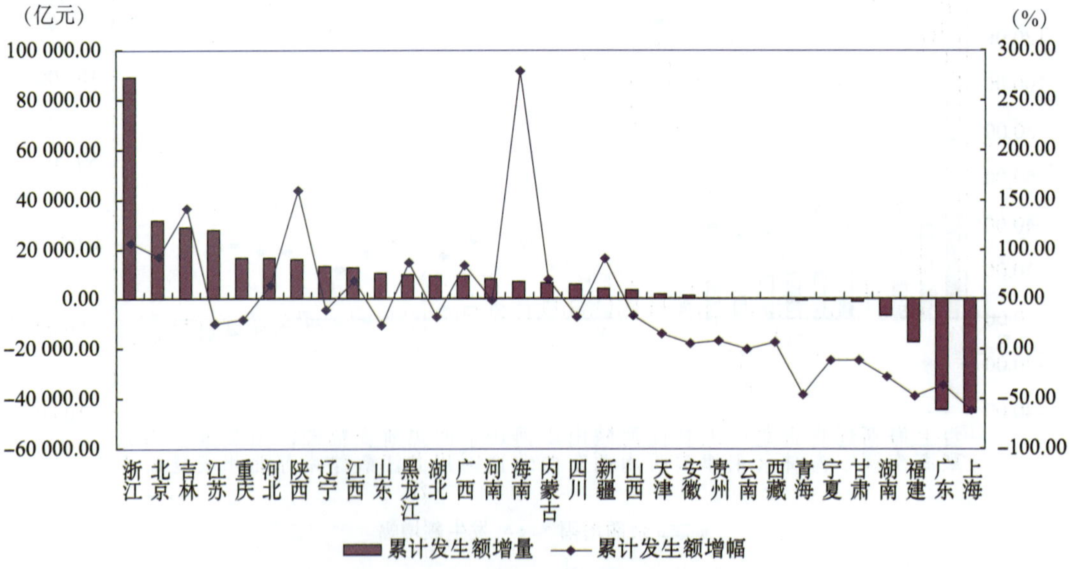

图 7－3　2015 年全国区域票据累计业务量

资料来源：根据中国人民银行区域金融报告信息整理编制。

第三节　主要区域票据市场运行情况与特点

一、区域票据市场承兑业务发展情况

2015 年，全国金融机构票据承兑业务小幅增长，因区域票据资源禀赋不同，不同地区银行承兑汇票业务发展速度有所差异。其中，东部和西部地区银行承兑汇票业务发展相对更快，票据承兑业务发生额在全国的占比上升，同比分别提高 1.8 个百分点和 3.1 个百分点；中部和东北地区承兑业务发生额占比则有所下降，票据承兑业务在全国的占比分别同比下降了 4.7 个和 0.2 个百分点。从地区银行承兑汇票承兑余额占比情况看，东部仍然居于绝对优势，占比排全国首位；从占比同比变化情况看，除中部地区银行承兑汇票余额增速较上年有所下降（同比下降了 4 个百分点）外，其他地区增速均较上年有所提高，东部、西部、东北地区分别提高 1.7、1.4 和 0.9 个百分点（见表 7 - 1）。

表 7 - 1　2015 年票据业务承兑发生额区域占比变动情况　（单位：%）

项目＼地区	东部	中部	西部	东北	全国
票据承兑业务发生额占比	62.0	14.7	16.8	6.5	100.0
同比变化	1.8	-4.7	3.1	-0.2	0
票据承兑余额占比	62.2	14.6	16.6	6.6	100
同比变化	1.7	-4.0	1.4	0.9	0

资料来源：根据中国人民银行、各省区金融统计数据整理编制。

具体到各省（市）区，各地区银行承兑汇票累计发生额占比情况有所变化，其中，江苏、山东、广东、浙江、辽宁、天津六省（市）银行承兑汇票承兑余额超过 5 000 亿元，分别排在全国前六位，其合计余额超过全国总量的 52. %；江苏、山东、浙江、广东、辽宁、天津六省（市）银行承兑汇票承兑累计发生额超过 1 万亿元，分别排全国前六位，六省（市）累计发生额合计超过全国总量的 53%（见图 7 - 4）。

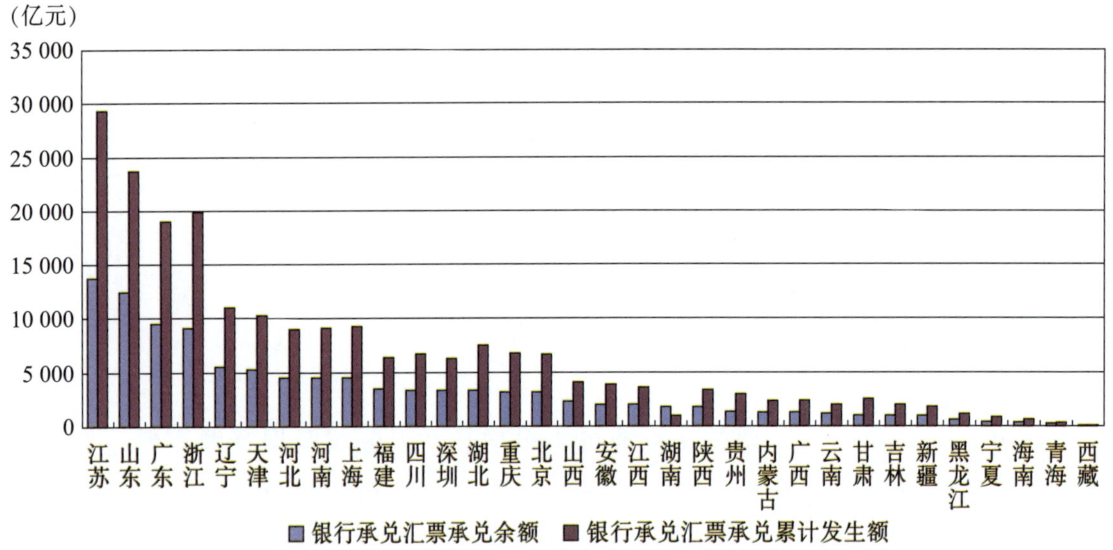

图 7 -4　2015 年各地区银行承兑汇票承兑余额、累计发生额

资料来源：根据中国人民银行、各省区金融统计数据整理编制。

二、票据贴现业务区域发展情况

2015 年，金融机构累计贴现量为 102.1 万亿元，同比增长 68.2%，其中电子商业汇票贴现量为 3.7 万亿元，同比增长 148.8%；期末贴现余额为 4.6 万亿元，同比增长 56.9%。在企业贷款需求下降、银行体系流动性充裕和票据业务单位利润贡献较高的背景下，全年票据融资余额快速增长，新增票据融资余额为 1.7 万亿元，同比多增加 7 062 亿元，占全年人民币新增贷款的 14.5%；年末票据融资余额在各项贷款中的占比升至 4.9%，同比提高了 1.3 个百分点。

分地区看，东部地区依然是区域票据市场交易最活跃的地区，该地区票据累计贴现量在全国的占比达到 65.6%，且同比提高了 1.2 个百分点。2015 年，西部地区和东北地区票据市场活跃度均有所提升，票据累计贴现量在全国的占比分别达到 15.0% 和 6.3%，同比分别提高了 1.4 个和 2 个百分点；中部地区票据交易有所放缓，票据累计贴现量在全国的占比为 10.1%，同比下降了 4.6 个百分点。分省（市）看，浙江、江苏、上海、深圳、重庆、广东、北京、吉林、辽宁、河北等十省（市）银行承兑汇票贴现发生额均超过 3 万亿元。上述地区贴现累计发生额合计超过全国总量的 70%，达到 72%。东部地区票据贴现余额最大，占比为 57.5%；西部地区票据贴现余额占比为 21%；中部地区票据贴现余额占比为 14.1%；东北地区票据贴现余额占比为 7.4%。从地区票据贴现余额占比变化情况看，东部和中部票据贴现余额占比出现下降，分别下降 6 个百分点、2.7 个百分点；西部和东北地区票据贴现余额占比小幅提高，同比分别提高了 8.1 个百分点和 0.6 个百分点（见表 7－2）。

表 7－2　　2015 年票据业务累计贴现量地区分布变动情况　　（单位：%）

项目＼地区	东部	中部	西部	东北	全国
票据贴现累计发生额	65.6	10.1	15.0	9.3	100.0
同比变化	1.2	－4.6	1.4	2.0	0
票据贴现累计发生额	67.5	14.1	21	7.4	100.0
同比变化	－6.0	－2.7	8.1	0.6	0

资料来源：根据中国人民银行、各省区金融统计数据整理编制。

截至 2015 年末，有 12 个地区银行承兑汇票贴现余额超过 1 000 亿元，依次是江苏、上海、广东、浙江、山东、北京、河北、辽宁、安徽、陕西、福建、河南，这些地区银行承兑汇票贴现余额占全国的比重接近 70%，达到 68.56%。银行承兑汇票贴现余额 500 亿元～1 000 亿元之间的地区包括四川、山西、湖南、深圳、湖北、重庆、新疆、江西、黑龙江、天津、云南、吉林、内蒙古、广西。受区域经济发展特点和市场活跃度影响，青海、甘肃、宁夏、海南、贵州、西藏地区银行承兑汇票贴现余额相对较低，余额在 500 亿元以下（见图 7－5）。

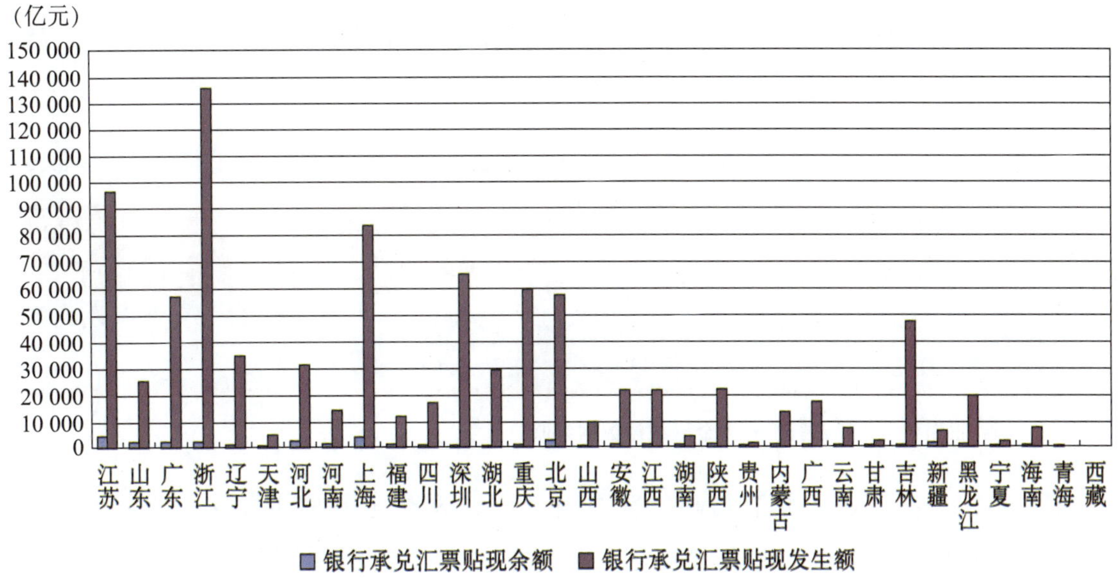

图 7－5　2015 年各地区银行承兑汇票贴现余额、发生额

资料来源：根据中国人民银行、各省金融统计数据编制。

三、商业承兑汇票区域发展情况

近年来，金融市场管理部门采取多种措施，积极推动商业承兑汇票业务的发展。但是，受社会信用基础薄弱、票据市场起步建设相对较晚等因素的影响，商业承兑汇票推广应用相对缓慢，使用量仍很少，商业承兑汇票市场发展薄弱，对金融机构票据业务创新发展的作用未能得到充分发挥，商业承兑汇票的信用、融资功能未得到充分体现。

2015 年，虽然受经济下行压力加大的影响，石油、煤炭、有色等大宗商品领域相关企业为 2015 年信用风险防控重点行业领域，但上述行业企业中大型国有企业较多，市场融资能力较强，在与自身上下游企业的经济往来中，可以依靠自身资信签发商业承兑汇票，仍然推动了商业承兑汇票市场的缓慢增长，商业承兑汇票余额同比小幅增长，增速达到 8.71%，且商业承兑汇票累计发生额同比大幅增长，增速达到 51.91%。

（一）商业承兑汇票余额小幅增长

2015 年，全国商业承兑汇票余额小幅增长，不同区域商票承兑余额占比变化明显，其中东部地区商票承兑余额在全国的占比大幅下降，从 2014 年区域占比 90.41% 下降至 77.07%，下降了 13.35 个百分点。主要原因是广东、上海和北京商票承兑余额降幅明显。上述三省（市）降幅分别为 43.46%、42.17%、7.49%，其他中部、西部和东北地区三个地区同比均出现正增长，西部增速较为明显，同比增速达到 8.75%，中部和东北地区同比增速分别为 3.69% 和 0.90%（见表 7－3）。

表 7－3　　2015 年商业承兑汇票余额区域情况　　（单位：%）

项目 \ 地区	东部	中部	西部	东北
2015 年商业承兑汇票余额	77.07	8.46	12.75	1.72
同比变化	－13.35	3.69	8.75	0.90

资料来源：根据中国人民银行、各省金融统计数据编制。

2015 年，全国商业承兑汇票业务发展相对较好的省（市）主要集中在经济相对发达地区，其中上海、山东、广东、江苏、浙江、北京、深圳和河北等 8 个省（市）商业承兑汇票余额超过 100 亿元，位居前列。上述地区商业承兑余额之和占全国的比重超过 70%。从省份来看，东部地区 10 个省（直辖市）中，除广东、上海和北京外，其他 7 个地区商业承兑汇票余额均实现正增长，其中海南、河北、福建、浙江、江苏五个省份增速均超过 50%。中部地区 6 个省中，除山西省商票承兑余额出现下降外，其他 5 省均实现正增长，增幅在 100% 左右。西部地区 12 个省（区、市）中，内蒙古、贵州商业承兑汇票余额出现负增长，西藏、青海商票发展仍为空白，其他 8 个省（区、市）均实现正增长。由于基数较小，增幅非常明显。东北地区辽宁、吉林、黑龙江 3 省均实现正增长。由于三省上年商票业务规模较小，2015 年末商票承兑余额分别增长 88.24%、920.00%、214.71%（见图 7-6）。

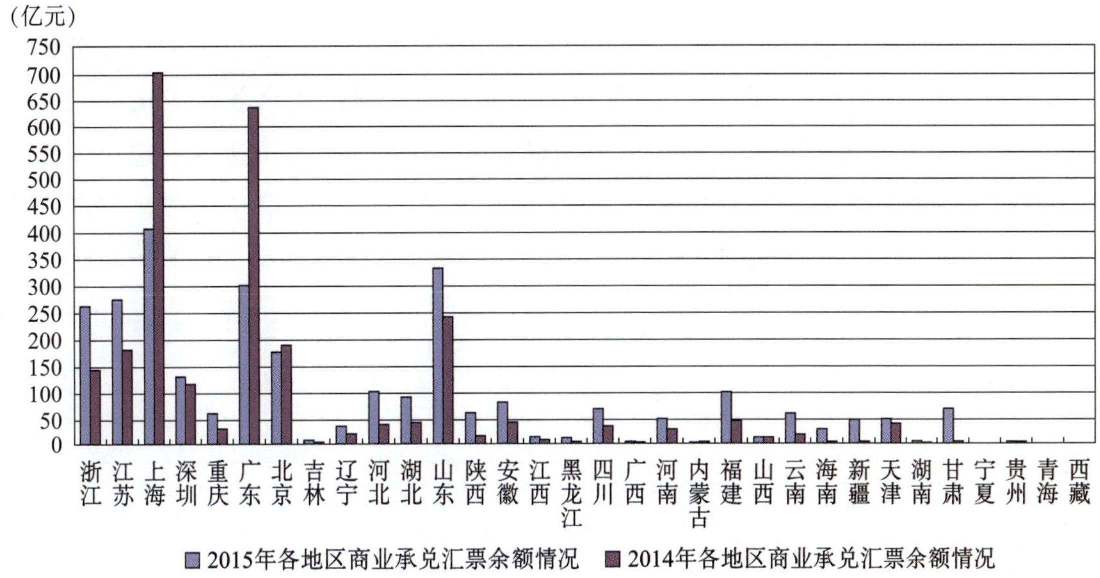

图 7-6 2014 年、2015 年各地区商业承兑汇票余额情况

资料来源：根据中国人民银行、各省金融统计数据编制。

（二）商业承兑汇票累计发生额较快增长

2015 年，全国商业承兑汇票累计发生额同比增速较快，同比增长超过 50%，但区域分化比较明显。东部和中部累计发生额占比分别同比下降 5.78 个和 2.59 个百分点；西部和东北地区占比同比上升，分别提高了 6.96 个百分点和 1.21 个百分点（见表 7-4）。

表 7-4 2015 年商业承兑汇票累计发生额区域占比情况 （单位:%）

	东部	中部	西部	东北
商业承兑汇票累计发生额	78.90	4.38	14.63	2.09
同比变化	-5.78	-2.59	6.96	1.21

资料来源：根据中国人民银行、各省金融统计数据编制。

从省份看，浙江、江苏、广东、上海、重庆、深圳 6 个省（市）商业承兑汇票累计发生额超过3 000亿元，分别位列全国前六位，商票累计发生额合计占全国总发生额的74.79%，反映了经济发达地区商票使用率较高且市场更加活跃，为商业承兑汇票发展奠定了良好的基础。

虽然东部地区累计发生额在全国占比同比下降，从2014年的84.68%回落到2015年的78.90%，绝对优势有所减弱，但该地区10个省（市）商票累计发生额均保持正增长，增速在50%以上的有海南、河北、福建、广东和天津。中部6个省商票累计发生额均出现下降，5个省下降幅度在1个百分点左右，湖南省下降相对较大，同比下降了12.44%。西部地区云南、宁夏商票发生额同比负增长，西藏、青海商票业务仍为空白，其他8个省（自治区、直辖市）商票累计发生额均保持正增长，重庆、四川、广西、陕西、甘肃、新疆同比增速较快，分别保持了2~4倍的增长速度。这跟国家对中西部地区的信贷倾斜加大有着密切关系。2015年末，西部地区第一、二、三产业贷款余额分别增长8.1%、5.8%和20.2%，分别高于东部地区2.9个、3.4个和7.7个百分点（见图7-7）。

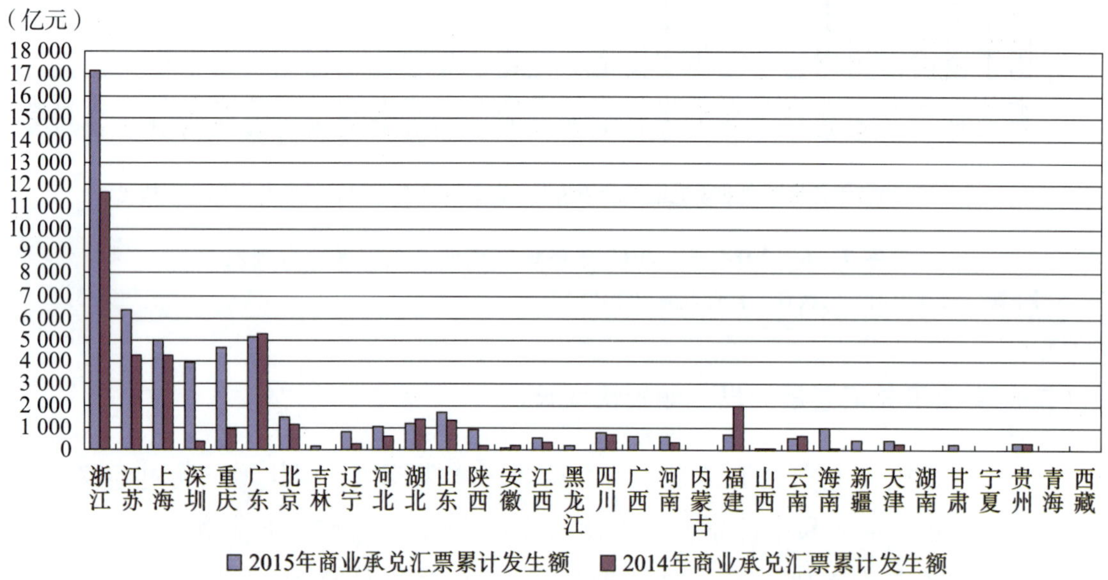

图7-7 2014年、2015年各地区商业承兑汇票累计发生额情况

资料来源：根据中国人民银行、各省金融统计数据编制。

第八章

2015 年金融机构票据业务开展情况

第一节　金融机构票据业务经营情况概述

2015 年，各金融机构务实开展票据业务，票据承兑业务平稳增长，票据融资规模快速增长，票据融资在信贷投放中的作用和占比明显提升。同期，票据市场参与主体增多，交易活跃，金融机构票据业务经营呈现出新的特点。

一、金融机构票据业务总体经营情况

（一）票据承兑业务总体情况

2015 年以来，金融机构票据承兑业务发展面临着较为严峻的经济金融形势，一是在实体经济增长动力不足的背景下，企业结算、贸易往来减少，商业汇票承兑业务需求下降；二是下半年以来信用风险显现，银行出于防范风险的考虑主动收紧了票据承兑业务；三是中国人民银行多次降息，引导市场利率下行，企业以发债等形式向资本市场寻求融资，替代了部分票据承兑业务。

在上述市场环境下，2015 年金融机构票据承兑业务呈现缓慢增长态势。根据中国人民银行货币政策执行报告公布的数据，2015 年，全国金融机构累计票据承兑量为 22.4 万亿元，同比增长 1.3%，增速比上年低 7.6 个百分点，降幅较为明显；年末全

国承兑余额为 10.4 万亿元，比年初增加 0.5 万亿元，增长了 5.4%。从行业结构看，企业签发的银行承兑汇票余额仍集中在制造业、批发和零售业；从企业结构看，由中小型企业签发的银行承兑汇票约占 2/3。

（二）票据贴现业务总体情况

2015 年，在经济下行压力和企业信用风险加大，中国人民银行坚持执行稳健的货币政策，保持流动性合理宽裕的经济金融条件下，商业银行面临资产荒的困境，因而更加重视票据业务在拓展信贷规模、管控信用风险方面的双重作用，合理满足企业对于低资金成本的票据贴现融资需求，加大票据转贴现交易力度并积极增强优质票据资产，提升票据资产配置和综合收益。

2015 年，在金融机构的积极作为下，累计贴现量大幅增长，票据贴现余额持续增长。全年金融机构累计贴现 102.1 万亿元，同比增长 68.2%；年末，金融机构票据贴现余额为 4.6 万亿元，比年初增加近 1.7 万亿元，增长了 56.9%。

二、金融机构票据业务运行特点

2015 年，金融机构票据业务大幅增长，票据贴现、电子票据加速发展，呈现出不同的业务运行特点。

（一）票据贴现对信贷投放的支撑作用明显加大

2015 年，在企业一般性信贷需求下降和信用风险加大的经营环境下，银行业金融机构普遍重视票据贴现业务对信贷投放的支撑作用，对优质中小企业客户票据贴现业务的办理力度加大，积极通过转贴现买入增加票据资产配置，票据贴现在信贷规模中的占比不断提高。截至 2015 年，金融机构新增票据融资规模为 1.66 万亿元，占全部新增贷款的比重为 13.51%，在新增贷款中的占比较 2014 年提高了 3.72 个百分点；年末全国金融机构票据融资余额在各项贷款中的比重上升至 4.87%，比上年末上升 1.3 个百分点（见图 8－1）。票据贴现在新增信贷和各项贷款余额中的占比均有明显提高，反映出在当前新常态经济金融深入发展的阶段，票据贴现对于支持信贷投放和满足实体经济融资需求方面的重要性不断增强。

（二）票据转贴现交易大幅增长

2015 年，在中国人民银行年内分别 5 次降息和 5 次降准的政策作用下，票据资产收益率大幅下降，金融机构更加注重以量补价经营策略的运用。同时，在资产荒的背

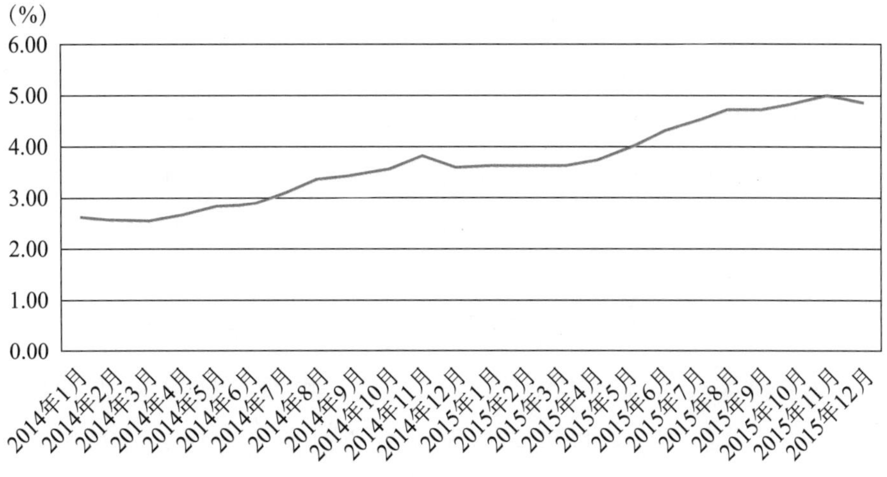

图 8－1　2014～2015 年票据贴现在信贷规模中占比情况

资料来源：中国人民银行金融机构人民币信贷收支表。

景下，银行对于低风险的优质票据资产配置更加青睐，加大力度通过转贴现交易方式合理调整票据资产配置规模。2015 年，票据转贴现交易活跃，票据累计贴现量首次突破百万亿元，达到 102.1 万亿元，同比增加 41.4 万亿元，同比增幅高达 68.2%；单季平均票据累计贴现量超过 25 万亿元，其中第二季度单季 28.7 万亿元的累计贴现量创历史新高，交易活跃度显著提升。

在票据承兑业务缓慢增长的情况下，票据周转效率的提高促进了贴现业务量的大幅增长。2015 年票据交易的周转次数（累计贴现量/平均贴现余额）为 27.2 次，比 2014 年的 24.8 次增加了 2.4 次。分季度来看，2015 年第一季度周转次数（季度贴现量/季初季末平均贴现余额）为 6.4 次/季，第二季度显著加快到 8.3 次/季并突破历史新高，第三、第四季度又恢复至 6.7 次/季、6.0 次/季的稳定状态（见图 8－2）。

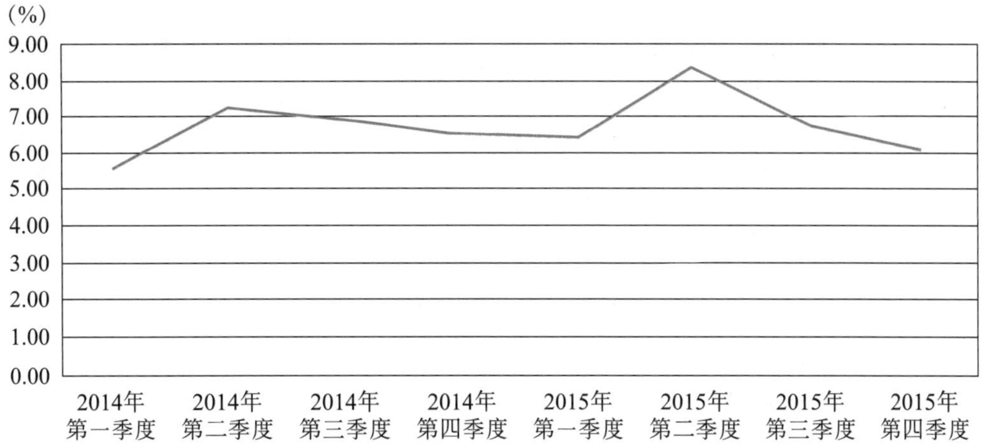

图 8－2　2014～2015 年季度票据周转次数情况

资料来源：中国人民银行货币政策执行报告数据整理编制。

从票据累计贴现量与累计承兑量的比例来看，2015 年该数值为 4.56 倍，较 2014 年的 2.75 倍增加了 1.81 倍，同样证明了票据周转速度的加快。从贴现余额与承兑余额的比例来看，2015 年末该数值为 44.2%，虽然比 2014 年末的 29.3% 增加了 14.9%，表明在经营环境较为严峻的形势下，企业对贴现资金的需求量和银行满足程度均有所上升，从一个侧面反映了票据业务对实体经济的支持力度在加大。

（三）电子票据业务保持快速增长趋势

2015 年，电子票据业务延续快速增长的趋势，贴现、转贴现业务量更是成倍增长，主要原因在于：一是部分银行显著加大了电子票据代理接入业务的拓展，直接和间接使用电票的用户数量快速增长，使得电子票据市场的参与成员大幅扩充，提升了交易活跃度；二是下半年来纸票业务风险加大，业务量下降，而电子票据背书、流转安全性较高，无遗失、损坏风险，得到了市场的认可和广泛运用。2015 年，全年电票累计承兑金额为 5.79 万亿元，同比增长 88.39%；企业电票贴现金额为 3.73 万亿元，同比增长 148.83%；金融机构电票转贴现金额为 22.13 万亿元，同比增长 360.35%，增速明显，电子票据市场占有率明显上升（见图 8－3）。

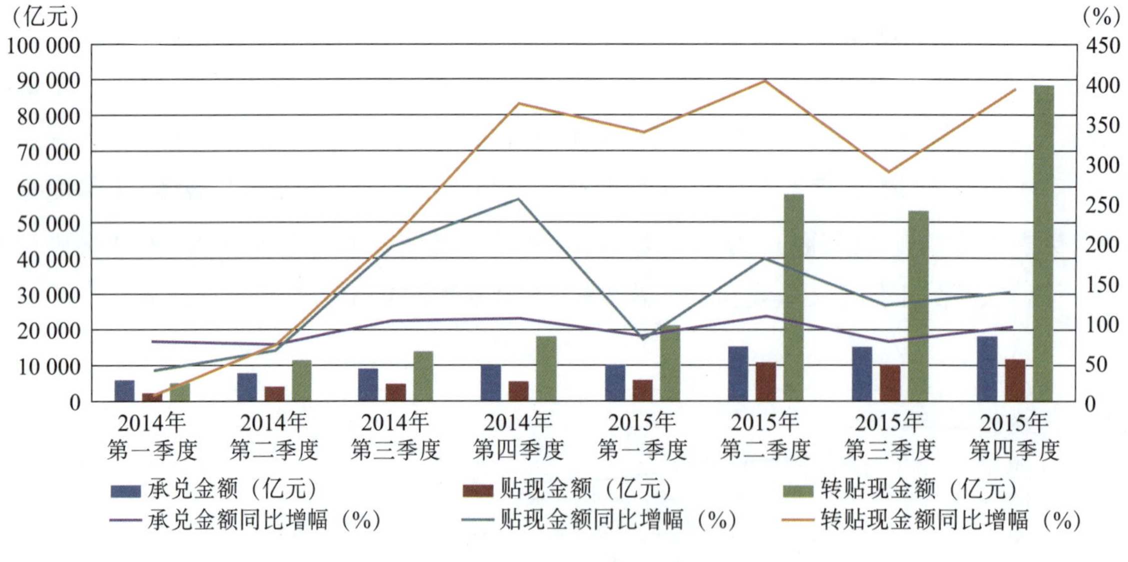

图 8－3　2014～2015 年电子票据业务发展情况

资料来源：中国人民银行支付体系运行总体情况。

（四）票据市场分工专业化更加明显

随着票据市场规模的逐步增长和交易方式的日益成熟，市场参与者不断增加，金融机构票据业务出现专业化分工的趋势。中国人民银行公布的金融机构人民币信贷收支表显示，7 家中资全国性大型银行（工行、农行、建行、中行、交行、邮储、国开行）2015 年末票据贴现余额为 19 300. 31 亿元，较 2014 年末增长 84. 8%，7 家银行占到全国贴现余额的 41. 96%，且多以持票生息为主，贴现余额在各项贷款中的占比由年初的 2. 4% 上升至年末的 3. 9%；中资全国性中小型银行 2015 年末贴现余额为 21 758. 24 亿元，较 2014 年末大幅增长了 1. 88 倍。中小型银行数量众多，业务运作灵活，重视票据创新，大力发展票据融资，票据贴现余额在各项贷款中的占比由年初的 3. 4% 上升至年末的 5. 7%。

依具体业务而言，大中型商业银行资金较为充裕，多以持有票据为主，注重贴现利息收入。中小金融机构则发挥业务灵活的经营优势，多以票据做市交易为主，通过低买高卖赚取利差。小型金融机构受限于资金成本、规模，在业务上采取跟随策略，主要围绕大中型银行票据业务需求适时开展票据业务，发挥市场拾遗补缺的作用，在经营上以短期持票获利为主，诸如不跨月到期托收。

第二节 大中型商业银行票据业务

根据资产规模的差异，结合票据市场的特点，将国有银行、股份制银行划分在大中型商业银行，探讨其票据业务开展情况。

一、国有银行票据业务开展情况

（一）票据承兑业务同比下降

截至 2015 年末，5 家上市国有银行（中国工商银行、中国农业银行、中国银行、中国建设银行和交通银行，下同）票据承兑余额共计 1. 73 万亿元，占全国余额的 16. 63%，较 2014 年底的 2. 18 万亿元减少了 4 504 亿元，下降了 20. 64%。各大行承兑余额均有不同程度的减少。上市国有银行资金实力雄厚，信贷规模宽松，优质客户资源丰富，发展票据承兑业务的积极性并不高（见图 8 -4）。

就票据杠杆率（票据承兑规模/所有者权益）而言，中国工商银行最低，仅为 18. 86%，中国建设银行为 22. 49%，中国银行为 28. 49%，中国农业银行为 31. 54%，交通银行最高，为 54. 79%。杠杆率较低反映出 5 家国有银行均有效控制承兑业务风险。

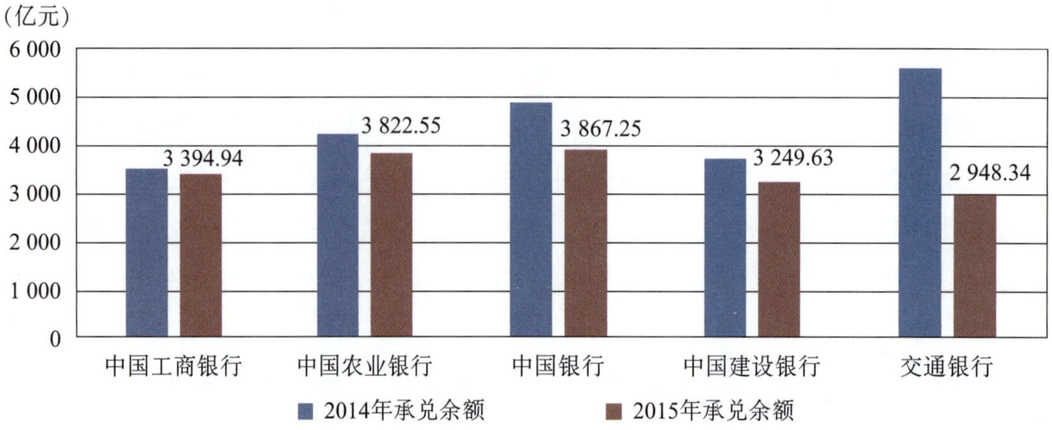

图 8－4　2014～2015 年上市国有银行票据承兑余额情况

资料来源：根据 5 家上市国有银行 2015 年年报数据整理编制。

（二）票据贴现业务明显增长

截至 2015 年末，5 家上市国有银行票据贴现（含直贴、转贴）余额合计为 1.69 万亿元，占据全国票据贴现余额的 36.74%，在贴现市场中居主导地位。2015 年末，5 家银行贴现余额同比增加了 7 170 亿元，同比增长了 73.42%，高于全国平均增速。从增速来看，5 大国有银行涨幅不一，中国建设银行、中国农业银行增长较快，分别为 156.42%、126.88%；交通银行、中国工商银行保持温和增长，分别为 57.54%、49.04%；中国银行的增幅为 17.07%。票据贴现需占用贷款规模，而上市国有银行的资金和规模都比较充裕，推动了票据融资业务的发展（见图 8－5）。

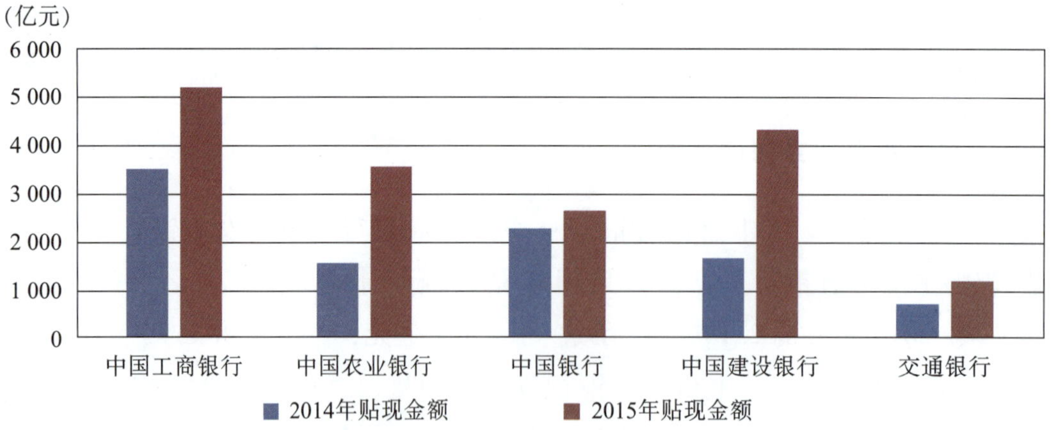

图 8－5　2014～2015 年上市国有银行票据贴现余额情况

资料来源：根据 5 家上市国有银行 2015 年年报数据整理编制。

从全年票据贴现业务量来看，5 家上市国有银行票据累计贴现量达 4.71 万亿元，其中：中国工商银行票据累计贴现量最高为 2.02 万亿元，同比增长 15.55%；中国农业银行票据累计贴现量为 5 763.92 亿元，增幅最高，达 96.02%。各家银行侧重有所不同，中国银行直贴业务占比为 73.11%，明显高于票据买断式转贴规模（26.89%）；交通银行买断式转贴占比为 69.95%，明显高于直贴余额占比 30.05%；其余三家大致相当（见表 8-1）。

表 8-1　　2015 年上市国有银行票据贴现业务量情况

机构	累计票据贴现（亿元）	增长率（%）	其中：直贴（亿元）
中国工商银行	20 168.48	15.55	8 773.57
中国农业银行	5 763.92	96.02	2 364.71
中国建设银行	7 182.25	78.32	3 756.58
中国银行	6 249.87	34.34	4 569.52
交通银行	7 731.99	29.66	2 323.38

资料来源：中国银行业协会。

票据贴现余额、业务量的增加意味着国有大行虽减少了表外承兑业务，但加大了信贷业务的票据资产配置。一方面，在流动性充裕，资金面宽松，信贷市场普遍缺乏优质资产的情况下，银行通过持有票据可以增加信贷投放规模；另一方面，票据市场利率下行，但国有大行具有资金成本优势，成为市场买方主力。票据贴现业务量仅为余额的 2.79 倍，明显低于全国平均周转次数，反映出在当前经营环境下，国有银行的票据业务经营仍主要以买入票据、融出资金、持票生息为主。

（三）票据买入返售业务小幅增长

截至 2015 年末，5 家上市国有银行票据买入返售余额合计为 8 591.83 亿元，较 2014 年的 7 540.25 亿元余额，小幅增长 13.95%。其中，中国工商银行买入返售余额大幅增加 127.65%，中国建设银行小幅增加 2.82%，中国农业银行、中国银行和交通银行分别不同程度同比下降（见图 8-6）。

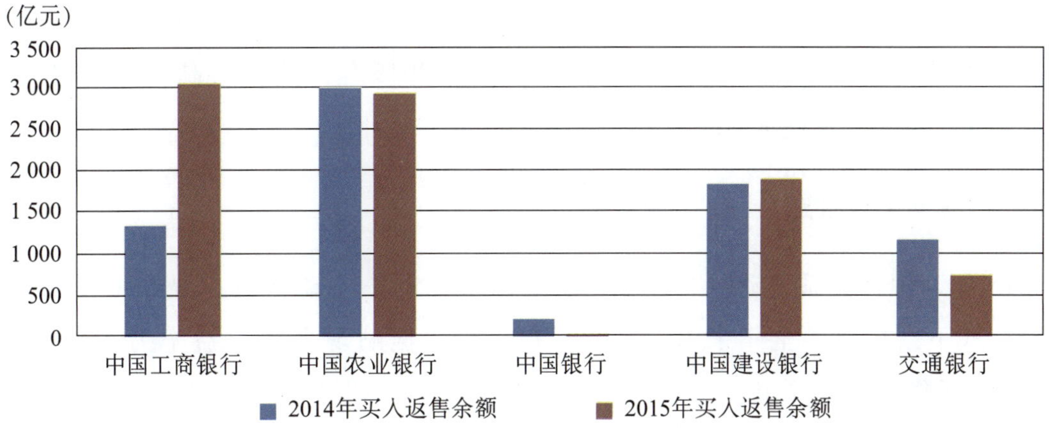

图 8-6　2014～2015 年上市国有银行票据买入返售余额情况

资料来源：根据 5 家上市国有银行 2015 年年报数据整理编制。

2015年，农业银行和工商银行票据买入返售业务量均超过万亿元，分别达到1.79万亿元和1.26万亿元，分别同比增长144%和30%，中国银行票据买入返售业务量838亿元，在五大行中位居最后，同比下降1.91%，建设银行和交通银行票据买入返售业务量分别为6 218亿元和5 872亿元，分别同比增长31%和54%（见表8－2）。

表8－2　2015年上市国有银行票据买入返售业务量情况

机构	累计票据买入返售（亿元）	增长率（%）
中国工商银行	12 560.39	144.11
中国农业银行	17 936.05	29.85
中国建设银行	6 218.07	31.10
中国银行	838.22	－1.91
交通银行	5 871.91	54.24

资料来源：中国银行业协会。

同为票据资产的配置，国有银行买入返售余额仅为票据贴现余额的一半左右，为50.73%，而2014年则高达77.21%，反映出因资金和信贷规模较为充裕，国有银行更倾向于票据贴现业务，以获取全部贴现利息。同时，在2015年票据同业业务监管力度加大的背景下，国有银行对票据回购业务的经营策略有所调整，买入返售业务更加谨慎。

（四）票据卖出回购业务较少开展

票据卖出回购属于融入资金业务，由于5大上市国有银行资金均较为充裕，通常在票据市场上扮演资金融出方角色和票据产业链上游的资金供给方，票据卖出回购业务开展相对较少。2015年，在银行间市场整体流动性宽裕的局面下，五大国有银行全年资金均处于相对宽裕状态，很少采取卖出回购票据的方式融入资金，中国银行、交通银行在年初、年末的余额均为0，中国工商银行2015年末余额最高，为94.65亿元，同比下降12.64%（见图8－7）。

（五）票据贴现收益

2015年，银行体系流动性总体宽裕，货币市场利率波动下行，票据市场利率总体呈现阶梯式下跌走势。全年来看，5大国有银行票据贴现平均收益率为4%～4.5%，较2014年下降约150个基点。其中，中国银行全年票据贴现加权平均收益率最高为4.75%，中国工商银行、中国农业银行、交通银行、中国建设银行票据贴现加权平均收益率分别为4.53%、4.27%、4.21%、4.02%。尽管票据利率同比大幅下跌，但是

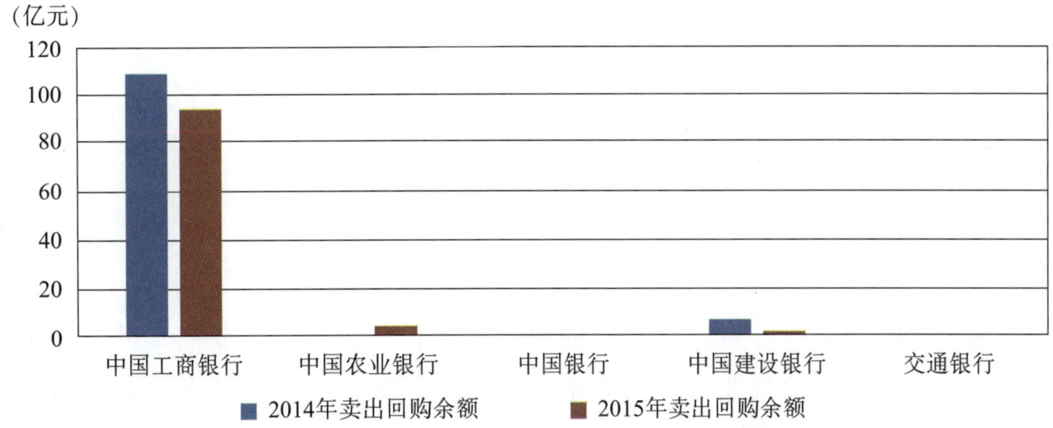

图 8－7 2014～2015 年上市国有银行票据卖出回购余额情况

资料来源：根据 5 家上市国有银行 2015 年年报数据整理编制。

各国有银行加大了资产配置，采取“以量补价”的经营策略，取得了可观的贴现利息收入，四大行全年票据贴现利息收入均超百亿元。其中，农业银行全年贴现利息收入增幅最高为 86%，全年贴现利息收入为 107.65 亿元；中国工商银行全年贴现利息收入最多，为 195.93 亿元，同比增长了 53.72%；中国银行和建设银行全年贴现利息收入分别为 105.06 亿元和 103.77 亿元；交通银行全年贴现利息收入为 50.89 亿元，同比增长了 5.01%（见图 8－8）。

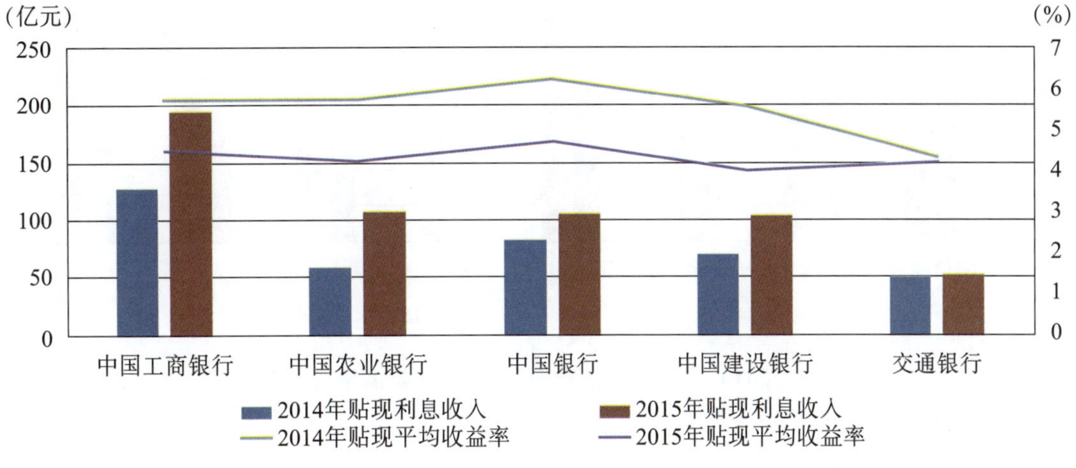

图 8－8 2014～2015 年上市国有银行票据贴现收益情况

资料来源：根据 5 家上市国有银行 2015 年年报数据整理编制。

总体上看，5 大上市国有银行的票据业务规模庞大，票据业务品种丰富，以持有票据获取贴现利息为主，贴现收益稳定，且集约化程度较高，中国工商银行是我国最早成立票据专营机构的银行，早在 21 世纪初就在上海成立了总行直属的票据营业部，开创了国内票据集约化经营的发展道路，其后中国农业银行也成立了专营的票据营业部，其他国有大型银行也均加强了票据集约化和专业化经营。

二、股份制银行票据业务开展情况

（一）票据承兑业务平稳增长

2015 年，8 家上市股份制银行（招商银行、中信银行、光大银行、华夏银行、平安银行、中国民生银行、兴业银行和浦东发展银行，下同）票据承兑余额合计约 4 万亿元，在全国票据承兑余额中的占比为 38.4%，较 2014 年末的 3.92 万亿元同比增加了 824.5 亿元，同比增长了 2.1%。各家上市股份制银行的票据承兑余额量级相近，均值在 5 000 亿元左右。2015 年，上市股份制银行票据承兑业务经营策略显现分化，分别各有四家银行年末票据承兑余额同比上涨和下降，其中民生银行、兴业银行、浦发银行和平安银行票据承兑余额分别同比上涨 16.8%、10.6%、12.3% 和 5%（见图 8－9）。作为不占用贷款规模的表外资产，承兑业务有助于股份制银行开拓信贷客户，满足结算需求，带动存款增长。

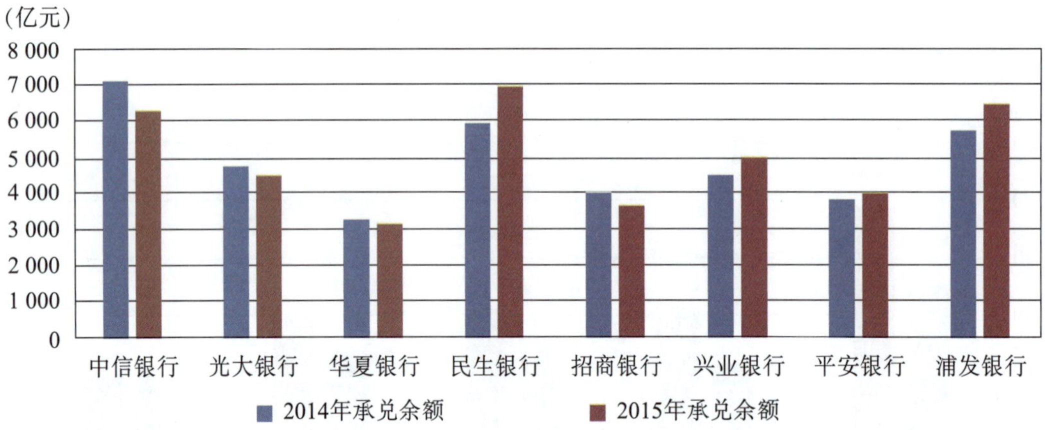

图 8－9　2014～2015 年上市股份制银行票据承兑余额情况

资料来源：根据上市银行 2015 年年报披露数据整理编制。

从票据承兑业务的风险抵补能力看，各家上市股份制银行的票据杠杆率（票据承兑规模/所有者权益）均超过 100%，有 5 家银行超过 200%，最低的招商银行为 100.35%，意味着股份制银行票据承兑的潜在风险远高于国有大型银行（见表 8－3）。

表 8－3　　2015 年上市股份制银行票据承兑情况

机构	承兑余额（亿元）	同比增幅（%）	票据杠杆率（%）
中信银行	6 314.31	-11.44	197.52
光大银行	4 493.85	-5.17	200.58
华夏银行	3 151.87	-3.78	266.23
民生银行	6 942.94	16.83	224.12
招商银行	3 630.35	-9.13	100.35
兴业银行	4 985.89	10.57	157.10
平安银行	4 007.36	5.00	248.13
浦发银行	6 452.73	12.28	202.53

资料来源：根据 8 家上市股份制银行 2015 年年报数据整理编制。

（二）票据贴现业务快速增长

截至 2015 年末，8 家上市股份制银行票据贴现（含直贴、转贴）余额为 5 099.38 亿元，约为五大国有银行合计票据贴现规模的 30%，尚不及中国工商银行一家的贴现规模。股份制银行票据贴现规模不一，中信银行和招商银行年末票据贴现余额均超过 800 亿元，分别为 927 亿元和 898 亿元；民生银行、光大银行、兴业银行和浦发银行年末票据贴现余额介于 600 亿～800 亿元，分别为 791 亿元、712 亿元、699 亿元和 621 亿元；华夏银行和平安银行年末票据贴现规模分别为 314.78、136.65 亿元。2015 年，股份制银行的票据贴现余额增速较快，较 2014 年增加了 2 269 亿元，同比增长 80.2%，高于国有银行票据贴现增幅。其中，华夏银行、光大银行增速最快，年末票据贴现余额分别同比增长 275.50%、240.15%。2015 年，平安银行整体控制票据规模增长，年末票据贴现余额同比增长为 10.1%（见图 8－10）。

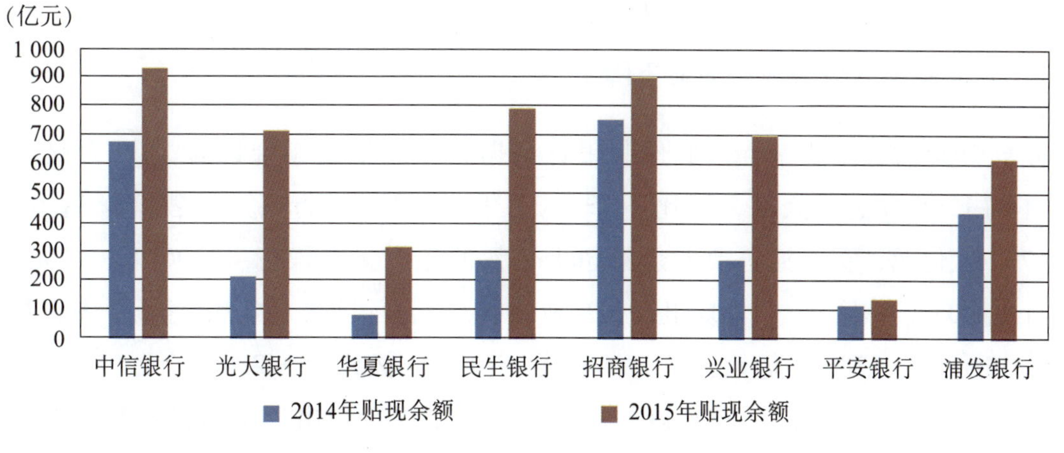

图 8－10　2014～2015 年上市股份制银行票据贴现余额情况

资料来源：根据 8 家上市股份制银行 2015 年年报数据整理编制。

从票据贴现业务量来看，民生银行和招商银行成为最主要的做市交易银行，票据贴现业务量遥遥领先其他银行，全年票据贴现业务量分别为28.6万亿元和18.1万亿元，同比增长率分别高达226.82%和238.07%。另一家重要的做市交易行平安银行全年票据贴现业务量也居市场前列，全年票据贴现业务量为7.9万亿元。在股份制银行的票据贴现中，买断式转贴占据主要地位，民生银行占比最高，为95%（见表8－4）。

表8－4　2015年上市股份制银行票据贴现业务量情况

机构	累计票据贴现（亿元）	增长率（%）	其中：直贴（亿元）
民生银行	286 127.24	226.82	14 312.04
招商银行	181 001.19	238.07	15 517.52
浦发银行	16 610.19	2.95	3 928.87
光大银行	6 497.43	67.98	1 285.32
平安银行	79 036.73	-16.93	3 383.88

资料来源：中国银行业协会。

2015年，上市股份制银行的票据贴现业务量较大，高于国有银行整体水平（其中中国工商银行最高为2.02万亿元），而贴现余额相对较少，说明股份制银行一般不长期持有票据，注重票据资产的周转。同样处于优质信贷资产缺乏的局面，出于改善自身资产负债结构、提升票据收益的目的，股份制银行积极推进票据贴现业务发展。以招商银行为例，因其独特的票据经营模式，贴现利息收入高达94.15亿元，接近国有银行的水平。以贴现承兑比（贴现余额/承兑余额）看，股份制银行（12.76%）远低于国有银行（97.99%），说明股份制银行也较为注重票据承兑业务对整体负债的拉动作用。

（三）票据买入返售业务明显下降

截至2015年末，8家上市股份制银行票据买入返售余额合计为1.09万亿元，较2014年的1.65万亿元余额，同比下降了33.9%。民生银行买入返售余额遥遥领先，为5 173.41亿元，买入返售票据余额超千亿元的还有招商银行（1 067.29亿元）、浦发银行（1 052.38亿元），华夏银行、兴业银行、光大银行、中信银行及平安银行分别为994.12亿元、978.39亿元、805.95亿元、707.88亿元和142.48亿元。除招商银行的买入返售余额小幅增长9.78%以外，其他股份制银行均出现不同程度的下滑，其中兴业银行和平安银行同比降幅最大，分别下降了73.19%、71.96%（见图8－11）。

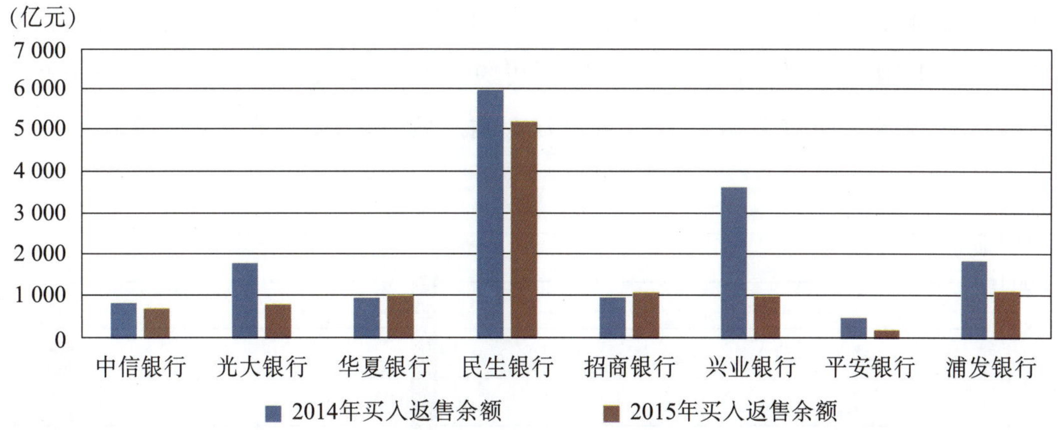

图 8－11　2014～2015 年上市股份制银行票据买入返售余额情况

资料来源：根据 8 家上市股份制银行 2015 年年报数据整理编制。

2015 年，民生银行、招商银行和浦发银行票据买入返售业务量均超万亿元，分别为 7.4 万亿元、2.6 万亿元和 1.1 万亿元。其中，招商银行买入返售业务量同比增幅最高，为 107.38%（见表 8－5）。

表 8－5　　　　2015 年上市股份制银行票据买入返售业务量情况

机构	累计票据买入返售（亿元）	增长率（%）
民生银行	74 085.81	32.05
招商银行	25 500.36	107.38
浦发银行	10 887.79	－7.27
光大银行	5 469.00	－43.27
平安银行	3 050.29	－85.41

资料来源：中国银行业协会。

2015 年，在流动性宽裕的市场环境下，股份制银行加大了票据买入返售资金业务的运作力度，其年末票据买入返售余额是票据贴现余额的 2.14 倍，而此项比率国有银行仅为 50.73%。股份制银行业务运作灵活，通过回购交易提高票据周转效率，减少信贷规模占用，提升票据业务收益。

（四）票据卖出回购业务大幅增长

截至 2015 年末，8 家上市股份制银行票据卖出回购余额合计为 2 515.43 亿元，较 2014 年的 882.08 亿元余额，同比增长了 1.85 倍。其中，招商银行卖出回购票据余额最高，为 1 023.3 亿元，其余股份制银行余额均较低，平安银行期末余额为 0。从卖出回购同比增幅来看，华夏银行增长最快，同比增幅高达 82 倍，部分原因在于华夏银行

2014 年基数较低，仅为 1.3 亿元。光大银行、中信银行、浦发银行和招商银行均出现大幅增长，兴业银行和民生银行小幅下降。可见，与国有大行相比，受利率下行影响，股份制银行更倾向于通过票据卖出回购的方式满足资金需求（见图 8－12）。

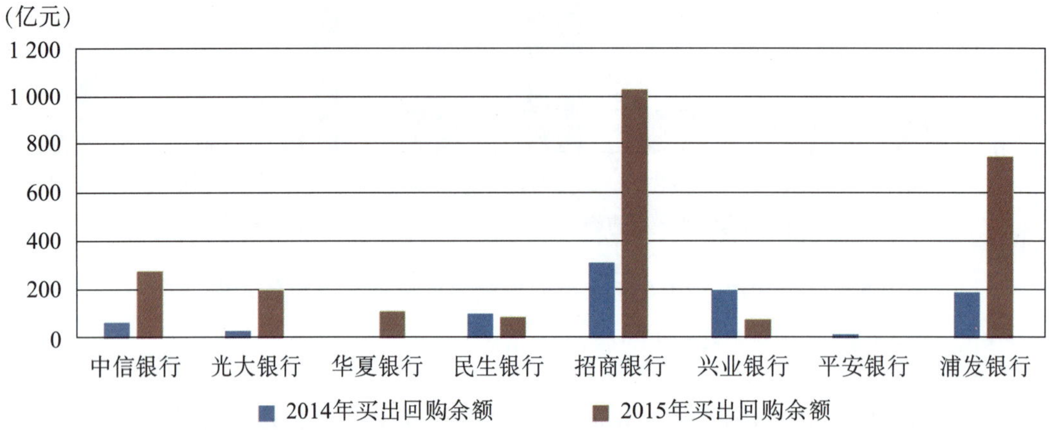

图 8－12　2014～2015 年上市股份制银行票据卖出回购余额情况

资料来源：根据 8 家上市股份制银行 2015 年年报数据整理编制。

总体而言，2015 年上市股份制银行票据资产配置意愿强烈，票据贴现增长较快，票据买入返售规模较大。各股份制银行相继开展票据业务创新，增强市场竞争力，如招商银行推出“动态票据池”，浙商银行推出“涌金票据池”2.0 版，华夏银行推出集团分管票据池，民生银行构建供应链体系票据支付业务等。

总体上看，大中型商业银行票据业务开展的主要特点如下：

1. 票据规模庞大，市场地位领先

大中型商业银行的票据业务规模远高于中小金融机构，2015 年底上市的国有、股份制银行票据承兑余额占全国余额的 55.1%，票据贴现余额占全国余额的 47.9%，在一级承兑市场与二级市场均具有绝对优势。

2. 票据集约化程度较高

大中型商业银行成立了专营业务的票据营业部或票据中心，实现规模化、专业化经营，多家股份制银行作为主要的做市交易银行，提高了市场活跃度，增强了资产流动性，拓宽了收入来源。

3. 经营模式多元化

与中小金融机构传统的票据模式不同，大中型商业银行在票据市场中起到领头羊的作用，在业务创新、渠道创新、系统建设的运作过程中实现价值增值，丰富了盈利模式，如提供电子商业汇票代理接入、托管平台建设等增值服务。

第三节　中小金融机构票据业务

2015 年，城商行（含城市信用社）、农村金融机构等中小金融机构票据业务小幅增长，年末票据融资规模分别达到 8 385 亿元和 9 249 亿元，同比分别增长了 650 亿元和 116 亿元，同比增幅分别为 8.48% 和 1.27%。

一、城商行票据业务开展情况

本报告选取在票据市场上具有代表性的 3 家 A 股上市城商行（北京银行、南京银行、宁波银行，下同）作为分析对象，从一个侧面反映城商行票据业务发展现状。

（一）票据承兑业务小幅增长

截至 2015 年末，3 家上市城商行承兑余额为 2 790.31 亿元，较 2014 年底的 2 420.82 亿元增加了 369.49 亿元，增长 15.26%。其中，北京银行承兑余额为 1 484.53 亿元，同比增长 20.60%；宁波银行承兑余额为 697.17 亿元，同比增长 37.93%；南京银行承兑余额为 608.61 亿元，同比下降 11.08%（见图 8－13）。总体来看，城商行票据承兑的规模虽明显小于国有、股份制银行，但对承兑业务的重视程度日益提升，承兑业务增长速度加快，承兑业务手续费收入、保证金存款收益已成为城商行拓宽利润来源、吸引优质客户的重要方式。

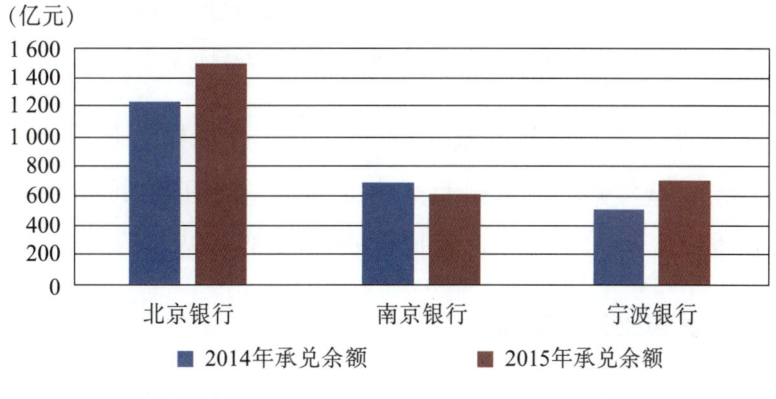

图 8－13　2014～2015 年上市城商行票据承兑余额情况

资料来源：根据 3 家上市城商行 2015 年年报数据整理编制。

从票据业务风险抵补能力看，3家上市城商行的票据杠杆率（票据承兑规模/所有者权益）总体水平低于股份制银行，但高于国有银行。这意味着票据承兑的潜在风险处于中等水平，风险控制不断加强。

（二）票据贴现业务快速增长

2015年末，3家上市城商行票据贴现余额合计为637.29亿元，较2014年的247.85亿元增加了389.44亿元，增幅高达157.13%。3家上市城商行整体票据贴现规模较小，但2015年票据贴现业务发展速度明显快于票据承兑业务。北京银行贴现余额为252.85亿元，同比增长131.67%，保持了承兑、贴现业务的均衡发展；南京银行贴现余额为98.1亿元，同比增长125.57%，在承兑规模下降的同时保持了贴现规模的快速增长；宁波银行贴现余额为286.34亿元，同比增长200.71%，票据贴现业务发展迅猛（见图8－14）。2015年，城商行抓住有利的市场条件，加快票据贴现业务发展，实现了信贷投放盈利增长，票据贴现业务增速大幅高于承兑业务增速，表明城商行票据业务经营更趋务实，更加注重票据贴现利息收入对经营收益的贡献。

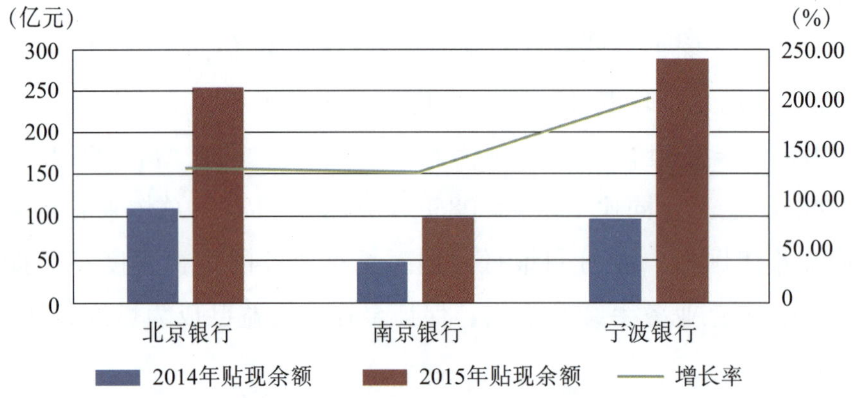

图8－14　2014~2015年上市城商行票据贴现余额情况

资料来源：根据3家上市城商行2015年年报数据整理编制。

从贴现利息收入来看，3家上市城商行因票据资产规模总量偏小，利息收入相对较少，但增幅明显。2015年，北京银行、南京银行、宁波银行贴现利息收入分别为6.07亿元、14.45亿元、15.51亿元，同比分别增长89.69%、72.23%、30.45%。

（三）票据买入返售业务小幅增长

2015年末，3家上市城商行票据买入返售余额合计867.47亿元，较2014年的637.16亿元同比增加了230.31亿元，增幅为36.15%。其中，北京银行年末票据买入返售余额最高，达到832.1亿元，与多数股份制银行相当，同比增长48.91%；南京银行年末票据买入返售余额为 35.37 亿元，同比下降 54.86%；宁波银行年末票据买入返售余额为 0 元（见图 8－15）。

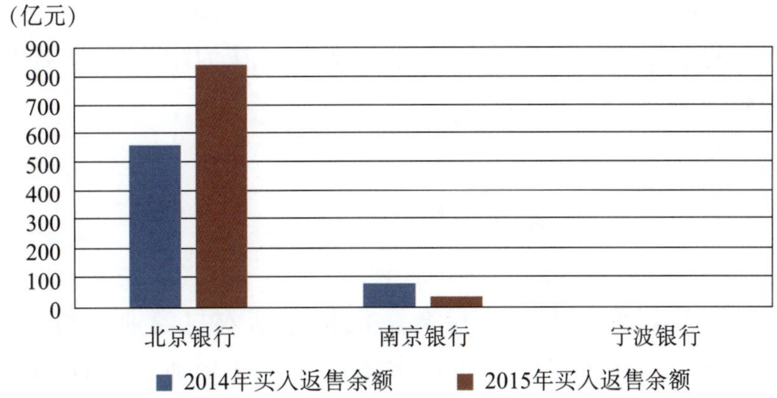

图 8－15　2014～2015 年上市城商行票据买入返售余额情况

资料来源：根据 3 家上市城商行 2015 年年报数据整理编制。

2015 年，3 家城商行票据买入返售业务的经营各具特点，北京银行采取类似股份制银行的经营策略，而宁波银行更重视其融资功能。尽管宁波银行连续两年期末票据买入返售余额为 0，但从年中披露的数据来看，2015 年 6 月末票据买入返售余额为 49.61 亿元，说明宁波银行票据买入返售业务经营有序，业务较少持有至跨年，多数年内回购到期。

（四）票据卖出回购业务发展分化

2015 年末，3 家上市城商行票据卖出回购余额为 13.7 亿元，与 2014 年的 13.81 亿元基本持平。宁波银行票据卖出回购余额最高，为 11.77 亿元，同比增幅为 110.93%。北京银行、南京银行的票据卖出回购余额分别为 0.15 亿元、1.78 亿元（见图 8－16）。

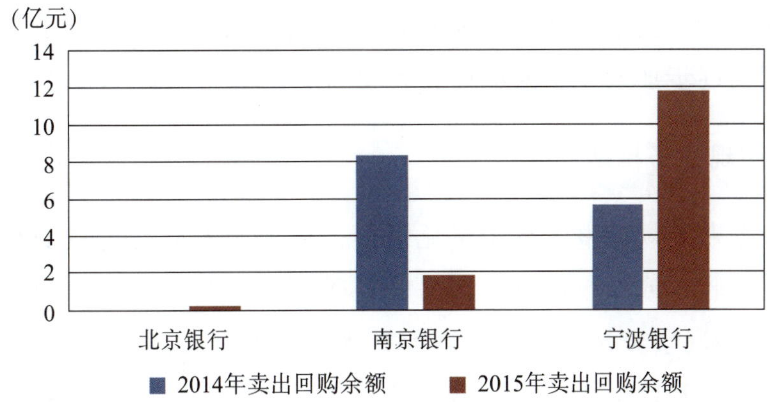

图 8－16　2014～2015 年上市城商行票据卖出回购余额情况

资料来源：根据 3 家上市城商行 2015 年年报数据整理编制。

总体上看，3家上市城商行的票据资产总量和贴现收益较低，票据业务保持温和增长，票据业务收益对自身盈利贡献仍较为可观，近年来城商行对票据业务的重视程度逐年提高。同期，城商行在票据业务经营方面的创新意识明显增强，如江苏银行和华泰资管合作推出的票据收益权资产证券化等业务，在为中小企业提供融资渠道的同时，也活跃了票据市场。

二、农村金融机构票据业务开展情况

按照中国银监会的划分标准，农村金融机构包括农村商业银行、农村合作银行、农信社以及村镇银行等，其数量较城商行更为庞大，票据业务发展参差不齐，风险防范能力各有差异。

本报告选取2015年年末总资产规模居前的5家农商行（北京农商银行6 275亿元、重庆农商银行7 168亿元、成都农商银行6 446亿元、上海农商银行5 870亿元和广州农商银行5 828亿元，下同）作为分析对象，从一个侧面反映农村金融机构票据业务发展现状。

（一）票据承兑业务小幅增长

2015年末，5家农商行票据承兑余额合计为435.74亿元，较2014年的336.32亿元同比增加了99.42亿元，同比增长29.56%。农商行的票据承兑规模普遍较低，业务弱于城商行，更不及大中型国有和股份制银行。除了广州农商银行、重庆农商银行2015年末承兑余额分别为181亿元和131亿元以外，上海农商银行、成都农商银行、北京农商银行均不足百亿元，分别为77.72亿元、28.61亿元和17.65亿元。从增长率来看，成都农商银行增幅最高，同比增长116.41%，其余4家均有所增长，增速要高于其他类型商业银行。受限于客户群体和自身信用，农商行在票据承兑方面具有相对劣势，但重视程度逐步加大，票据承兑业务发展迅速（见图8－17）。

（二）票据贴现业务持续发展

农商行的票据贴现规模整体高于承兑规模，反映出农商行与城商行同样开始更为关注票据贴现利息收入或二级市场的交易收益等利润回报。北京农商银行和上海农商银行2015年末的贴现余额分别为732.69亿元和734.8亿元，均高于3家上市城商行的票据贴现余额，说明其票据资产配置力度加大，且经营策略注重持有到期获取利息收益；重庆农商银行、成都农商银行和广州农商银行的贴现余额分别为69.82亿元、72.13亿元、45.58亿元，规模大体相当。2015年，上述农商行票据贴现余额小幅增长，5 家农商行平均增长率为 15.63%，低于全国增速（见图 8－18）。

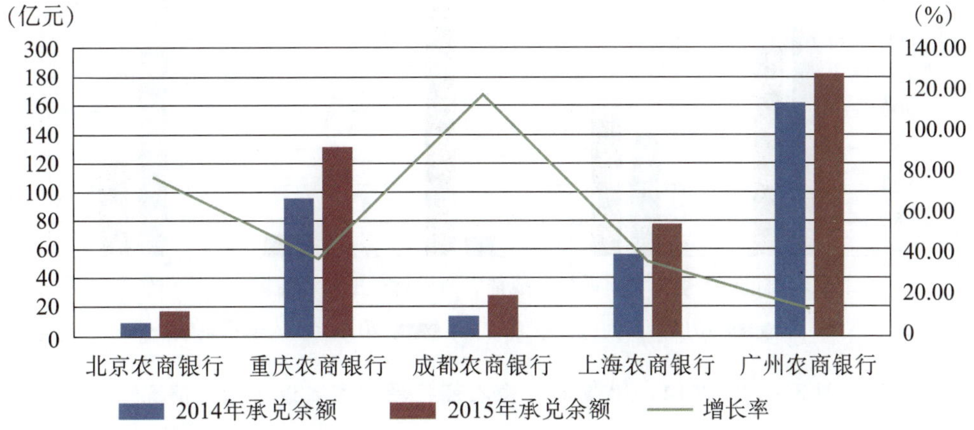

图 8－17　2014～2015 年 5 家农商行票据承兑余额情况

资料来源：根据 5 家农商行 2015 年年报数据整理编制。

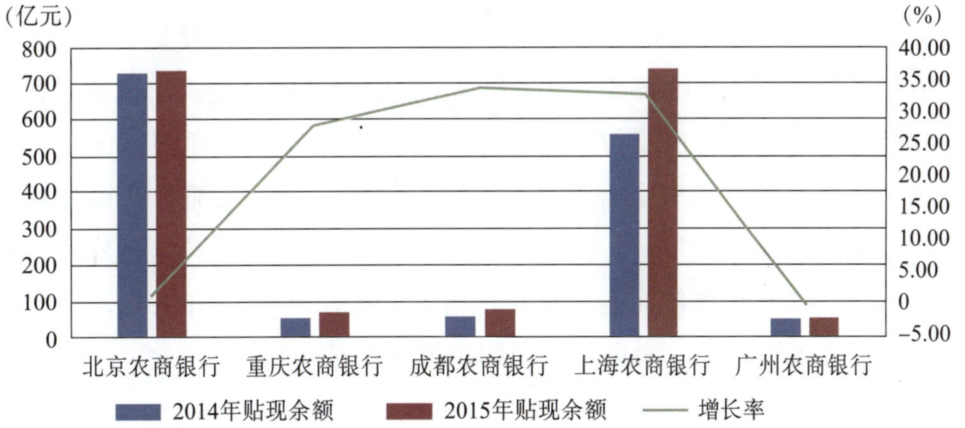

图 8－18　2014～2015 年 5 家农商行票据贴现余额情况

资料来源：根据 5 家农商行 2015 年年报数据整理编制。

（三）票据买入返售业务总体增长

2015 年末，5 家农商行的票据买入返售余额合计为 1 011.16 亿元，同比增长 9.08%。各家农商行持有买入返售票据的规模均不高，成都农商银行为 347.22 亿元，北京农商银行为 289.39 亿元，重庆农商银行为 209.99 亿元，广州农商银行为 136.22 亿元，上海农商银行为 28.34。其中，成都农商银行较 2014 年末的 28.81 亿元余额，大幅增长 11 倍；重庆农商银行小幅增长，其余 3 家出现不同程度的下降（见图 8－19）。

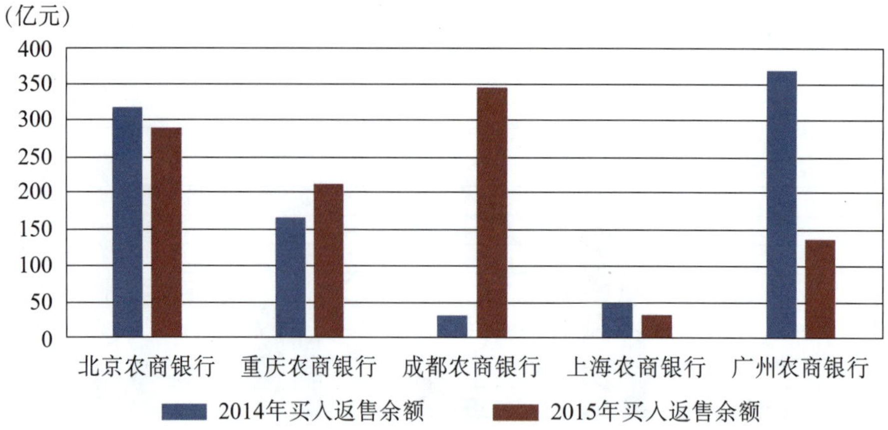

图 8－19　2014～2015 年 5 家农商行票据买入返售余额情况

资料来源：根据 5 家农商行 2015 年年报数据整理编制。

（四）票据卖出回购业务迅猛发展

2015 年末，5 家农商行票据卖出回购余额为 340.92 亿元，较 2014 年的 106.32 亿元大幅增加 234.6 亿元，同比增长了 2.2 倍。5 家农商行的票据卖出回购余额高于国有银行、上市城商行，低于上市股份制商业银行。其中，北京农商银行的余额最高，为 301.16 亿元，说明票据融入资金需求迫切，重庆农商银行、成都农商银行和上海农商银行的卖出回购余额分别为 29.91 亿元、7.76 亿元和 2.09 亿元，广州农商银行的年末余额为 0（见图 8－20）。整体而言，农商行的资金需求高于国有银行，这也与国有银行的票据买入返售规模较高、票据卖出回购规模较低相对应。

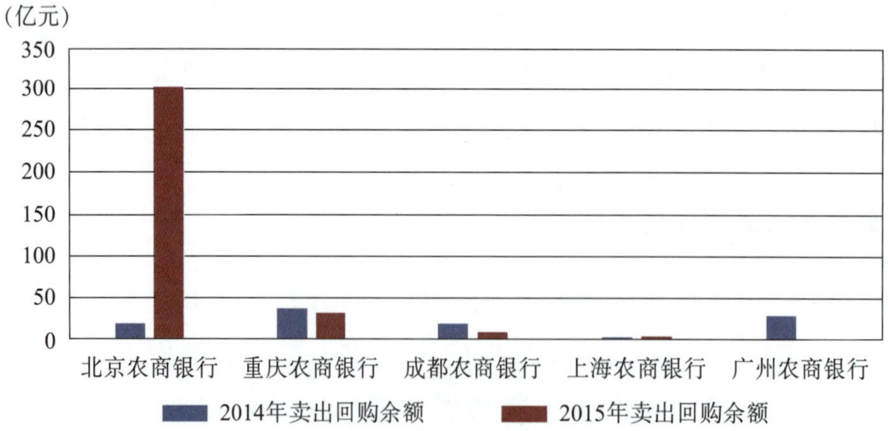

图 8－20　2014～2015 年 5 家农商行票据卖出回购余额情况

资料来源：根据 5 家农商行 2015 年年报数据整理编制。

通常而言，农村金融机构基于其资本实力、市场地位、风险防控等因素，开展票据业务较为传统，以票据资产为主，而承兑、票据负债相对较少，但发展较为快速。

通过 3 家上市城商行（北京银行、南京银行和宁波银行）和具有代表性的 5 家农村金融机构（北京农商行、上海农商行、广州农商行、重庆农商行和成都农商行）的票据业务分析来看，中小金融机构票据业务开展的主要特点如下：

1. 较为重视票据承兑业务发展，承兑业务增长较快

2015 年末，全国承兑余额同比增长 5.4%，累计票据承兑量同比增长 1.3%，而上市城商行的承兑余额同比增长 15.26%，5 家农商行同比增长 29.56%，均高于全年平均增速，也高于国有银行、上市股份制银行的增幅。票据业务对中小金融机构培育银企关系、优化资产结构、分散经营风险、增强盈利能力起到了积极作用，支持了中小企业的融资与发展。

2. 票据业务发展水平不均衡

中小金融机构受地域经济的影响较大，加之自身体制、监管要求、市场定位、内控水平等因素，票据业务发展不均衡，如经济发达地区的中小金融机构票据业务发展稳健，业务规模增长较快；村镇银行的服务对象有限、农村信用社尚在改制转型中，开展的票据种类相对较少。

第四节　其他金融机构票据业务

近年来，政策性银行、中国邮政储蓄银行、财务公司、外资银行等金融机构也愈发关注票据市场，并逐步从尝试到积极开展相关票据业务。本报告对上述几类金融机构的票据业务开展情况作一简要阐述。

一、政策性银行和邮储银行票据业务开展情况

当前，政策性银行和邮储银行均处于经营转型进程中，也分别不同程度介入票据业务，其中，政策性银行中农业发展银行对票据业务的接入相对更早。近年来，票据承兑和贴现业务总体呈现良好发展态势，相对而言，买入返售业务较少开展。截至 2015 年末，3 家政策性银行票据融资规模合计为 400 亿元，比上年末大幅下降 385 亿元，降幅为 49%，主要原因是政策性银行积极响应中央稳增长的货币信贷政策，加大了各自专业领域政策性信贷业务的投放力度，适度调整了票据业务发展步伐。其中，农业发展银行年末票据贴现余额为 398 亿元，占了政策性银行票据业务的绝对比重，进

出口银行和国家开发银行票据业务相对起步较晚，业务量较少，票据贴现余额均不大。

近年来，中国邮储银行在组建和经营转型中较为重视票据业务，加大了对票据业务经营的资源揉入，在区域分支机构设置上注重配备票据业务经营人才，票据业务经营呈现良好发展态势。2015年，中国邮储银行票据承兑和贴现业务均大幅增长，年末票据承兑余额为207.39亿元，较2014年末的62.6亿元，同比增长2.31倍；年末票据贴现余额高达2 683.03亿元，同比增加了1 599.37亿元或增长了1.48倍；年末票据买入返售余额为327.96亿元，较2014年底的4 267.2亿元大幅减少了3 939.24亿元，意味着票据资产配置由回购交易向买断交易转移；年末票据卖出回购余额为80.5亿元，较2014年底的44.84亿元增加了35.66亿元，增幅为79.53%，资金融入规模略有提高。

二、集团企业财务公司票据业务开展情况

截至2015年末，集团企业财务公司数量为224家，表内外资产规模为6.5万亿元，同比增长21.13%，发放贷款1.57亿元，同比增长20.79%，全年实现税后利润594.15亿元，同比增长10.9%。集团企业财务公司愈发成为重要的非银行类金融机构。

财务公司是票据市场上重要的参与者，自身可以签发商业汇票，丰富了票据供应量。2013年8月，中国人民银行发布了《关于开展财务公司电子商业汇票线上清算业务试点工作的通知》，准许试点财务公司以开户特许直接参与者的身份加入大额支付系统并开立清算账户，实现电子商业汇票线上清算的目标，2014年6月正式上线运行。这增强了财务公司票据业务流动性，提高了托收票据的票款兑付效率。

截至2015年末，财务公司票据贴现余额合计为1 155亿元，同比增加40.6亿元或同比增长3.6%。随着财务公司更多地参与票据市场，在其提高交易活跃度的同时，进一步盘活了集团票据资产，拓宽了融资渠道，增加了流动性管理工具。2015年5月，中化财务公司获批办理再贴现业务2笔，票面金额合计为1.01亿元，包括25张电子票据和14张实物票据，通过再贴现降低融资成本。2015年6月，该公司成功办理第一笔电票转贴现卖断业务，票面金额合计为1.42亿元，丰富了融资来源。

财务公司票据贴现规模虽然不大，但却在不断发展创新，票据业务在其提高资金使用效率、集中资金管理等方面发挥重要的作用。目前，财务公司票据业务主要集中在签发承兑汇票、成员单位票据贴现等方面，电子票据逐渐被认可采用，转贴现、再贴现、商业承兑汇票也在不断开展。此外，财务公司也在加强与商业银行的票据业务合作，如中冶财务公司与兴业银行签署了票据池协议。

三、外资银行票据业务开展情况

截至2015年末，在华外资银行贴现余额合计为1 075亿元，同比下降22.2%。从贴现资产配置比重看，外资银行贴现余额占贷款余额的比重为10.2%，较年初下降3.5个百分点，但配置比重仍高于其他类型金融机构。

以汇丰（中国）银行为例，2015年末票据承兑余额为64.22亿元，较2014年年末的50.25亿元增长了27.8%，高于全国平均增幅；票据杠杆率（票据承兑规模/所有者权益）为15.49%，处于较低水平；年末票据贴现余额为118.9亿元，占全部贷款（1 719.81亿元）的6.91%，贴现资产配置比例较高，但贴现余额同比降低了12.06%。2015年实现贴现利息收入6.11亿元，较2014年的8.2亿元利息收入减少了2.09亿元，下降了25.49%。2015年末无票据买入返售、票据卖出回购余额。

可见，2015年外资银行票据承兑业务发展加快，但票据贴现有所减速，尽管配置比重相对较高，但贴现余额明显下降，利息收入也大幅减少。这说明票据业务并非外资银行主要的收入来源，部分原因是市场利率下行，息差收窄，更注重中间业务收入的缘故。

四、非银行金融机构票据业务合作发展

近年来，民间票据中介互联网化发展，证券、基金和信托等非银行金融机构对票据业务的渗透发展在加速，使得票据市场参与主体更加多元化和复杂化，促进了票据业务的跨界和跨市场业务创新发展。一是民间票据中介互联网化发展加速，借助电商平台，以银行承兑汇票作为抵押物向投资者融资，盘活企业的存量票据，解决中小企业融资困境，诸如金银猫的“银企众盈（票据贷）”、阿里金融的“招财宝”票据贷等。二是信托、基金、证券公司等非银行金融机构与银行开展票据业务的创新合作，如发行资管计划投资票据类资产，以及票据理财。广发基金于2015年初即推出票据理财业务。三是小额票据服务中心稳步建设发展，一般由政府主导，通过合作银行设立小额票据贴现中心，满足小微企业资金需求，如2015年设立的无锡市小额票据服务中心。

随着非银行金融机构不断介入票据市场，其与商业银行的合作越来越广泛频繁，很多合作模式正在探索中，票据托管、票据理财、票据咨询顾问等业务不断发展，商业银行可提供票据真伪鉴别、清算交割、保管托收等一系列专业服务，非银行金融机构具有客户资源、渠道优势。一方面，合作丰富了双方的经营模式，增加了利润增长点，在经济新常态中实现共赢；另一方面，市场参与者的增多，提升了票据市场的活跃度，有利于长远健康发展，同时在业务创新发展中引入了新的票据风险因素。

第九章

2015 年银行票据业务的创新发展

2015 年以来，经济新常态下票据业务发展的外部环境正面临深刻的变化。利率市场化和金融脱媒化进程加快，金融混业经营深入发展，跨业协同形式多样，银行业监管环境和资本约束趋严，以及风险多样性演化，对银行传统票据业务经营产生较大冲击。在此背景下，票据市场参与主体加快了票据业务创新步伐，以应对更加激烈的市场竞争。

第一节　银行票据业务创新的主要类型

2015 年，在票据贴现利率波动下跌和业务收益不断收窄的市场环境下，银行普遍采取以量补价的经营策略，同时加大票据业务创新力度。银行主导的票据业务创新大致分为四类：传统自营业务创新、代理经纪业务创新、投行业务创新、资管业务创新、自贸区跨境票据业务创新。

一、传统票据自营业务创新

近年来，面对传统票据业务经营的规模资源约束和经营绩效考核压力的增大，银行不断创新发展传统的票据承兑、贴现、转贴现和回购等自营业务模式，以满足多层次的客户需求，实现自身收益最大化。2015 年，银行仍重点推进自营票据业务创新，并显露出新的特点。

（一）承兑业务创新：商业承兑汇票保证业务

2015 年，在资产荒的背景下，银行票据贴现和转贴现市场竞争加剧，银行在开展汇票承兑业务中，更加注重承兑业务在竞争优势企业客户中的作用，应用自身信用增级的优势创新发展出商业承兑汇票保证业务。在电子票据快速发展中，部分中小商业银行加大了电子商业汇票保证业务的市场推广力度，由于银行对附加保证的商业承兑汇票承担连带付款责任，其性质等同于银行承兑汇票，市场接受程度较高，从而获得了较好的收益，逐步以电子商业承兑汇票保证业务替代银行承兑汇票业务。

事实上，商业汇票保证业务早在《票据法》出台之前就已经产生了，但当时市场的关注度不高。2015 年，银行电子商业承兑汇票保证业务得以推广，主要原因有以下三个方面：一是保证银行在为企业办理贴现时，商票利率至少高于银票利率 100 个基点左右，银行开展此项业务不仅可以锁定客户，还可获得较高的贴现利息收入和转贴现价差收益，业务积极性得以提高。二是风险资产、拨备计提方面，因各地监管标准不同，部分中小银行对保证业务、承兑业务计提比例有所不同，保证业务按风险敞口的 50% 计提，而承兑业务须按风险敞口的 100% 计提。为节约经济资本，部分中小银行宁愿选择开展商业承兑汇票保证业务。三是企业持有的附加银行保证的商票较普通商票更易贴现和转贴现交易，受到企业客户欢迎。

（二）贴现业务创新：代理贴现业务

近年来，银行直贴业务的创新较多，主要包括商票保贴、票据包买、代理贴现，回购式票据贴现、信用证项下的银行承兑汇票贴现、CPS 等。2015 年，在票据贴现业务链条的延伸发展中，银行推出的代理贴现业务受到市场认同。

代理贴现业务，是指商业汇票的持票人通过与其代理人、贴现银行签订三方协议，委托其代理人在贴现银行办理贴现手续，贴现银行审核无误后，直接将贴现款项划付给持票人的贴现业务。

代理贴现业务具备诸多特点：一是便利了核心企业的支付结算，为供应商较多而且所处地域分散、支付频繁的核心企业提供便利的结算方式，节省票据在异地传递过程中的人力、物力，同时降低票据异地传递过程中的风险；二是提高资金回笼效率，简便核心企业的贴现手续，帮助核心企业快速实现资金回笼，提高资金周转速度，改善财务状况；三是银行通过办理代理贴现，批量获客的同时可以提高本行承兑票据回行贴现率。

代理贴现业务适用于财务管理规范、资金实力较强的大型核心企业和异地客户，其灵活便利的特性，满足了企业多样化的贴现需求，也成为商业银行抢占直贴市场的有力工具，尤其是在股份制银行中得到了迅速推广。

（三）转贴现、回购业务创新：交易组合创新

2015年，票据利率波动下跌且频繁震荡，利差空间明显收窄，部分银行改变了以往直贴加转贴交易的票据业务经营模式，通过产品组合创新和资金期限错配充分赚取票据收益。具体包括以下业务创新：

1. “卖断+远期买断”模式

该模式又称双买、双卖，当期商业银行将已贴现票据卖断给同业交易对手，同时以协议方式约定可在票据到期日之前的未来某一时点执行买回操作。该业务模式属于撮合、波段交易业务，到期买回时占用信贷规模和资金规模，需要委托收款。商业银行需要合理安排双买买回时间，规避到期票据较大占用信贷规模、资金规模的风险。

2. “卖断+逆回购买入+远期买断”模式

对于资金相对不足的交易对手，当期商业银行将已贴现票据向其买断后，再通过逆回购方式向其提供融资支持。在该交易方式中，逆回购到期日早于票据到期日，逆回购到期后，再做远期买断，在票据存续期限内需要持续滚动操作。该模式中，为避免对商业银行流动性的影响，通过同业资金搭桥方式解决资金来源。银行开展该项票据业务将不占用信贷规模，可缓解商业银行信贷规模紧张，以同业资金搭桥方式吸存同业资金，也可解决自身资金受限的问题。

3. “逆回购+正回购”模式

该模式又称回购套回购或逆套正业务，当前商业银行逆回购买入票据，在逆回购到期前，再正回购卖出给同业，正回购到期日要早于票据到期日，在票据存续期限内需要持续滚动操作。该模式主要通过逆回购与正回购的利率点差套利。同样，该业务不占用银行信贷规模和资金规模，通常由居间机构进行回购撮合和波段操作。

2015年，在以上三种基础组合交易业务创新的基础上，部分中小银行还进行更加复杂的组合票据交易业务创新，如“买断+双买卖出+逆回购+正回购+双买买回”模式。该模式俗称“搭桥撮合”，通过寻找第三方银行进行“搭桥”，达到赚取利差的“撮合”目的。“搭桥撮合”一般在宽松的货币政策及信贷规模趋紧的背景下，票据回购利率相对较低，买断业务与回购业务之间存在较大利差空间，借助第三方银行消减信贷规模“搭桥”，获取相对较高利差，该业务模式最早出现于2009年。

2015年，银行组合票据交易业务创新活跃，但灵活的交易模式增加了交易链条的复杂性，容易受到交易对手信用违约风险和资金链紧张带来的利率风险和操作风险的影响，且监管的透明度不高，从而成为下一阶段市场监管的重要领域和重要风险点。

二、票据代理经纪业务创新

票据代理是指商业银行作为代理人，遵照被代理人（企业或同业客户）的委托指令，代替被代理人实施与票据相关的行为。票据经纪是指商业银行作为中间人，向票据买卖双方提供交易信息，并撮合买卖双方达成交易的中间业务。按照服务对象不同，可将其分为企业票据代理经纪业务和同业机构代理经纪业务。

（一）企业票据代理经纪业务创新

企业代理经纪业务创新有两个方面：一是商业银行向企业提供票据生命周期管理服务，为企业（集团）提供票据真伪审验、信息登记查询、代保管、拆分置换、托收、代理票据账务核算等一揽子服务；二是商业银行为票据质押融资的互联网平台提供票据审验、代保管、代托收等服务，利用专业技术和银行信誉，赚取中间业务收入。

2015年，票据池业务成为企业代理经纪业务创新的热点，不同类型银行均有开展，部分中小银行更加重视票据池业务的品牌营销，如浙商银行"涌金票据池"、兴业银行票据池等产品。

对企业而言，票据池业务将票据委托给具有专业票据审验和保管能力的商业银行管理，能有效解决票据风险管理难题，降低融资成本，激活存量票据的时间价值。对商业银行而言，通过票据池业务可为企业提供现金管理、供应链金融、财富管理等多元化的金融服务，是商业银行提高中间业务收入、挖掘客户价值、增强客户黏性的有效手段。

（二）同业机构票据代理经纪业务创新

近年来，大中型商业银行重视票据综合金融服务，代理中小金融机构办理票据贴现、转贴现买卖、撮合交易，受托提供电票系统接入、票据资产保管及代理交易等业务创新逐步发展。同期，也因部分商业银行通过代理农信、农商行办理贴现、转贴现业务，涉嫌消规模、逃匿资本，被监管部门叫停。

当前，同业机构代理经纪业务主要有两类：一是电子商业汇票系统（ECDS）代理接入，指中小型银行、外资银行或财务公司因电票系统开发能力有限，通过电子商业汇票系统（ECDS）的直接参与行代理接入，以开展电子商业汇票业务。二是票据资产托管业务，指商业银行通过与其他具有票据经营资格的金融机构签订票据资产托管协议。根据客户委托为其提供票据实物保管、权属登记、资金清算、权属变更、信息报告以及与此相关的票面审验、代理托收等服务，并根据双方约定收取一定的管理服务费的业务模式。票据资产托管业务使得中小金融机构票据业务全面获得托管服务，实现纸质票据电子化，有效降低操作风险、管理成本，提高交易效率。2013 年，中国工商银行借助票据经营管理先进优势，依托其系统托管平台，推出了该项业务，并于近两年加大了推介力度，力图打造票据市场优质服务商角色。

三、票据投行业务创新

票据投行类业务是指商业银行运用投行业务工具为票据资产提供融资支持，主要包括三类，即自有资金投资票据资产、自营票据资产证券化、企业票据资产证券化投行服务。

（一）自有资金投资票据资产

商业银行以自有资金投资票据资产，即商业银行作为投资委托人，委托管理人将资金用于投资资产管理计划，并由资产管理计划受让已贴现票据资产的收益权。产品涉及 4 家基础参与方（见图 9－1）。

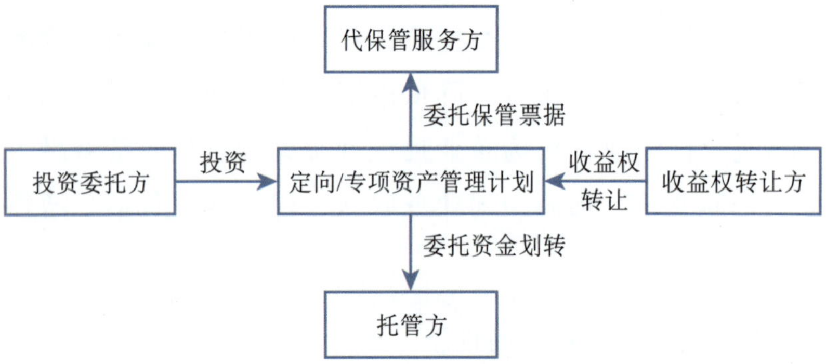

图 9－1　票据资产管理计划投资结构图

按照票据资产收益权转让方的不同，可将其分为投资本行票据、投资他行票据。

（1）投资本行票据资产收益权业务是指商业银行以自有资金投资券商/基金公司/信托公司成立的资产管理计划，并由该资产管理计划受让本行已贴现票据的收益权，该业务又名票据非标准债权投资。

该业务优势在于：一是将商业银行表内票据资产卖断表外，同时在表内计入同业投资，释放信贷规模。二是商业银行以自有闲置资金投资本行票据资产收益权，提高资金投资收益，而且本行票据资产质量有保证，安全性高。三是商业银行自营票据非标投资可替代票据买入返售业务，在本行系统内闭环操作，减少他行套利，将收益最大程度留存行内，还可以有效降低操作风险。

自营票据非标投资业务适用于票据资产充裕，但信贷规模不足，自身又拥有大量闲置资金，追求安稳、高收益回报的商业银行。

（2）投资他行票据资产收益权业务是指商业银行以自有资金投资券商/基金公司/信托公司成立的资产管理计划，并由该资产管理计划受让他行已贴现票据的收益权。

该业务优势在于：商业银行以同业投资取代转贴现买断票据，不占用信贷规模，同时又能提高资金投资收益。

投资他行票据资产收益权业务适用于资金充足，但自身信贷规模不够，寻找安全、稳定收益投资标的的商业银行。

（二）自营票据资产证券化

自营票据资产证券化是指商业银行将持有的票据资产转化为可流通的证券，并在交易所发行和流通。

2015 年 4 月，中国人民银行简化信贷资产支持证券发行管理流程，允许已经取得监管部门相关业务资格、发行过信贷资产支持证券且能够按规定披露信息的受托机构和发起机构向中国人民银行申请注册，并在注册有效期内自主分期发行信贷资产支持证券。信贷资产证券化由原来的中国银监会、中国人民银行依次逐笔审批制变为向中国银监会备案，并向中国人民银行申请注册后即可在注册期内自主发行。近两年来，商业汇票的签发量都在 20 万亿元以上，票据资产证券化模式日渐成熟，有望迎来大规模发行票据资产证券化产品的机遇。目前，市场上证券化的票据资产为商业承兑汇票。

2016 年 3 月 29 日，江苏银行在上交所发行了全国首单基于票据收益权的资产证券化产品“华泰资管——江苏银行融元 1 号专项资产支持计划”，入池的资产剥离了票据所对应的基础应收账款，是纯粹的商业承兑汇票收益权转让，以全额保证金担保。随后，平安银行在深交所发行了规模达 200 亿元的“博时资本——平安银行橙鑫橙 e 资产支持专项计划”，该产品的基础资产为贸易及租赁应收账款债权，以电子商业承兑汇票为载体，银行保函为担保。

票据资产证券化较之一般性贷款证券化具有相对优势：第一，票据为要式性的有价证券，在市场上广泛流通转让，市场认可度和接受度很高。第二，票据资产证券化后将变得更加标准化，可以广泛扩大参与主体范围，比如个人和企业投资者可以通过证券交易所投资票据资产证券化产品。第三，票据期限短，纸票 6 个月以内，电票 1 年以内，变现周期快，对投资者更具吸引力。

票据资产证券化对商业银行意义非凡，可盘活商业银行已持有的存量票据，腾出更多信贷空间以更好地支持实体经济融资和产业结构调整。商业银行通过出售票据资产，转移信用风险，减少风险资本占用，释放流动性，加速资金流转，还可以增加服务费等中间业务收入。

（三）企业票据资产证券化投行服务

商业银行将企业持有的未贴现、未到期的票据作为基础资产，打包成标准化可用于出售的证券类产品，并提供发行、承销等服务，使企业的应收账款财产权利获得低成本、方便快捷的融资支持。

企业票据资产证券化与商业银行自营票据资产证券化存在以下明显的差异：

1. 基础资产不同

企业票据资产证券化基础资产为企业持有的未贴现、未到期票据，而银行票据资产证券化的基础资产为银行持有的已贴现、未到期票据。

2. 业务属性不同

企业票据资产证券化，凭借的是企业信用，属于企业资产证券化。银行票据资产证券化，凭借的是银行信用（通过保证金、银行背书、回购、银行保贴等增信措施），属于信贷资产证券化。

3. 商业银行承担的角色不同

企业票据资产证券化过程中，银行为辅助参与的第三方机构，为企业发行资产支持证券提供产品设计包装、发行承销等投行类服务。银行票据资产证券化过程中，银行为发起方和融资方，通过将票据转换成流动性更好的交易性证券获得融资支持。

4. 交易转让地点不同

企业票据资产支持证券只能按规定在证券交易所、全国中小企业股权转让系统、机构间私募产品报价与服务系统、证券公司柜台市场等证券交易所挂牌交易和转让。银行票据资产支持证券可以在证券交易所挂牌交易和转让，也可以在银行间债券市场发行和交易。

四、商业银行票据资管业务创新

票据资产管理业务是一种以票据作为载体进行受托资产管理，实施专业运作的业务。业务模式上，银证、银基合作是当前票据资管业务的主流模式，即商业银行与证券公司或基金公司合作发起一个资产管理计划，并由资产管理计划受让已贴现或未贴现票据资产，证券公司或基金公司对资产管理计划实施设计和管理，商业银行以理财资金、自有资金、同业资金投资资产管理计划的受益权。

按照资产管理计划底层基础资产类型来划分，可将其分为已贴现票据资管、未贴现票据资管。按照资产管理计划资金来源来划分，可将其分为票据理财、票据非标投资、投资同业票据。由理财资金对接的称之为票据理财，由自有资金对接的称之为票据非标投资，由同业资金对接的称之为投资同业票据。值得一提的是，电子票据资产管理业务创新后，商业银行通过开发行内电票系统代保管功能，突破了管理人不能参与人行电票系统的制约，为电子票据快速发展开辟了新道路。

票据资产管理业务的优势在于：一是银行可以通过将票据资产出表，释放信贷规模，扩展理财资金投资渠道，为个人、企业、同业理财客户提升投资回报水平。二是银行通过开展票据资产管理业务相关的资产托管业务、实物票据/电子票据的代保管业务，可获得可观的托管费、代保管费，从而拓宽了银行中间业务收入来源。

五、自贸区跨境票据业务创新

商业银行可利用自贸区相对自由的政策和监管环境，大力开展一系列票据创新业务探索和试点。

（一）自贸区企业票据业务创新

1. 票据贴现远期和期权

传统票据贴现为即期交易，受市场信贷规模和资金流动性波动的影响，持票企业难以确定未来是否能够及时通过票据贴现获得融资支持，贴现利率难以把控，从而给企业流动资金管理和财务成本控制带来困扰。对于参与国内外贸易的企业，下游国内企业采用票据作为延期付款工具，须后续对票据进行贴现、购汇对国外企业支付进口货款，期间，资金、利率、汇率波动可能增加企业采购成本的不确定性。针对此类企业，商业银行通过远期贴现或贴现期权业务为企业锁定远期利率风险，防止远期贴现利率、汇率大幅上升侵蚀其盈利空间。

票据远期贴现是指商业银行与企业约定在未来某一时间按照事先约定的远期交易利率执行贴现。远期交易利率采取两种方式：一种是固定利率，另一种是浮动利率，即双方约定远期交易利率的定价基准和具体加点的数值，定价基准是（远期执行日之前）某日、某一期限的 Shibor。

票据期权交易是指期权买入方通过向期权卖出方支付期权费，从而获得未来某一时间期权卖出方按远期交易利率执行买入或卖出票据的权利。期权买入方可以选择是否行使该权利，期权卖出方必须在期权买入方要求行权时履行相应的义务。远期交易利率采用固定利率、浮动利率两种方式。

商业银行开展票据远期贴现或期权业务优势：一是可以在贴现利息收入基础上获

得远期融资承诺服务费、期权费等中间业务收入；二是将票据远期业务与远期购汇等外币业务捆绑营销，提供综合收益；三是通过远期或期权合约锁定更多的票源，形成具有稳定存量的票据池，有助于做大产品链后端的转贴现业务。

2. 票据与信用证组合融资

信用证支付货款可以大大减轻国内进口企业的压力，被广泛运用于进出口贸易中。银行承兑汇票与信用证有很多相似之处，兼具支付结算工具和结算工具的职能。票据与信用证结合融资的方式主要有以下两种。

（1）对于出口企业，商业银行可接受其收到的远期信用证，其信用证期限应短于拟签发票据的付款期限，以信用证质押担保，为企业开具银行承兑汇票，企业以银行承兑汇票支付自贸区内、自贸区外上游企业的货款。信用证到期后，商业银行将议付款转入银行承兑汇票保证金账户，待银行承兑汇票到期后，再向持票人兑付。

（2）对于进口企业，商业银行以企业收到的银行承兑汇票质押担保为其进口开证，票据到期日应早于信用证到期日，票据到期托收款转入信用证保证金户，待信用证到期后，用于支付出口商货款。

票据与信用证组合融资业务优势包括两点：一是对企业而言，通过国内商业汇票与国际信用证的置换，打通内外贸、上下游产业资金链，提高资金使用效率和货物流转效率，降低综合融资成本。二是对商业银行而言，在不增加资金和信贷规模占用的情况下，获取中间业务收入，稳定保证金存款。此外，还可以加强与自贸区产业链上下游企业的业务往来，有助于拓展和夯实商业银行对公客户的基础，提高产业链资金在行内运作的闭合度。

3. 跨境双向人民币资金池票据融资服务

根据中国人民银行上海总部《关于支持中国（上海）自由贸易区试验区扩大人民币跨境使用的通知》（银总部发［2014］22号），区内企业可以根据自身经营和管理需要，开展集团内跨境双向人民币资金池业务。跨国企业集团只需指定区内一家成员企业（包括财务公司）在上海地区一家商业银行开立人民币专用存款账户作为主账户，其他成员企业分别开立境内外子账户，即可自由进行经营性跨境人民币资金集中归集和拨付。

在境内外市场人民币资金利率存在差异时，若境内融资利率低于境外，境内成员企业将集团票据池的票据进行贴现融资，注入非跨境入池账户，然后通过其跨境入池子账户归集经营性或实业投资现金流，上存至自贸区内企业的跨境入池主账户，再由主账户下划至境外成员企业的跨境入池账户，利用境内低成本融资资金满足境外成员企业日常经营周转需要，境外成员企业的自有资金可留作他用，提高资金运作收益；

若境内融资利率高于境外，境外成员企业通过境外低成本融资获得资金，然后通过跨境入池子账户归集经营性或实业投资现金流，上存至自贸区内的企业的跨境入池主账户，再由主账户下划至境内成员企业的跨境入池子账户，利用境外低成本融资满足境内成员企业日常经营周转需要，境内成员企业的自有资金可留作他用，比如作为银承保证金等，获得相对于境外更高的存款利息，最终提高整个集团的资金收益。

跨境双向人民币资金池票据融资业务的优势在于商业银行可以进一步开发集团企业下属成员的票据签发和贴现融资需求，带来新增的保证金存款、贴现利率收入和中间业务收入。另外，在人民币资金池管理过程中，增加为企业集团提供离岸金融业务的机会和利润增长点。

（二）自贸区同业票据业务创新

1. 同业票据代理和经纪业务

中国人民银行金融统计数据显示，近四年来，全国金融机构贴现余额占贷款的比例一直在 2% ~4% 的低位徘徊，但外资银行贴现余额占贷款的比例反而明显上升，最高时超过 17% 。事实上，外资银行对票据贴现资产的配置倾向远高于其他各类金融机构，且有进一步提升的趋势。汇丰、东亚、渣打等外资银行都在积极开展对进出口企业尤其是中小企业的票据贴现融资业务。然而，自贸区新设的外资银行或其分支机构在拓展国内票据业务初期会面临一系列制约因素，如缺少专业的票据业务团队和设备，未接入中国人民银行电票系统，内部业务系统建设周期长，同业交易对手资源储备不足等。因此，票据业务基础成熟的大中型商业银行可以在自贸区内大力发展同业票据代理和经纪业务，代理外资银行和中小金融机构办理票据贴现、转贴现买卖、撮合交易等业务，受托提供系统接入、资产保管等服务，获取多元化中间业务收入。

2. 同业票据衍生品交易

在自贸区内企业票据远期贴现和期权等业务具备一定规模，票据参与金融机构逐步丰富后，大中型商业银行可以逐步尝试开展票据衍生品交易，即先发展转贴现和回购品种的远期、互换交易，后续再开展对定价和风控水平要求更高的期权交易。

第二节 票据市场创新业务面临的问题及风险防范

票据业务创新在激发票据市场活力的同时，也使票据市场总体风险不断积聚，为票据经营机构发展和业务经营管理带来全新挑战，市场各参与方、监管层更加注重对票据业务创新潜在风险的预判和管理。

一、票据业务创新存在的问题引发市场关注

（一）法制基础长期不完善

1995～1997年相继制定和修订的《票据法》、《支付结算办法》以及《票据实施管理办法》等法规仍然是我国票据市场基础性制度构架，在票据市场历经十多年的高速发展后至今维持不变，难以满足企业对融资性票据的需求，以及解决基于债权债务关系的电子票据法律地位，落后的法律环境制约了票据市场创新发展。

《票据法》中既没有商业本票的概念，也没有为融资性票据的发行预留空间，票据市场的范畴尚存在极大的不确定性。银行票据业务创新和市场拓展壁垒较高，间接地影响了全国统一、有形票据市场的建立，影响了票据市场的规模化发展和产品的创新能力。

（二）合规监管日趋严格

票据创新日新月异，跨市场、跨区域、跨产品的票据创新可能超过当前监管政策允许范畴，新兴互联网票据法律地位模糊、操作流程不规范，合规风险矛盾突出。票据经营机构和从业人员迫于考核压力及观念、意识、素质影响，从事高风险票据业务或经营管理违规，稍有不慎就可能导致监管罚款或暂停业务。特别是2016年以来，监管政策不断趋严，票据检查频度和深度都有很大提升，合规风险加大。

（三）产品创新同质化明显

近年来，我国银行票据产品、民间票据产品日益丰富，但都容易遭遇“复制陷阱”，大多通过模仿同业的创新产品进行产品开发，一家银行研发出来的产品很快被其他银行效仿，票据创新产品同质化明显。各家金融机构票据经营业务的同质性导致票据市场无序竞争，限制了票据的市场发展。

（四）商业承兑汇票运用度不高

票据市场过分依赖银行信用，银行承兑汇票份额超过95%，信用风险积聚在金融体系内。长期以来，我国社会信用体系不够健全，企业资信评级、信息披露制度不完整，商业承兑汇票仅在部分经济发达地区存在，其市场流通性较差，且在当前经济下

行阶段，银行对转贴现市场商业承兑汇票的接受度降低。商业信用运用度不高，化解和转移商业信用风险的创新工具处于空白，即便是 2016 年最新推出的票据资产证券化业务，虽然底层基础资产为商业承兑汇票，但是担保方式为企业 100% 保证金或银行保函，并未真正发挥商业信用的作用。

（五）交易方式落后，操作风险明显提升

当前票据交易方式主要为柜台式实物交割，与资本市场、货币市场的其他融资工具相比，票据交易的电子化程度非常低，票据真伪鉴别技术要求高、交易程序复杂、大量的跟单资料加剧了票据交易的成本和风险。

票据市场发展不断加快，交易更加频繁，交易区域扩大，背书流转次数增多，过桥、双买等模式交易链条复杂。票据业务跨界创新因多方合作，往往会延长交易链条，增加风险点。参与各方的票据业务标准、风控要求以及操作细节都不尽相同，在衔接过程中容易形成风险盲点。此外，参与各方在跨界合作过程中因定位偏差，对所辖业务风险管控认识不到位或不擅长，也会导致风险增加。

二、票据市场业务创新的风险防范

（一）坚持合规经营

规避监管一直是票据市场创新的动力之一，票据创新与监管之间的博弈由来已久。票据市场正是在创新中保持着活力、在监管中修正了方向。从目前票据创新来看，某些新业务可能会存在规避监管、转移风险等行为，存在一定合规性风险，比如民营票据中介机构等票据市场参与方的法律地位与资质，无真实贸易背景支持的票据转让的合法性、操作流程的规范性、借助通道规避信贷规模的合规性等。因此，商业银行开展票据业务创新，应立足于监管政策，准确把握业务界限，实时关注监管动态，审慎、合理评估新产品潜在的监管风险，坚持合法合规经营。

（二）防止跨界风险交叉感染

票据市场参与主体、票据经营模式均呈现出多元化特征，民间票据中介结构参与票据市场的渠道日益增多，证券、基金、保险、信托等非银行金融机构也纷纷涉足票据市场，参与力度不断加大。票据投行业务、票据资管业务、互联网理财、票据资产证券化等，这些创新产品的交易链条更为复杂，并增加了相关信用风险、操作风险、合规性风险通过交易链条扩散的渠道，加大了传染性风险的概率。

监管层宜取疏堵结合的监管政策：一方面，严格票据市场参与主体准入，加大监管力度，封堵脱离实体经济的自循环类、逃避规模管控的纯通道类等违规创新路径；另一方面，应从制度上对票据业务创新予以规范，提供切实有效的手段防范其潜在的风险点，如建立统一的票据线上交易平台，实现票据信息的透明化和交易的规范化，推进电子汇票系统建设，为票据业务创新提供良好的政策环境。

票据市场参与方则应加强行业自律意识，在依法合规的前提下有序开展业务创新，对于盈利动机下的融资性票据非理性膨胀以及高杠杆期限错配式经营采取审慎态度，完善自身业务风控流程和制度建设，减少票据风险传递的可能性。

（三）提高信用溢价，防范信用风险

在经济下行压力下，整体信用环境不容乐观，尤其是中小企业抗周期能力较差，商业承兑汇票以及由中小银行承兑的票据信用风险上升。例如，互联网票据标的多为中小银行承兑的票据，虽然为票据市场提供了补充，有力地支持了小微企业发展，但其潜在的逾期支付、违约等信用风险不容忽视。中小城商行、农商行、农信社越来越多地参与票据市场，民间票据中介一直游走在法律的“灰色地带”，票据交易链条复杂使得交易信息的透明度降低，金融机构与企业主体的过度投机和信息不对称以及纯融资性票据交易都存在着信用风险。票据市场参与方应做好相关收益与风险测试工作，从定价上体现信用风险溢价部分。

（四）加强票据电子化创新，防范操作风险

电子票据的推广是降低票据市场操作风险的有效途径，应加大人民银行电子商业汇票系统的应用范围和推广力度，有条件的商业银行可通过对自身电票系统的改进和纸质票据电子化工具的创新，为更多中小金融机构提供参与电票交易的可能性。中小金融机构可以将票据交付提供托管服务的大中型商业银行，由其代为保管、交易、托收等，可提高票据交易信息的完整性、透明性，将有利于规范中小金融机构的交易行为，有效防范操作风险。

票据市场各参与方应将防范风险始终贯穿创新设计中，从法律审查、风险评估、合同条款、流程设计、动态风险跟踪等角度切入，从资金募集、资金投向、资金使用等多方面完善全流程风险防控。

第三节　未来票据市场业务创新发展

近年来，银行票据业务创新重在利用票据交易便捷和灵活性实现票据融资规模监管套利。从未来发展看，随着金融宏观调控方式从规模型向价格型的转变，信贷规模对银行票据业务的影响将明显下降，票据资产用于调节贷款规模的功能和溢价将逐步走弱，围绕“消规模”的票据业务创新难以持续。票据资管业务、电子票据、互联网票据、票据跨境衍生品、票据区块链技术运用将成为未来票据业务创新方向。

一、票据资管业务跨界创新将成为主流

票据市场参与主体更趋多元化，非银行金融机构对票据创新业务的参与力度和深度不断加大，跨界、跨市场、跨区域的经营特点愈发显现。在金融脱媒和利率市场化的现实环境下，大中型银行均把综合化经营作为转型方向，积极介入证券、基金等投资银行领域，构建大资管业务发展平台，运用专业优势拓展托管资产管理业务市场份额，增加中间业务收入来源。未来，中国银行业将进入大资管时代。

票据资管业务可以摆脱信贷规模、资金规模约束，在当下“资产荒”背景下，票据资管业务具有资产质量高、收益可观等特点。票据经营机构借助大资管平台，将票据托管、票据资产证券化、票据理财、票据咨询顾问、票据代理交易等多类型跨界票据金融服务作为票据业务创新的重点，未来票据资管业务将会有更大的发展空间和模式创新。

二、电子票据创新将成为抢占未来市场份额的有力工具

传统的点对点、单笔询价、实物票据交割清算模式严重影响了票据市场发展步伐，而且实物票据跨界、跨市场、跨地区频繁交易引发的操作风险、道德风险给部分商业银行造成巨额经济损失，票据电子化及建立集中、统一、高效的票据交易所是众望所归。2016 年 5 月，中国人民银行正式牵头筹建全国性的票据交易所，票据市场将迎来历史性的变革，票据市场电子化是大势所趋。

目前，参与中国人民银行电子票据系统的金融机构主要集中在大中型国有银行、股份制银行、城市商业银行、大型财务公司，尚有众多小型金融机构不能加入中国人

民银行电票系统开展电子票据业务。在票据电子化进程中，纸质票据仍然会与电子票据并存一段时间。商业银行依托电子化平台，优化自身票据系统技术支撑，积极开展电子票据创新，通过代理接入、纸票电子化、与互联网或电子商务平台的融合创新等，为抢占未来同业转贴现市场、企业直贴市场份额赢得先机。

三、互联网票据创新日益规范、成熟

从2013年互联网票据诞生以来，历经三年的发展，至今已有20多家初具规模的互联网电商平台步入常态运作。随着监管层的介入、商业银行加大对互联网的投入力度、金融消费者对互联网票据的甄别能力提高，资质不佳、操作不透明、风控能力差的互联网平台从市场出清，互联网票据发展环境逐步净化，其投融资收益率更加趋于合理，互联网票据创新日益规范、成熟。

四、跨境票据衍生品有望大范围推广使用

我国票据衍生品（远期贴现、期权等）基本具备业务雏形，如双买业务中的远期买回业务。票据衍生品具有很大的发展空间：一是票据利率已完全市场化，亟需相关避险工具；二是票据业务频受规模调控的影响，需要衍生工具来掌握主动权；三是发展衍生品为商业银行摆脱票据业务同质化竞争提供了空间。电子票据的发展，为大规模的衍生品交易创造了技术条件。

另外，我国社会信用环境的不断改善，金融市场条件的不断成熟，多个自贸区的相继成立，人民币国际化进程的加快，都为跨境票据衍生品的发展创造了有利条件。在人民币“入篮”之后，我国票据业务亟待原生和衍生市场联动，需要票据收款权与利率、汇率和信用等衍生市场协同运作，为人民币跨境发展提供市场化风险管理和缓释工具。

五、区块链技术在票据业务领域推广使用

区块链是一种新型去中心化协议，区块链技术因其具备安全、去中心化、开放性、自治性、信息不可篡改、去信任、便捷等特性，得到金融业的广泛关注。区块链技术在票据出票、承兑、背书、贴现、转贴现、托收等环节落地运用，可以有效解决信用环境欠缺、信息不透明等问题，降低企业融资成本、减少票据流转中的操作风险，推动票据资产数字化、利率市场化。

第十章

2015 年电子票据与互联网票据发展

电子票据安全性好、交易效率高、交易链条信息透明，能有效降低操作风险。当前，票据市场风险案件频发，部分金融机构蒙受巨额的经济损失，票据电子化的呼声越来越高，中国人民银行也不断加快电子票据的推广应用。在市场调研的基础上，中国人民银行正着手牵头筹建全国统一的票据市场（票据交易所），票据电子化和互联网化交易必将成为我国银行票据业务发展的未来趋势。

在互联网、信息科技与金融融合发展的趋势下，民间金融创新意识不断提升，民间互联网票据经历了前两年的快速发展后于 2015 年步入调整发展期，大中型商业银行加快了互联网票据业务的创新发展。在互联网票据引发行业创新发展的同时，风险防控意识也须不断增强。

第一节　电子票据与互联网票据发展概述

一、电子票据业务发展情况

自 2009 年 10 月 28 日电子商业汇票系统（ECDS）建成运行以来，2000 ~ 2013 年，主要类型电子票据业务呈现波浪式增长，2014 年至今电子票据业务加速发展。2015 年，我国电子票据业务继续快速发展，电子票据承兑金额占比由 2010 年的 2.3% 提高至 2015 年的 25.8%，交易金额（贴现、转贴现）占比由 2010 年的 0.8% 提高至 2015

年的25.4%。另外，部分商业银行加大企业及同业客户拓展，电子票据市场参与成员大幅扩充，提升了交易活跃度。截至2015年末，电子商业汇票系统（ECDS）参与者共计396家，较2014年增加23家，涵盖国有银行、股份制银行、城市商业银行以及大型集团财务公司、外资金融机构等。

二、互联网票据发展情况与风险表现

目前，我国互联网票据市场主要机构类型可分为互联网电商系、专业平台系和银行系三大类别，各类型机构根据自身流量、风控、资产端的优势分享互联网票据市场的商机。互联网电商系的票据理财平台主要包括阿里金融、苏宁金融、京东金融等；专业平台系的互联网票据理财平台主要包括金银猫、金票通、银票网等；银行系的票据理财平台，主要包括民生银行的“E票通”、平安银行的“橙e网”、浙商银行的“涌金票据池”等。

互联网金融的虚拟性、创新性等特征使得互联网金融呈现出违约成本低、恶意骗贷、卷款跑路、网络安全隐患等问题。据盈灿咨询数据统计，P2P网贷平台虽有3 000家之众，但是倒闭、跑路的情况时有发生。2016年倒闭平台的数量还将会大幅上升，仅2016年6月，就有停业平台45家，转型平台8家，问题平台41家，停业平台占比超过问题平台占比。未来5年内，P2P网贷平台将会收缩到200家以内。随着监管的深入，互联网票据的合规风险也在逐渐加大。

第二节　电子票据业务发展特征与问题关注

电子票据有狭义和广义之分，狭义电子票据是指货币层面的电子票据，广义电子票据涵盖了信息层面和货币层面。货币层面的电子票据完全取代传统纸质票据，对票据进行电子化操作，可涵盖出票、流转、委托收款、质押、贴现，以及承兑等多个环节，使其承担纸质票据原有的部分流转与支付职能；信息层面的电子票据是通过电子信息传送代替纸质凭证的流转，从而实现传统纸质票据的电子化。

一、电子票据业务发展特征

（一）电子票据业务快速增长

自中国人民银行电子商业汇票系统（ECDS）开通运行以来，接入系统的机构数量逐年递增。截至 2015 年末，接入 ECDS 的机构数量已达 396 家。越来越多的中小银行、财务公司加入电票系统，办理电子商业汇票的市场参与主体增多，进一步促进了电子票据的繁荣发展。

近年来，电子商业汇票无论是从业务规模上还是从全部商业汇票业务占比上都呈现出快速增长态势，尤其是 2015 年呈现爆发式增长。2010 年，ECDS 系统累计签发量为 2 671 亿元，承兑量为 2 774 亿元，贴现量为 1 025 亿元，转贴现量为 1 129 亿元，各类型业务的市场占比均不足 1%。自 2013 年以来，电子票据业务呈现加速发展态势。2015 年，ECDS 系统累计出票量为 56 000 亿元，累计承兑量为 57 873 亿元，累计办理企业贴现量为 37 337 亿元，累计转贴现量为 221 286 亿元，比 2010 年分别增长了 20 倍、19.8 倍、35 倍和 195 倍。2015 年，电票累计承兑量和累计贴现量在全部票据承兑量和贴现量中的占比分别达到 25.8% 和 25.4%，分别比 2010 年提高了 23.5 个和 24.6 个百分点。2016 年第一季度，电票累计承兑量和累计贴现量占比分别达到 38.3% 和 48.2%；承兑贴现率从 2010 年的 36.9% 增长到 2015 年的 69.3%；累计贴现量每年呈倍数增长，尤其是 2015 年同比增长了 3.1 倍（见表 10－1）。

表 10－1　　2010～2016 年电子票据业务发展概况

年份	签发量（出票）（亿元）	同比（%）	承兑量（亿元）	同比（%）	占比（%）	贴现量（亿元）	转贴现量（亿元）	累计贴现量（亿元）	同比（%）	占比（%）
2010	2 671		2 774		2.3	1 025	1 129	2 155		0.8
2011	5 369	101.0	5 488	97.9	3.6	1 716	2 151	3 867	79.5	1.5
2012	9 383	74.8	9 628	75.4	5.4	3 884	6 519	10 402	169.0	3.3
2013	15 864	69.1	16 298	69.3	8.0	6 554	19 510	26 064	150.6	5.7
2014	31 299	97.3	30 720	88.5	13.9	15 005	48 069	63 074	142.0	10.4
2015	56 000	78.9	57 873	88.4	25.8	37 337	221 286	258 623	310.0	25.3
2016.3	18 271	91.2	18 777	90.6	38.3	13 012	118 533	131 546	389.5	48.2

资料来源：根据历年中国人民银行支付系统运行报告数据整理编制。

近两年来，电子票据加速发展的主要原因有以下三个方面：一是企业使用电子票据的意愿增强。近两年互联网技术、电子商务的飞速发展、跨区域经营成为我国大部分实体企业发展的典型特点，实物纸质票据已不适应企业日常结算需要。随着 ECDS 系统近七年来的推广，电子票据安全、便利、高效的支付结算便利、融资便利，越来越多地被广大企业接受和认可。二是电票系统的参与机构日渐增多，扩大了电子票据的流转使用范围。越来越多的中小银行、财务公司接入电票系统，为偏远地区的企业签发、使用电子商业汇票提供了可能，同时也扩大了电票在同业转贴现市场的流转通范围。三是纸质票据风险加大，电子票据成为防范操作风险的必然选择。近两年不法分子对纸质票据伪造、克隆技术不断改进，加大了实物票据审验风险，恶意公示催告套取票据权利的事件层出不穷，操作风险案件频发，企业、金融机构、监管层对电子票据的呼声越来越高。

（二）纸质票据交易电子化创新获得市场突破

在电子票据发展初期，部分银行为了解决纸质票据交易效率不高、操作风险隐患巨大等弊端，着眼于电子票据发展的未来趋势，开始推进纸质票据交易电子化进程。纸质票据电子化是指银行通过搭建票据交易信息化平台，将贴现买入的纸质票据按照一定的标准转化为电子票据，并将纸质票据统一进行托管登记，转化后的电子票据将依托票据电子化交易平台在银行间市场进行转贴现交易（见图 10－1）。

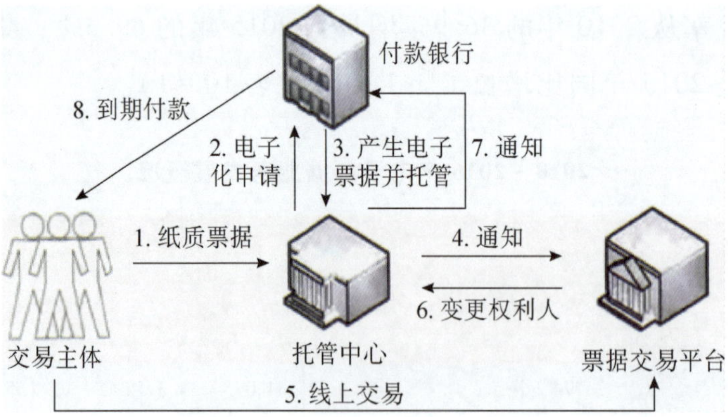

图 10－1　纸票电子化过程图

大中型银行因其在信息科技以及票据业务集约化经营方面的优势，率先在票据交易电子化业务创新方面取得市场突破。

2015 年 1 月，中国工商银行在其“融 e 购”企业商城正式上线投产运行票据交易电子化系统，并于 1 月 19 日完成首笔系统外报价交易，标志着该行为客户提供的集自由报价、交易匹配、票据交割、资金清算、风险控制、统计分析、信息资讯等功能的票据综合服务完成搭建工作。在票据电子化交易系统投产后，该行票据营业部牵头先后组织召开了 11 场客户体验活动，邀请了 355 家客户参加体验活动，活动期间共与 104 家客户签订了合约或达成合作意向，为交易平台的全面推广奠定了客户基础。2015 年 11 月 9 日，中国工商银行正式发布工银票据电子化交易平台，有效提高了交易平台的市场影响力和客户认可度，票据电子化交易平台营销推广工作取得了突破性进展，开辟了我国“互联网 + 票据”发展的新蓝海。中国工商银行依托“融 e 购”电商平台，在票据资产托管服务的基础上，为客户提供集自由报价、交易匹配、票据交易、资金清算、风险控制、统计风险、信息资讯等功能于一体的票据综合服务。客户可以通过交易平台自由发布报价信息、精确匹配交易需求，高效安全地完成票据权属变更和资金清算，实现票据交易全流程的电子化。截至 2015 年 12 月末，中国工商银行票据电子化交易平台已拥有电商客户 345 户。

二、电子票据发展中亟待解决的问题

（一）受传统纸质票据观念制约，电子票据存在推广难度

目前，市场上大多数企业还是传统纸质票据观念占主导地位，习惯于接受传统的纸票，对电票的诸多优势认识不到位。各家商业银行对电子票据的宣传效果不明显，企业不愿主动尝试使用电子票据。

（二）电子票据企业覆盖面不够，中小金融机构参与度不高

电子票据区域发展不平衡，经济发达的珠三角、长三角地区电票业务规模及活跃度领先于其他地区。电票出票企业行业集中度高，集团企业带动作用明显，以集团和贸易服务企业使用居多。企业集团应用电子商业汇票辐射作用明显。这些企业之所以使用电票是因为占强势地位的企业集团要求贸易伙伴使用电票结算，对国民经济发展贡献最大的中小企业由于自身财务限制，开通电票的积极性不高。整体而言，电子票据企业覆盖面不够。

电子商业汇票业务参与主体少且集中。截至 2015 年末，全国银行业机构种类已达 20 余种，银行法人机构有 4 393 家，财务公司有 212 家（数据源自中国银监会年报）。截至 2015 年末，接入电票系统的金融机构（含财务公司）仅 396 家，占比不足 9%。电票承兑和贴现业务笔数、金额靠前的是股份制银行和财务公司，广大的中小商业银行和农村城市信用合作社、村镇银行以及不发达地区的城市商业银行由于自身实力的原因，尚未加入电子商业汇票系统，电票系统参与度不高。

（三）各家商业银行电票系统规则、标准不一

参与电子商业汇票系统的主体数量较少，参与结构和业务结构也不合理。各机构能否参与电子商业汇票系统，很大程度上受到自身经济实力与信息科技条件的限制。

（1）从银行来看，各家商业银行自行开发设计的内部电子商业汇票系统和企业网银操作系统都存在系统差异，操作功能和业务办理流程各异，极大地影响了电子商业汇票的流通。

（2）从出票主体来看，许多中小企业由于财务条件、人员素质的限制，尚无法接入电子商业汇票系统和办理电子票据业务。企业要办理电子商业汇票业务必须开通网银，各家网银电票系统接口、计息规则、操作界面不一，办理流程繁琐，使得企业畏难情绪增加。

（四）票据业务法律法规相对滞后

当前，我国电子票据的合法地位尚未予以明确，主要是电子商业汇票已经超出了《票据法》中关于商业汇票“书面形式”的规定。《票据法》在中国人民银行推出ECDS系统后没有修改，最高人民法院也没有认可经过数字签章认证的非纸质电子票据的出票、背书、承兑和支付的有效性。电子票据的法律真空状态满足不了我国电子商业汇票迅猛发展的需要，目前我国电子商业汇票业务处于无法可依的状态。同时，我国融资性票据的合法地位一直得不到法律的认可，电子票据的融资功能受到极大抑制，阻碍了电子票据的多元化创新发展。

第三节　互联网票据业务发展趋势及问题关注

一、互联网票据业务发展情况

2015年以来，以余额宝为代表的“宝宝类”互联网理财产品（多为货币型基金）预期收益率不断下滑，余额宝收益率已跌至3.5%以下，对个人投资者的吸引力逐渐减弱；P2P网贷理财产品收益高，但风险大，平台资质难以鉴别，令个人投资者望而却步；银行类以5万元起投、投资期限为1年内线上理财产品平均预期收益率在4%~5%徘徊，对投资者吸引力不够高。作为收益高、安全稳、门槛低的互联网票据理财产

品却异军突起，又掀起一轮互联网票据理财产品的高潮（见表 10－2）。

表 10－2　　2015 年互联网理财类产品对比

项目	余额宝类货币基金	互联网票据理财	P2P 网贷理财产品
收益	2%～5% 预期年利率	6%～12% 预期年利率	10%～20% 预期年利率
风险	基本保本	银票由银行刚性兑付	视平台资质而定，风险高
门槛	一元起投	一元起投	50 元浮动
流动性	随存随取	1～6 个月封闭期	视产品而定，1～24 个月封闭期

资料来源：招商银行。

互联网票据为中小企业小额票据贴现融资提供了有效途径，它通过互联网募集社会公众投资资金，与中小企业票据融资需求直接对接，激发了票据市场资金投融资端的巨大活力。据中国人民银行官网数据统计，2015 年企业累计签发商业汇票 22.4 万亿元，由中小企业签发的银行承兑汇票仍占据约 2/3 的比重。2015 年，金融机构累计贴现票据 102.1 万亿元，其中 500 万元面额以下的小额票据约占 20%，银行间市场只能消化小额票据的一半，整体在民间信贷市场中流转的小额票据规模超过 10 万亿元。广阔的互联网票据理财发展前景，吸引了众多机构平台进驻。

从 2013 年互联网票据诞生至今，涉及票据类理财的在营平台近 800 家，超过 20 家初具规模的互联网电商平台步入常态运作，多家商业银行陆续加大互联网票据业务投入力度，并形成了各具特色的互联网票据产品。

（一）互联网票据业务模式

1. 业务运作模式

互联网票据运作主要涉及融资企业、互联网平台、理财产品投资人、票据托管商业银行和第三方支付公司五个参与主体。其中：融资企业是原票据持有方，以票据作为质押担保，通过互联网平台融入募集资金；互联网平台根据质押的票据，设计相应的理财产品，在平台网站上进行销售；个人投资者是资金提供方，在互联网平台注册后，可以在该平台网站上认购发行的票据理财产品；在此过程中，票据实物的审验、保管和托收一般由与平台合作的商业银行代为操作，资金则由与平台合作的第三方支付公司托管（投资者的理财资金直接划入第三方支付机构，平台不直接收付资金）。

2. 各方收益成本核算

在互联网票据理财中，投资收益取决于企业的融资成本和其他参与方收取的服务费用。融资企业通过互联网平台取得融资资金使用权，需要支付相应的融资成本；商业银行为平台提供票据实物的代理审验、保管及托收等服务，须收取一定的票据托管费；第三方支付公司为平台提供资金托管服务，须收取资金托管费；平台为个人和企业之间的资金融通提供信息中介服务，须收取平台服务费。

通常情况下，商业银行的票据托管费、第三方支付公司的资金托管费以及平台公司收取的平台服务费等是相对明确的，为融资金额的一定比例。因此，投资人的收益就等于企业融资成本扣除各项费用，即投资人收益 = 企业融资成本 - 商业银行票据托管费 - 第三方支付公司资金托管费 - 平台服务费 - 保险等其他费用。如果融资企业和互联网平台之间存在票据中介公司的参与，则还须扣除中介公司的服务费或票据转让的差价。

（二）民间互联网票据业务开展情况

最初互联网票据平台基本上是自己组建验票团队，查验后再将票据交由银行托管，一旦出现克隆票或假票而遭遇拒绝兑付，平台为维持品牌信用只能以备付金支付投资者应得本息。

随着融资总额的增加，平台的担保能力受到极大挑战。票据查验、托管与托收环节开始转由银行负责，平台支付银行一定的费用来分散风险。紧接着保险公司被引入，一旦出现延迟兑付或拒绝兑付，保险公司将先行赔付投资人的本息。因票据真伪等问题导致的无法兑付，保险公司不予负责，而是由银行承担票据审验责任。随后，担保公司等也介入商业承兑汇票的产品设计中。

民间互联网票据业务市场基本由互联网巨头系、专业平台系两大派系占据。当前超过 10 万亿元的小额票据贴现市场，就是如今互联网票据理财的目标市场。面对体量如此巨大的金融蓝海，互联网巨头、专业平台纷纷抢滩互联网票据市场，催生了各具品牌特色的互联网票据产品（见表 10 - 3、表 10 - 4）。

表 10 - 3　　互联网巨头票据理财

名称	收益率	投资周期	投资门槛	昵称	时间
阿里金融	5% ~6%	3 ~6 个月	100 元起投	招财宝	2015 年 4 月 12 日
苏宁金融	5% ~6%	3 ~6 个月	100 元起投	财运通	2014 年 8 月 11 日
京东金融	5% ~6%	3 ~6 个月	100 元起投	小银票	2014 年 8 月 12 日
新浪金融	5% ~6%	3 ~6 个月	100 元起投	微财富	2014 年 4 月 22 日
众夯金融	5% ~6%	3 ~6 个月	1 元起投	金票银贷	2015 年 2 月 12 日
网易金融	3% ~5%	1 ~3 个月	100 元起投	网易银票	2015 年 5 月 7 日
人人网	（200 万美金入股票据宝）				2015 年 6 月 26 日

资料来源：招商银行。

表10－4　　专业平台的票据理财

产品名称	票据理财上线时间	所属平台
银企众盈	2013年11月	金银猫
商票贷	2014年7月	金银猫
汇银众通	2014年9月	金票通
银票理财、银商理财	2014年8月	银票网
银信宝	2014年9月	网财宝
银票、商票	2014年11月	福银票号
银鑫汇、商票贷	2014年7月	开鑫贷
宝票赢家	2014年10月	投储在线
票据理财	2014年9月	钱升钱
中汇在线	2013年7月	中汇在线
票据宝	2014年4月	票据宝
票金宝、月/周票宝、花红宝	2014年8月	票金所
银票宝	2014年8月	票据客
E银票	2014年12月	“1+1”理财网
小银票	2014年8月	京东票据
票据贷	2014年9月	合拍贷

资料来源：招商银行。

（三）商业银行互联网票据业务开展情况

商业银行参与互联网票据的途径主要有三个：一是为互联网平台提供票据审验、代保管、代托收等服务。对商业银行而言，这类业务盈利空间小，只能赚取部分服务费。二是银行自己开发网络平台，为企业票据质押网上融资提供全方位投行服务，包括产品设计、包装、发行、承销等服务。这类业务可以充分发挥商业银行的专业优势和良好信誉，盈利空间大，但互联网销售并不是银行的强项，对大众投资者的掌控有难度。三是银行和互联网平台合作，银行负责企业融资端，充分发挥对企业风险的经营优势和融资客户渠道优势，互联网平台负责个人投资端，充分发挥网上销售优势和大数据、信息搜索等技术优势，二者强强联合，共同开发互联网票据理财产品。

与民间互联网票据平台相比，银行在票据审核和托管以及发行上具有优势。由于投资门槛低，收益也较高，银行所推出的票据理财产品有望成为银行业务发展的常态，多家银行均推出了各自的票据理财产品，掘金业务蓝海。从当前市场情况看，中小股份制银行正加大力度发展互联网票据，未来将会有更多银行跟进（见表10－5）。

表 10－5　　商业银行的互联网票据

银行	名称	上线时间
民生银行	E 票通	2014 年 7 月 15 日
平安银行	橙 e 网	2014 年 6 月 20 日
招商银行	小企业 E 家票据见证	2014 年 4 月 9 日
江苏银行	融 e 信	2014 年 11 月 12 日
浙商银行	涌金票据池	2014 年 10 月 28 日

资料来源：招商银行。

二、互联网票据业务发展中存在的问题

（一）互联网票据权属模糊，权益保障存在困难

互联网票据平台上银行承兑汇票的质押对象模糊。在实际操作中，融资企业商业汇票质押的质权人是平台所属的互联网金融公司，而非普通投资者。票据的转移并未按照《票据法》的规定履行背书手续，而是通过签订网上借款合同方式进行。合同的当事人是融资企业和互联网票据平台，根据合同相对性原则，众多投资者并不具有银行承兑汇票所有权，也不享有风险隔离的法律保护。

（二）互联网票据平台资质存在缺陷

互联网票据业务本身存在合规性风险，涉嫌违反《票据法》第 10、19、27、30 条相关规定，票据业务应具有真实交易关系和债权债务关系，票据的取得和转让应遵循诚实信用原则，汇票的权利转让应背书并交付汇票。在互联网票据 P2B 平台中，质押的票据权利转让不经过背书，票据到期后款项并没有划转至最后背书人（融资企业）的银行账户，而是直接划转至第三方支付机构（例如银生宝），再由第三方支付机构将款项分划给相应投资人。这些都与《票据法》中有关票据兑付的法律规定相违背。

（三）互联网票据平台操作不透明

从平台运作来看，互联网票据平台信息对外披露十分有限，存在信息不透明问题。投资者通过互联网平台购买票据，仅能看到线上操作部分，而对线下操作一无所知。部分互联网票据平台过分强调以银行承兑汇票为质押，唯一风险是“银行违约”，夸大平台收益，未对风险给予充分提示。

（四）互联网票据平台监管缺位，缺乏有效监督

1. 质押票据存放缺乏有效监督

虽然大多数互联网票据平台对外声明票据质押后都交由制定银行托管，但目前尚无监管机构证明票据托管的真实性，存在风险隐患。

2. 平台筹集的资金涉嫌非法吸收公众存款

互联网票据平台将银行承兑汇票包装为理财产品发行，在互联网上公开通过聚集众多投资者的小额资金购买质押承兑汇票的收益权，未经法定程序批准而向社会公众募集资金，同时承诺支付本息。这些都与《最高人民法院关于审理非法集资刑事案件具体应用法律若干问题的解释》第一条规定的“非法吸收公众存款或者变相吸收公众存款”的认定标准较为符合，有可能触碰互联网金融不得非法吸收公众存款这条法律红线。

（五）互联网票据风险防范

1. 教育互联网票据参与者增强风险防控意识

第一，要考察票据贴现申请人的资质，主要是身份确认、资信、偿还能力等方面；第二，要确认票据的真实性，确定票据是真实存在的；第三，对于质押票据，不仅需要考察票据的真实性，还要确认背书的连续性，签章的有效性等方面；第四，对于贴现票据的到期兑付，需注意因银行资金情况、票据规范情况等因素而出现票据违约的可能性；第五，要注意对贴现之后票据的管理情况，主要看是否有专人保管，是否定期盘点与不定期抽查等。

2. 健全发展互联网使用环境建设

一是制定互联网票据准入门槛，出台行业管理制度，明确票据平台的准入标准、信息发布标准。经营互联网票据的企业或机构必须获得批准后方可营业。二是完善互联网票据平台信息披露和风险提示。互联网票据平台应定期对平台流动性、电子交易记录、安全性、个人信息隐私保护等进行独立评估并向中国人民银行和中国银监会备案。三是提升风险防控能力。互联网票据平台应加强对票据真实性审核，明确平台对质押票据的保存和运用方式，切实保护金融消费者权益。

三、互联网票据发展趋势

（一）互联网票据仍将重点关注中小企业融资需求

互联网票据为解决零碎、小面额、中小金融机构承兑票据提供了有效融资途径，

满足了众多中小企业融资需求，从主要互联网平台发布的信息来看，互联网票据也更倾向于收益相对较高的小面额票据。据2015年中国人民银行统计数据来看，小面额票据签发总量约为13万亿元，在商业银行贴现占比仅为20%。互联网票据未来仍然会以中小企业融资需求为主。

（二）互联网票据业务类型多样化发展

目前，互联网票据销售的主体是纸质银行承兑汇票，除了银行承兑汇票之外，部分大的互联网金融平台在尝试加银行保函的商业承兑汇票、商业承兑汇票、电子银行承兑汇票，收益率相对较高，未来互联网票据类型趋向多样化发展。

（三）互联网票据投融资利率回归理性

互联网票据运营模式、交易信息的高度对称性以及交易的自主性可以更充分地反映供需关系。在没有被纳入监管的情况下，互联网票据存在以平台补贴收益差额，偏离市场的高收益率来吸引客户资金的情况，但随着互联网金融业态规范监管的深入，票据融资利率的充分市场化，互联网收益率会回归理性。

（四）商业银行将成为发展互联网票据的主导力量

银行和互联网平台合作将成为互联网票据的主流模式，银行负责企业融资端，互联网平台负责个人投资端。随着商业银行对互联网票据业务的重视，凭借自身在票据业务经营管理的专业优势，加之充分掌握融资企业渠道资源，以及银行信用的公信力，民间资质不佳的互联网平台逐渐从市场出清，商业银行将成为未来互联网票据的主导力量。

第十一章

2015 年中国票据市场风险状况与防控

第一节　票据市场风险发展概述

2015 年，商业银行的外部风险形势和经营环境发生显著的变化，票据业务面临诸多新的挑战。总体而言，新常态下票据市场风险凸显，监管环境趋向严格。

一、商业银行业务经营的风险形势严峻

2015 年，全球经济增长仍然低迷，长期量化宽松积累的严重问题正在释放。虽然我国经济发展基本面是好的，潜力大、韧性强、回旋余地大，但世界经济复苏乏力和不确定性增加，国内结构性产能过剩仍然严重，给我国经济发展带来较大压力。

在我国经济增速放缓、下行压力加大、更快更深地融入经济全球化的背景下，商业银行面临着更加严峻的挑战。一是信贷需求增长空间有限。传统行业信贷需求乏力，新兴产业融资渠道拓宽，直接融资、政策性金融和互联网金融挤压等使得银行优质信贷业务的竞争更加激烈，银行同业机构风险偏好发生复杂变化。二是资产质量压力加大，信用风险管控任务艰巨。国企改革将加大重组和兼并，产能过剩难以在短期内改善，银行业不良贷款和不良率持续“双升”，资产质量管控压力较大。三是利率市场化、汇率弹性增强、跨境资金流动频繁、金融市场双向开放扩大，对银行流动性和市场风险管理提出了更高的要求。四是面对“大众创业、万众创新”的趋势，金融创新

层出不穷，在分散风险、促进金融和经济发展的同时，也使得金融系统风险把控的难度加大。五是案件防控形势严峻，非法集资和民间借贷等外部风险向银行业的传染加剧。最近一些公司通过虚构业务、不当宣传，运用所谓借新还旧等手段行非法集资之实，涉及面广、影响恶劣，一旦发生风险，易引发社会矛盾和群体性事件，产生的声誉风险不容忽视。

二、商业银行票据业务风险经营面临的新挑战

随着我国经济发展步入中高速增长和提质增效的"新常态"，票据业务面临的宏观形势和市场环境更加复杂和艰难，也对商业银行票据业务的风险经营提出了新的挑战。

（一）规模快速发展的同时资产质量持续承压

截至2015年末，全国金融机构票据承兑余额为10.4万亿元，票据贴现余额为4.58万亿元，分别比2010年末增长了86%和2.05倍；票据融资占贷款的比例为4.87%，同比上升1.3个百分点，较2010年末上升1.6个百分点。与此同时，2015年以来，部分行业、地区票据业务风险逐步暴露，部分银行票据垫款余额、垫款率、托收逾期率等票据风险监测指标持续上升，票据资产质量总体上持续承压。

（二）新常态下票据市场多样化风险叠加

近年来，票据业务特别是转贴现、回购业务发展迅猛。票据市场的发展对完善货币政策传导机制，改善商业银行资产结构，拓宽企业融资渠道等起到了重要作用。在宏观经济增速放缓、经济发展进入新常态的背景下，商业银行票据业务风险管理也面临信用风险加剧、操作风险多发、合规风险和欺诈风险逐渐暴露的新形势。总体而言，2015年票据市场总体风险凸显，各类风险相互交织，内控压力有增无减，欺诈违规行为时有出现，案件风险呈多发态势，票据业务风险的复杂性、隐蔽性和传染性持续增加。

（三）业务风险逐步向二级市场累积传导

承兑垫款余额和垫款率持续增加的同时，票据业务风险沿着"承兑—贴现—转贴现"的交易链条，从一级市场逐步累积传导到二级市场。2015年，票据交易环节的纠纷在金融机构之间逐步增加。少数中小金融机构人员在不良中介的运作下，通过一票多卖或利用空壳公司开立商票，骗取银行资金。市场内曾多次传出个别地区中小金融机构到期无法付款，个别银行票据被违法倒卖等消息，反映出整个票据市场风险防控

形势较为严峻。

（四）风险化解措施相对单一且实施难度较大

近年来，票据纠纷时有发生并有增加的趋势，对风险化解措施的及时性和有效性提出更高的要求。一般来说，票据业务风险化解主要是依据《票据法》等法律规定和交易合同等业务资料向交易前手要求付款或进行追偿。与一般信贷业务相比，无法采用重组、展期等常见的风险化解手段。即便最终不会产生实质性损失，但单一的风险化解手段也将导致商业银行面临复杂的法律程序，处置风险需要付出较大的时间成本和经济成本。

（五）票据市场监管环境趋向严格

票据市场的潜在风险引起了监管部门的高度关注。2015 年 9 月，银监会发布《关于开展“两个加强、两个遏制”专项检查“回头看”自查工作的通知》（银监办发［2015］147 号），票据业务是检查重点内容之一。2015 年 12 月 31 日，中国银监会办公厅下发《关于票据业务风险提示的通知》（银监办发［2015］203 号），对票据业务中存在的不规范行为和潜在风险进行提示。总体来看，票据市场监管环境趋严趋紧，监管部门对各类票据业务的监管力度日益强化，对违规违法行为的监管处罚逐步加大，商业银行票据业务依法合规经营面临更大考验。

第二节　票据业务风险经营面临的新形势

在宏观经济进入新常态的背景下，我国票据市场发展的新常态也日趋显现，票据市场逐步呈现出“主体多元化、运作资金化、创新多样化”的新发展特征，商业银行票据业务的风险经营也面临新的形势。

一、信用风险管控形势日趋严峻

（一）票据业务信用风险加大

受经济增长放缓、外部需求萎缩、企业经营困难等多重因素的影响，商业银行不良贷款和不良率持续双升。截至 2015 年末，商业银行不良贷款余额为 12 744 亿元，较上年末的 8 426 亿元增加 4 318 亿元，增幅达 51.25%，不良余额连续 17 个季度上升。不良贷款率为 1.67%，同比上涨 0.42 个百分点，环比第三季度末上升 0.08 个百分点，连续第 10 个季度环比上升。

在经济去产能、去库存、去杠杆的过程中，企业盈利能力弱化，资金流断裂的企业数量上升。同时，银行风险偏好趋于保守，企业借新还旧难度加大。过去几年，企业经营效益下降、亏损引发的资金链断裂甚至跑路逃债等新闻屡见不鲜。部分产能过剩行业大额银行承兑汇票突发垫款事件时有发生；部分中小企业客户通过借助票据业务套取银行信贷资金并投向高风险领域；部分金融服务性质的中介公司资金链趋紧，到期债务履约能力不足。

（二）票据空转导致资金流向与银行支持实体经济发展宗旨相背离

近年来，在经济下行压力加大和银行惜贷、慎贷的背景下，票据空转现象有所抬头，即资金在银行系统内流转，与实体经济无关，仅仅表现为资产负债表的扩张。这一类型业务的基本操作方式就是滚动承兑、滚动贴现，形成了“承兑—贴现—保证金—再次承兑—再次贴现”的轮回，通过这种方式放大信用杠杆，导致客户风险敞口和负债水平大幅上升，票据到期兑付存疑。在这循环往复的过程中，很多通过票据贴现流入企业的资金重新以保证金的形式进入银行体系，并未发挥信贷支持实体经济的作用，反而产生了巨大的信贷泡沫。

（三）非法票据中介带来的潜在风险值得关注

近年来，票据中介在票据市场的快速发展中不断涌现，其更多地利用对当地企业和银行都比较熟悉的优势，通过经纪撮合交易活跃了票据市场，但其中也逐步显现出不规范经营的隐含市场风险。当前，票据中介的运作模式历经三个发展阶段：第一阶段是利用信息不对称和地域间的资金价格差异，撮合企业和银行间、银行同业之间的票据交易，从中赚取手续费和价差。第二阶段是部分中介不满足赚取日渐摊薄的价差，在预判票据市场价格走势的基础上，通过买卖不同期限票据进行错配，并不断提高票据周转率赚取更多利差。第三阶段是中介通过开立“同业户”等方式控制中小银行通道，或注册成立空壳公司并直接参与票据开立和贴现实现变相票据融资，或将企业间无真实贸易背景的互开商票进行贴现再流入二级市场套取资金。

票据中介的出现，客观反映了市场资金供求关系。票据中介在票据流通、中小企业快速贴现等方面发挥了重要作用，但目前市场上的票据中介规模迥异、良莠不齐，部分中介不规范的运作对其他票据市场参与主体的合规经营构成冲击。票据中介过度参与票据流转过程导致两类风险：一类是通过中小银行异地大量办理无真实贸易背景的票据贴现业务，助长伪假票据、非法集资等行为，票据融资“空转”现象严重，加剧了票据市场的潜在风险。另一类是利用银行的内控疏漏一票多卖，在交易银行未将票据入库的情况下，中介持有票据实物去其他银行开展转贴现业务，有的中介甚至把票据套出的资金投入股市，最后因股价下跌导致金额漏洞无法弥补，使银行损失惨重。

二、票据业务利率和市场风险压力逐步显现

（一）票据利率趋势向下导致经营难度增加

2015 年，中国人民银行连续多次降息和降准，并通过开展抵押补充贷款（PSL）和中期借贷便利（MLF）等创新手段释放流动性，引导金融机构降低融资成本。受此影响，除 6 月中下旬票据利率短暂快速反弹外，2015 年票据利率在大多数时间段内单边震荡下跌。票据回购业务市场报价加权平均利率由年初的 5.56% 最低曾跌至第三季度末的 2.48%，波动幅度超过 300 个基点。在经济增速继续探底、货币政策持续宽松、利率市场化进一步加深以及融资需求不断萎缩的综合影响下，票据利率仍将在相当一段时间内保持低位运行。

随着降低融资成本的货币政策导向以及监管政策的不断加强，票据业务监管套利和资金套利的空间变窄。同时，票据利率快速下降并持续低位运行，利差水平持续收窄，票据市场主体的获利空间不断压缩，对商业银行经营水平的要求不断提高。

（二）票据资金化运作加大市场风险管理难度

票据业务兼有信贷业务和资金业务的双重属性。对于信贷业务而言，主要是持有资产收取利息收入；对资金业务而言，除持有到期外，还可以通过买卖资产获取投资收益。近年来，商业银行票据业务资金化运作趋势日趋明显。以票据交易为媒介的资金流向，主要是从大型银行流向中小银行，从中小银行流向城、农商行等机构。此外，由于票据利差不断缩窄，部分经营机构出于考核压力进一步加大错配和杠杆力度，利率风险和流动性风险显著上升。在票据业务资金化运作的趋势下，加强宏观经济和政策的研究，准确把握价格走势，并根据市场变化及时调整交易策略和定价，对票据经营机构，尤其是对于以短线交易赚取差价为主的机构显得极为重要。

（三）承兑费率市场化定价尚未充分发挥风险补偿作用

在我国长期实行万分之五的统一承兑费率的时期，商业汇票的承兑人作为主债务人，仅依靠承兑手续费收入无法覆盖正常的风险损失，承兑手续费无法有效地发挥风

险补偿作用。2014 年，中国银监会和发改委颁布《商业银行服务价格管理办法》，其中规定“除实行政府指导价、政府定价的服务价格以外，商业银行服务价格实行市场调节价”。自 2014 年 8 月 1 日起，“承兑银行应按票面金额向出票人收取万分之五的手续费”，改为商业银行市场调节价。政策的调整旨在鼓励商业银行在承兑环节做到风险与收益的平衡。从市场实际情况来看，受到市场竞争、拓展业务以及传统习惯沿袭等多方因素的影响，并非所有承兑银行都会根据出票人个体违约概率等多重因素进行个性化费率定价，按照风险补偿机理和市场原则确定承兑费率仍需要银行加强科学管理。

三、操作风险与内部控制的风险隐患多样化

（一）操作风险管理重点呈现新变化

2015 年以前，操作风险防控的对象主要是假票、克隆票。从银行已堵截的伪造票据来看，问题票据往往在印刷字体、票面色彩、票面印章、防伪标识、银行密押等少数细部特征存疑。因此，操作风险防控的重点是识别伪造、变造和克隆票据的主要特征，防范利用伪造、变造的票据进行诈骗的案件。

近年来，票据业务操作风险的表现形式不断变化，操作风险管理的重点也发生新的变化。基本的假票、克隆票诈骗风险虽然存在，但在防假技术提升、防控经验提高和银行严密内控制度下，作案成功率越来越低。新的市场环境下，票据业务操作风险防范的焦点从票据本身的反假转移到票据交易的规范操作。当前，少数中介和金融机构不良人员利用同业票据市场参与者之间的信任，进行清单交易、一票多卖等，甚至出现因票据中介介入交易链条导致的假商票、假印章、同业户等问题频发，导致票据业务本身的操作风险管控的难度和复杂性进一步提高。

（二）内部控制手段的有效性亟待加强

随着票据市场的持续发展，市场交易主体更多，交易频率更高，交易范围更广，但交易风险也更趋显现。2015 年下半年，票据市场陆续出现一票多卖或通过空壳企业商票诈骗等信用违约事件和大额票据诈骗案件的苗头。目前，票据市场参与者的经营管理水平参差不齐，制度建设执行严重不足，案件防控机制存在缺位。由于对业务关键风险点的控制和人员管理缺乏有效手段，容易发生内外勾结的欺诈行为，使得票据风险通过交易的形式向金融机构予以渗透和扩散。事实上，一旦出现风险，业务链条上的各类金融机构均有可能牵涉其中，且难以厘清权责，对整个票据市场的信用环境造成严重打击。

四、法律与创新业务风险聚集增多

（一）法律争端增多，滥用票据保全的做法时有发生

票据风险事件通常牵涉到票据前后手、合同甲乙方等同业之间关于票据事实的认定和民事纠纷的解决。当前，各类票据纠纷引发的诉讼案件不断增加，各类票据公示催告和司法冻结等情况不断增多。挂失止付、公示催告是票据权利补救的主要方式。在经济低迷、资金链紧张的市场环境下，票据权利救济措施会被恶意使用，达到拖延付款的目的。2015 年，票据市场延迟支付的情况陆续发生和增多，往往需要经多次沟通，一再催讨，甚至向上级部门及当地监管部门投诉，最终才能得以付款。随着票据业务经营难度加大，信用风险进一步暴露，预计恶意拖延支付的情况将逐步显现。

（二）票据理财与互联网金融平台有待规范和完善

随着跨市场、跨行业合作步伐加快，尤其是互联网金融的兴起，带来了新的业务品种和盈利机遇。互联网理财因准入门槛低、投资回报相对较高而受到投资者的青睐，但因不合规引发的风险事件也日益增多。根据第三方机构公布的《2015 年网贷行业年报》，截至 2015 年末，全国 P2P 平台达 2 595 家，全年 P2P 网贷成交量达 9 823.04 亿元。2015 年是 P2P 平台迅速发展的一年，也是问题平台频繁出现的一年。据统计，全年因兑付困难选择“跑路”的 P2P 平台多达千家。近两年来，民间票据中介互联网化发展趋势显现，市场上涌现多家 P2P 互联网票据平台，其在业务经营中的潜在风险值得关注。一是经营模式的持续性。部分 P2P 平台给出的理财收益远高于银行票据直贴利率，在票据利率普遍偏低的市场环境下，往往需要平台额外补贴投资者收益。二是投资标的的真实性。票据是 P2P 平台常见的资产配置，但个别问题平台虚构票据资产误导投资者购买。三是对理财资金的真实流向及用途缺乏实质性监管的途径和渠道。

五、监管政策的新要求值得关注

（一）中国银监会 203 号文主要内容

2015 年 12 月 31 日，中国银监会下发《关于票据业务风险提示的通知》（银监办发［2015］203 号，以下简称 203 号文），加强票据业务监管。203 号文是对 2015 年上半年部署的对票据业务现场检查成果的总结，对银行业金融机构在办理票据业务中存

在不审慎行为的提示。203号文关于票据业务风险提示涉及以下七个方面：

1. 票据同业业务专营治理落实不到位

部分银行业金融机构票据同业专营上收不彻底，不同程度存在未实行专营部门集中审批、分支机构办理同业票据业务、会计处理不集中、未对同业票据交易对手实行名单制管理、违规办理商业承兑汇票买入返售业务等问题。

2. 通过票据转贴现业务转移规模，消减资本占用

部分银行业金融机构利用“卖断+买入返售+到期买断”、“假买断、假卖断”、附加回购承诺等交易模式，假卖断真出表，或帮助他行在月底代持，调节信贷规模；有的利用第三方机构，将票据资产转为资管计划，以投资替代贴现，随意调节会计报表并减少资本计提。

3. 利用承兑贴现业务虚增存贷款规模

部分银行业金融机构滚动签发银行承兑汇票，以票吸存，虚增资产负债规模；或以贷款、贴现资金做保证金，办理银行承兑汇票，虚增存款。有的还通过人为倒换业务类型，提增中间业务收入，虚增绩效。

4. 与票据中介联手，违规交易，扰乱市场秩序

部分银行业金融机构与中介合作，离行离柜大量办理无真实贸易背景票据贴现，非法牟利。

5. 贷款与贴现相互腾挪，掩盖信用风险

部分银行业金融机构利用贴现资金还旧借新，调节信贷质量指标；发放贷款偿还垫款，掩盖不良。

6. 创新“票据代理”，规避监管要求

部分银行业金融机构通过同业代理转贴现、抽屉协议，隐匿信贷资产规模；委托中介机构办理票据业务，甚至出租、出借账户和印鉴。

7. 部分农村金融机构为他行隐匿、消减信贷规模提供“通道”，违规经营问题突出

在个别股份制银行、城商行主导下，部分农信社、农商行、村镇银行为他行做通道、消规模，违规贴现，大量出具抽屉协议或承诺办理转贴现，不按规定进行会计核算，甚至账外经营，潜藏风险重大。

（二）中国银监会203号文的意义及影响

自2009年以来，监管部门密集出台关于票据业务的监管要求，主要的监管文件详见下表。监管重点从利用票据虚增存贷款逐渐发展至调节信贷规模、资本占用、资产

质量等多个方面。监管的主要对象从前期的农村中小金融机构扩展到全部的银行业金融机构。

从内容上看，203 号文基于现有法律法规框架，对以往历次监管文件内容的细化和重申，尤为值得关注的是 203 号文对具体票据业务模式进行非常细致的梳理，并结合监管政策进行分析。

从监管实践来看，据不完全统计，2015 年下半年起，上海、江苏、浙江、湖北、辽宁等 29 个地区银监局及部分银监分局公布了 365 份处罚决定书，其中票据业务违规占 1/3。一方面反映出银行业金融机构在办理票据业务中存在不审慎行为，另一方面也反映出监管机构对各类票据业务的监管力度日益强化，对违规违法行为的监管处罚逐步加大。203 号文的出台是票据市场监管环境总体趋严趋紧的重要信号（见表 11－1）。预计未来一段时间内，203 号文件中涉及的不审慎行为将是监管的重中之重。

表 11－1　　2009 年以来票据业务主要监管文件

票据相关监管文件	发布日期
《关于当前农村中小金融机构票据业务风险监管提示的通知》（银监办发［2009］162 号）	2009 年 4 月
《关于切实加强票据业务监管的通知》（银监办发［2011］197 号）	2011 年 6 月
《关于信托公司票据信托业务等有关事项的通知》（银监办发［2012］70 号）	2012 年 2 月
《关于加强银行承兑汇票业务监管的通知》（银监办发［2012］286 号）	2012 年 10 月
《关于排查农村中小金融机构违规票据业务的通知》（银监办发［2013］135 号）	2013 年 5 月
《关于规范金融机构同业业务的通知》（银发［2014］127 号）	2014 年 5 月
《关于规范商业银行同业业务治理的通知》（银监办发［2014］140 号）	2014 年 5 月
《关于票据业务风险提示的通知》（银监办发［2015］203 号）	2015 年 12 月

资料来源：中国人民银行、中国银监会。

第三节　商业银行票据业务风险防控情况

2015年，在复杂的国内外经济金融形势下，各家商业银行在防范票据业务风险上都做了许多积极的努力和尝试，从业务准入、内控管理、系统优化、队伍建设、监督检查等方面继续推进票据业务风险管理建设，努力打造整体统一、有机协调、强大高效的风险管理体系，将全面风险管理的理念切实延伸到票据业务各方面工作中，努力实现“业务发展”与“风险控制”的动态平衡。

一、强化准入控制，强化多维度业务风险管理

（一）加强业务背景的审查

《票据法》第十条第一款规定，票据的签发、取得和转让应当遵循诚实信用的原则，具有真实的交易关系和债权债务关系。近些年，在市场竞争激烈和业务经营压力加大的市场环境下，个别银行存在违规承兑、贴现无真实贸易背景票据的行为。多数商业银行从服务实体经济的角度，进一步加强票据业务贸易背景真实性的审查，并将监控工作延伸至授（贷）后管理环节。部分银行在加强合同和增值税发票管理方面积累了丰富的经验：一是交易合同或者增值税发票所记载的交易内容不得超过企业的经营范围；二是交易合同和增值税发票的相关要素必须相符并可相互印证，以便认真辨别增值税发票的真伪；三是坚持在增值税发票上按照规定加盖“已办理银行承兑汇票”的印章，防止一票多用、重复使用。同时，部分银行强化票据业务授（贷）后管理，结合资金流向情况，分析是否存在关联对开、信贷资金转保证金、签发明显超出经营规模和生产周期的票据、挪用资金参与风险高发领域等非正常行为，进一步加强对贸易背景真实性的研判。

（二）深入探索客户名单制管理

根据《关于规范商业银行同业业务治理的通知》（银监办发［2014］140号）的要求，商业银行建立同业业务交易对手准入机制，由法人总部对交易对手进行集中统一的名单制管理，定期评估交易对手信用风险，动态调整交易对手名单。目前，多数银行已经建立起交易对手和承兑银行的管控名单，并实施严格的准入控制，不与名单

之外的机构开展票据业务。除此以外，部分银行深化名单制管理的内涵，创新运用票据业务灰名单等管理手段。通过内部风险监测系统和平台，在对票据背书和查询查复等信息进行还原和梳理的基础上，筛查流转过程高度一致、流转节点高频出现的风险信息，实时更新票据灰名单，并通过系统硬约束强化准入控制，实现票据全流程全周期的管理，从静态判断向动态监测转变。

（三）认真执行票据查询查复制度

操作风险是近年来票据业务监管检查中被重点提示的内容之一，银行在业务风险防控中也给予高度重视。其中，票据查询查复的执行情况与票据风险密切相关。实际操作中，各家商业银行都高度重视查询查复制度的执行。在办理贴现、质押等票据业务需要查询时，除严格审核票据要素和承兑行回复的常规查询内容外，多数商业银行也特别注意回复中存在的多地多次查询的情况。同时，充分利用票面防伪特征，通过人工、仪器等手段重点检查票据号码、大小写金额等记载事项有无涂改痕迹。此外，作为承兑行受理他行查询时，一旦发现多地多次查询或克隆变造等可疑情况，多数承兑行都会及时向他行提示风险，防范不法分子利用伪造票据进行诈骗。

二、加强内控管理，着力优化控制措施的实施成效

（一）强化票据统一授权和业务专营

近年来，各家商业银行积极落实监管部门对票据业务统一授权管理的要求，加快票据业务专营的步伐。根据 2012 年 10 月中国银监会发布的《关于加强银行承兑汇票业务监管的通知》（银监办发［2012］286 号）的要求，原则上支行或一线经营单位仅负责票据承兑和直贴业务，转贴现、买入返售、卖出回购等业务由总行或经授权的分行专门部门负责办理。根据 2014 年 5 月中国银监会发布的《关于规范商业银行同业业务治理的通知》（银监办发［2014］140 号）的要求，商业银行开展同业业务实行专营部门制，由法人总部建立或指定专营部门负责经营票据回购业务。在落实统一授权和业务专营的监管要求时，尽管各家银行对相关业务流程、具体操作模式的设计不尽相同，但客观上都为实现规范经营行为、防范票据业务风险的目标发挥了积极作用。

（二）强化企业授信和同业授信管理

当前，企业信用风险凸显，银行更加注重票据业务的信用风险防控，增强了企业

客户的授信管理。在业务实践中，多数银行的票据从业人员都能够通过实地查访经营场所、物流仓储等多种调查手段，交叉验证客户主体身份真实性、业务资料和贸易背景真实性，查询征信系统，查验纳税证明和财务报告等材料。在综合分析票据授信需求合理性的基础上，充分考虑他行授信情况，使核定的票据业务授信额度符合企业实际经营规模和风险承受能力，避免过度授信。同期，银行也相应加大了同业授信的集中管理，多数商业银行票据同业授信额度已经由总行统一审批，纳入全行综合授信风险管理范畴，遵循“先授信、后提用”的原则。所有票据转贴现和占用同业额度的贴现业务均纳入该同业机构的同业授信额度管理。

（三）强化实物票据的保管和监测

从多数商业银行实物票据集中保管的经验来看，已贴现票据、质押票据一般都是作为重要会计凭证入库，由总行或者分行专门部门集中保管，支行或一线经营单位无权自行保管。具体来说，对于票据贴现和质押，均强调按照规定制作背书，确保背书完整、连续，防止银行合法权利悬空。对于已贴入的票据实物，原则上都将贴现凭证和票据按到期日排列，专夹保管。各家商业银行都制定了严格的查账、查库程序，确保账实相符，防范票据传递和保管风险，但以2016年初发生的一系列案件看，极少数银行金融机构在实物票据管理方面存在重大失误，引发重大案件发生。

（四）强化对交易资金账户的管理

根据监管要求，各家商业银行进一步加强票据交易资金账户的统一管理，防止随意开户和资金体外循环。2015年，多家银行通过内部发文的形式明确规定或多次重申，各经营机构禁止与“同业户”办理票据业务，必须将资金划入票据转出行在中国人民银行开立的存款准备金账户，或票据转出行在本行开立的一般存款账户，不得转入票据转出行在他行开立的账户，加强交易资金账户的监测和管理。

三、多方调动资源，积极完善精细化管理的技术手段

（一）积极推动票据经营管理系统建设

在复杂的经营环境中，银行更加重视票据业务系统功能的完善发展，强化票据业务经营管理系统在支撑业务发展、有效提升工作质效和风控等方面作用发挥。2015年以来，各家银行从自身业务经营和风险管控出发，采取不同措施提升自身业务经营系统功能。有的银行加大力度开发新一代票据经营管理系统，也有的银行通过优化盖章

和持续研发现有系统的新功能来提升系统整体业务管理和风险管控效能。总体来看，各家银行都遵循整合产品、功能和业务拓展上的需求和资源，实现全行票据业务一体化统一运作的建设思路。在产品上，构建集承兑、贴现、转贴现为一体，全行统一运作的票据经营管理系统。以核心账务系统、信贷管理系统、人行电票系统为后台支撑，以客户经理平台为前端延伸，并与管理会计、资本核算等系统相互融通，实现票据业务流程全覆盖。在功能上，实现业务操作、营运操作、风险控制、绩效考核、市场分析、客户行为分析、收益预判等一系列功能模块，提升票据业务精细化管理水平，为全行票据业务做大、做强、做优提供系统支撑。在业务拓展上，积极实现与村镇银行、信用社等金融机构票据系统的无缝对接，增强同业合作深度。

（二）整合提高风险数据收集运用能力

在银行信息化建设发展新时期，银行普遍把准确收集风险票据的挂失止付、公示催告的数据信息作为及时化解潜在票据风险的重要举措。2015 年，部分商业银行在风险数据的收集和运用方面做了有益的尝试：一是拓展数据获取渠道，变被动查询为主动搜索。通过采购外部软件和专业数据库，形成覆盖了中国法院网、各大全国性报纸、各省市相关报纸及各大网站中的挂失止付公示催告信息的数据信息库。通过技术改造和优化，实现风险信息数据库与存量信息的自动更新和定期检查，提高筛查的工作效率，最大限度地降低问题票据带来的风险。二是改变数据搜集和利用的模式，变被动收集为主动提示。部分银行积极推动票据业务管理系统的优化改造，用活用好人行电子商业汇票系统中的相关数据资源，初步实现在业务录入的同时完成风险识别和过滤。一旦发现问题票据，系统能够主动推送提示风险信息。

（三）持续加快对接电子商业汇票系统

自 2009 年中国人民银行电子商业汇票系统（ECDS）建成运行以来，ECDS 系统无纸化、电子化的操作模式在很大程度上降低了票据被克隆、变造的风险，有效解决了票据市场信息不对称等问题，迄今为止尚未出现一起电子票据风险案件，成为监管部门和市场主体当前票据业务经营和风险管控的发展方向。2015 年，各家商业银行持续加快与 ECDS 系统的对接。一方面，银行积极引导客户办理电子商业汇票业务，提升电子商业汇票业务比重。从控制风险的角度出发，特别是对于单张出票金额较大的票据，积极鼓励和引导客户通过 ECDS 系统办理。另一方面，完善 ECDS 系统信息登记工作。部分银行明确要求在办理拒付、挂失止付、公示催告、止付解除等后，要将相关信息及时录入 ECDS 系统“纸票登记查询”模块，并确保登记信息的准确性。

四、重视队伍建设，持续提升票据团队风险合规意识

在复杂的经营环境中，票据业务人员素质成为风险管控的关键。一直以来，提升票据从业人员的业务素质和风险把控能力是各家商业银行票据团队建设的重中之重。2015 年，各家商业银行积极采取专业资质管理、风控队伍建设和培训机制建立等手段加强票据团队建设。

（一）加强票据团队专业资质管理

2015 年，各家商业银行持续完善票据和风险管理专业资质标准化、统一化管理机制。在前期实施上岗资格准入制度的基础上，多数商业银行都建立起票据业务专业资质定期认证机制，实现准入、管理、定期回顾的有机结合。与此同时，为进一步提升对风险管理的重视程度，部分银行建立针对客户经理的风险管理资质认证，将风险管理资质作为评判客户经理综合素质的基本标准之一，在引导客户经理做好业务营销的同时把好风险关口，将风险管控经验逐步从信用风险管理向市场、操作、合规和其他主要风险领域推广。

（二）探索票据团队风险管理专家队伍建设

针对当前票据市场的风险形势，各家商业银行积极推进票据风险管理人员队伍建设向纵深发展。部分商业银行通过选调、招聘、引进等多种方式和渠道强化票据团队内部各类风险管理专业队伍建设，组建业务经验丰富、风险管理过硬、人员结构合理的风险控制专门部门或机构，充分挖掘和发挥其既懂票据又懂风险的优势，在票据风险分析、识别、提示等方面提供风险管控意见和改进建议，为持续提升票据业务风险管理水平奠定基础。

（三）建设全覆盖的票据从业人员培训机制

截至目前，各家商业银行基本建立了覆盖全行、不同层次、多种渠道的票据从业人员培训机制。针对不同的培训对象，可将票据从业人员培训分为基础培训、专业培训和高级培训三个层次，分别面向基层票据从业人员、票据风控人员和票据中高级管理人员。通过完善票据业务定期培训风险管理内容，丰富票据条线业务培训，做好基础培训。通过设计开发网络培训课程，健全风险管理专业的持续培训体系，做好专业培训。通过整合利用各类资源，建立票据业务风险管理宣讲机制，做好高级培训。在不断的培训学习中，提高票据从业人员的业务水平和风险意识，建立良好的风险文化，

持续提升票据从业人员风险控制水平和风险管控执行力。

五、强化监督检查，及时防范风险苗头和违规行为

随着票据市场风险事件的持续发酵，各家商业银行主动扎紧篱笆，加强内部监督和正风肃纪，及时开展定期与不定期、现场与非现场相结合的业务检查，形成了一些有益的做法和尝试。在发展压力大、环境复杂的时期，划定风险底线和行为红线，杜绝突破底线做业务，违规违法乱操作的现象。

（一）加强制度执行和从业人员行为管控

部分商业银行加强制度建设和业务流程梳理，通过前中后台分离或专门的风控团队实现岗位制约，确保各项规章制度得到有效执行。严格执行相关人员的轮岗、轮调和强制休假制度，做到换手核实和有效监督。此外，部分商业银行通过与客户经理、经营机构负责人的访谈和动态考评，一方面加强对票据从业人员履职行为检查，另一方面密切关注相关人员的思想动态和异常行为，严防员工与客户或社会非法票据中介关系异化或发生不当资金往来，努力提高道德风险防范水平。

（二）加强对票据业务的合规自查和专项检查力度

除监管检查外，在风险多发的高危态势下，部分商业银行票据业务主管部门根据所在区域特点，有针对性地开展票据业务合规自查和专项检查，重点关注区域金融环境严峻、票据业务量大、票据交易活跃地区的经营机构，通过滚动式和突击性的检查，一方面指导和督促各经营单位严格遵守相关制度规定，依法合规开展票据业务；另一方面及时发现倾向性、苗头性的风险情况，防止违规风险发生。

第十二章

全国统一票据市场建设与展望

第一节　新世纪以来全国统一票据市场建设条件日趋成熟

我国票据业务经历了20世纪80年代的恢复办理，20世纪八九十年代的推广应用和制度建设等不同发展阶段后，在21世纪进入全国性票据市场建设发展进程中。在21世纪，我国票据市场融资规模和交易总量大幅增长，电子票据市场从启动到迅猛发展，银行业票据专营机构出现，票据集约化经营程度大幅提升，为下一阶段推进全国性票据市场建设发展提供了有利的市场条件。

一、票据市场已发展成为重要的货币子市场

21世纪以来，我国经济发展保持快速增长，企业融资需求持续旺盛。主要商业银行抓住商业汇票这一新兴业务的市场机遇，积极为企业签发的商业汇票办理承兑和贴现业务，为企业在经济活动中的支付结算和贸易融资提供信用支持和融资便利，企业商业汇票签发量大幅增长，票据转贴现交易快速发展。2015年，全国商业汇票累计签发量为22.4万亿元，比2001年增长了16.6倍，年末商业汇票未到期承兑余额为10.4万亿元，比2001年末增长了19.3倍；累计贴现量为102万亿元，比2001年增长了56.1倍，年末贴现余额为4.58万亿元，比2001年末增长了14.8倍，贴现倍率（累计贴现/累计承兑）达到4.55倍，表明票据已作为货币市场交易活跃的工具被使用（见

图 12－1）。

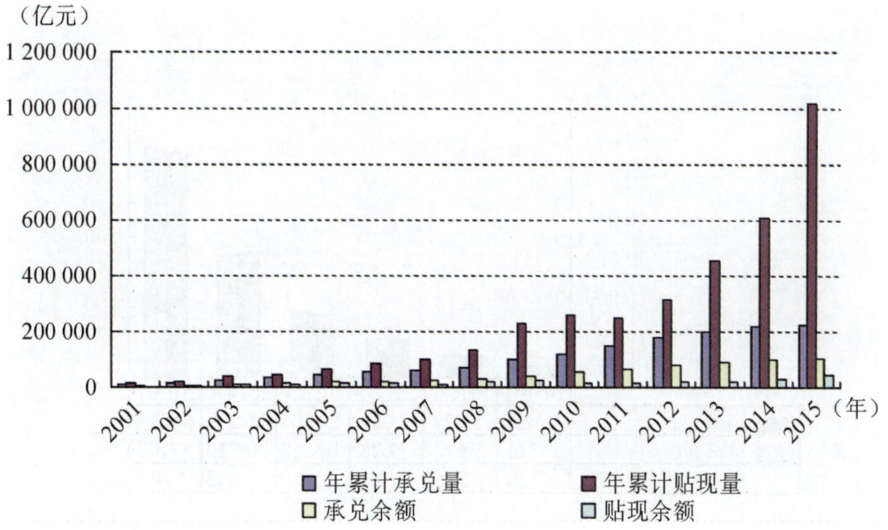

图 12－1、2001～2015 年我国票据市场承兑与贴现业务发展规模

资料来源：中国人民银行。

发达国家金融市场发展经验表明，交易活跃的票据市场对货币市场功能的完善发展有着重要作用。当前中国货币市场仍处于功能完善发展的新阶段，票据市场的创新发展应能成为推动货币市场功能完善的重要抓手。

二、我国电子票据市场呈现加速发展态势

2009 年 10 月 28 日，中国人民银行建成电子商业汇票系统（ECDS）并上线试运行；ECDS 投产当日和 2010 年 6 月 28 日，中国人民银行先后两次组织了 316 家机构接入 ECDS 成为系统用户。ECDS 的投产和应用推广，标志着我国开启了电子票据发展新时代。

在 ECDS 推广应用的初期，电子票据业务办理金额呈波浪式增长态势。2013 年后，电子票据发展加速，保持持续快速增长趋势。截至 2015 年末，ECDS 系统接入用户共计 396 家。2013 年、2014 年和 2015 年，ECDS 系统出票金额分别为 15 864 亿元、31 299 亿元和 56 000 亿元，同比分别增长 62.20%、97.29% 和 78.92%；承兑金额分别为 16 258 亿元、30 720 亿元和 57 873 亿元，分别同比增长 68.87% 和 88.95% 和 64.15%；贴现金额分别为 6 404.73 亿元、15 004.89 亿元和 37 337 亿元，分别同比增长 64.91%、134.28% 和 148.3%；转贴现金额分别为 19 509.65 亿元、48 068.99 亿元和 221 286 亿元，分别同比增长 99.27%、146.39% 和 360.35%。电子票据在近三年的增速发展中，

电票市场占有率从原先不足10%提高至30%左右，且仍延续高速增长态势，有望在3年内市场占有率达到70%～80%（见图12－2）。

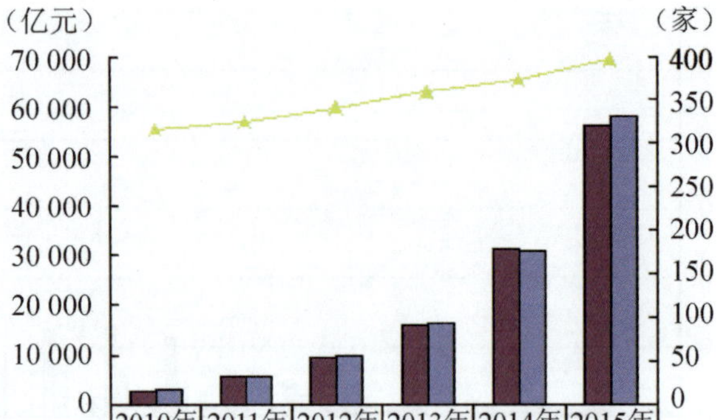

	2010年	2011年	2012年	2013年	2014年	2015年
出票量	2 651	5 421	9 384	15 864	31 299	56 000
承兑量	2 774	5 542	9 628	16 258	30 720	57 873
接入ECDS机构数	316	325	341	359	373	396

图12－2　2010～2015年我国电子票据业务发展

资料来源：中国人民银行。

三、银行业票据业务集约化经营程度提高

21世纪以来，票据业务成为银行新的盈利增长点，并成为银行改善经营管理和调节信贷结构的重要工具。2000年11月，经中国人民银行批准，中国工商银行在沪成立了国内首家票据专营机构。我国银行业票据业务经营开创了集约化、专业化经营的新模式。中国工商银行票据营业部票据业务集约化、专业化的经营模式不仅促进了其自身票据业务的领先发展和经济效益的提升，也产生了良好的示范效应。此后，银行业金融机构普遍加强了票据业务的集约化经营，多家商业银行在总行和分行层面都陆续建立了票据中心、票据支行和总行票据营运中心等经营管理机构，使票据业务在专业化水平和人员素质上都得到显著提升，表明银行业已逐步形成稳健发展的票据经营机制。

四、区域票据市场显现出融合发展的趋势

21世纪，我国票据市场局部性、区域性特征较为明显，商业票据交易主要集中于上海、广州、郑州等中心城市，中小城市的票据市场不活跃，中西部地区票据市场发展缓慢。21世纪以来，银行业票据专营机构的出现和发展极大地促进了跨区域票据交易和业务合作交流，区域票据市场融合发展进程加速。

（一）跨区域票据交易和信息交流范围扩大

在中国人民银行的支持和引导下，银行业票据业务联席会议、区域票据沙龙等跨区域票据同业交流平台先后成立并发挥了作用。

（二）不同区域票据业务办理标准逐步规范统一

随着跨区域票据交易业务的快速增长，主要商业银行在银行间票据业务交易合同的格式规范方面进行了合作，并在向市场推广过程中促进了业务办理标准的统一。

（三）区域票据中心逐步形成且影响力不断增强

21 世纪以来，随着银行总行级票据专营机构向上海的汇聚，上海票据市场快速发展，市场规模不断扩大，票据交易量持续增长，跨地区交易日益频繁，市场专业化程度也明显增强，上海已发展成为全国最大和最具影响力的区域票据中心。

（四）跨区域票据交易量持续增长，逐步消除了不同区域票据交易利率差异

不同区域票据市场交易利率差异的缩减，既是跨区域票据交易和信息交流的必然结果，也推动了统一票据交易利率的市场范围。

第二节　全国统一票据市场步入票据交易所建设阶段

21 世纪以来，为了适应我国票据业务快速发展的客观需要，中国人民银行分别于 2003 年搭建了“中国票据网”和 2009 年研发投产了电子商业汇票系统（ECDS），为建设全国性票据市场进行前期准备。近年来，票据风险事件屡有发生，中国人民银行开始着手构建票据交易所，推进全国统一票据市场建设迈入一个新的发展阶段。

一、全国统一票据市场建设发展历程

（一）全国统一票据市场的网络化与电子化发展

21 世纪以来，在票据市场的快速发展中，中国人民银行高度重视和推进全国统一票据市场建设发展，并对此作了系统研发和应用推广。

1. 中国人民银行搭建“中国票据网”

为了解决金融机构票据业务报价中存在的缺乏统一的信息平台等问题，2003 年 6 月 30 日，中国外汇交易中心暨全国银行间同业拆借中心承建的“中国票据网”在通过测试后正式启用，成为全国统一的票据市场服务平台。中国票据网最核心的功能是为同业机构之间票据转贴现和票据回购等业务提供报价、查询服务，集聚各类票据专业机构，使票据交易价格的信息透明度明显提高。截至 2015 年末，“中国票据网”会员机构数达到 2 758 家。

2. 中国人民银行电子商业汇票系统（ECDS）研发投产和推广应用

在 21 世纪以来，票据业务快速发展，多家银行针对纸质票据交易效率低和操作风险隐患较多的问题，以及伪造、变造票据的风险控制难题，适应集团企业客户票据管理的需求，开始研发与网上银行相结合的电子票据系统。2009 年 10 月 28 日，中国人民银行电子商业汇票系统（ECDS）建成投产应用，我国正式迈入电子票据市场发展的新时代。

（二）中国人民银行启动构建票据交易所

近年来，票据风险重大案件频发，票据中介违规操作等问题也引起了监管部门的重视，通过推进电子票据及加快纸质票据电子化进程，建设全国性票据交易所的呼声及越来越高。2015 年，中国人民银行就开始到各家商业银行调研，并论证票据交易所的设立。2016 年，中国人民银行明确表示，正着手构建票据交易所，提高电子商业汇票系统运行效率。自 2016 年以来，中国人民银行加大了与商业银行沟通联系，组织各家银行共同论证票据交易所的构建方案。2016 年 5 月 25 日，中国人民银行牵头成立了关于筹建全国统一票据交易市场（“票交所”）的筹建小组，正式启动全国性票据交易所的建设。

据有关信息披露，票据交易所将按照公司化、市场化的方式建设运营，由中国人民银行主导，采取由主要商业银行参股联合组建的形式。票交所主要依托互联网和信息技术建立的票据电子化处理平台，通过与监管机构、商业银行及其他有关部门进行业务及信息系统的对接。一方面，实现票据业务全生命周期的竞价与撮合交易，简化交易流程，建立统一的交易规则；另一方面，实现整合票据市场交易信息、风险信息、研究信息及监管信息资源，形成全国票据资源的“大数据”，为中国人民银行货币政策决策、商业银行票据经营及业务创新提供支持。因此，票交所将设计客户准入、业务授权、业务审核、交易竞价与大宗撮合、产品管理、票据托管、信息挖掘等基本业务规则。

二、票据交易所对全国统一票据市场建设发展的作用

（一）有助于引入票据市场运行体系建设的核心组织者

从全国统一票据市场建设的角度，票据交易所应发挥市场运行体系和核心组织者的关键作用，其核心职能是依托互联网和信息技术构建票据电子化处理平台，维护电子票据系统的通畅运行并持续推进其功能提升，以独立的第三方形式制定票据市场参与标准、交易规则、风险控制、信息咨询、资金清算等业务管理制度，提高交易效率和市场透明度，打破地域限制，推进全国统一票据市场的建设和发展。

（二）有助于强化票据业务规范发展和市场稳健运行

一是票据交易所是一个依托互联网和信息技术构建的全国性票据电子化处理平台，将推动电子票据加快替代纸质票据，避免纸质票据存在的操作风险，尤其是纸质票据的变造、伪造风险。与全国统一的电子税票系统联网后，票据真实性贸易背景更加受到严格保护。二是在票据交易所运行成熟后，将在全国实现统一竞价交易和信息共享，交易规则更加透明，违规套利等不合规票据交易将减少；三是票据交易所作为市场核心组织者，可以制定被市场广泛认同的业务执行标准和违规处罚条例，有效规范市场经营行为，加大监管的落实和执行力度；四是票据交易所运行是基础票据交易大数据平台和信息化规则，有利于市场主体对票据交易数据的使用，实现风险的科学管控；五是有助于提升票据市场的研究预测水平，借助大数据分析研究票据市场的中长期走势，减少市场盲目性，建立健康有序的市场环境。

（三）有利于畅通货币政策传导渠道和效率提升

一是有助于优化中国人民银行再贴现政策的应用。在票据交易所模式下，中国人民银行作为参与者能够在全市场主动进行再贴现政策操作，可以从再贴现利率和总量两个方面体现政策操作意图，且透明度更高。二是有助于提升货币政策的调节效率。票据交易电子化使得隔夜的再贴现操作成为可能，能够提高再贴现工具应用的灵活性，发挥票据与实体经济联系更加紧密的特点，进一步增强再贴现政策工具的传导效能。

（四）有助于推进票据市场创新发展和国际化建设

1. 推动我国票据基础法律体系与国际接轨

在票据交易所的建设发展中，可以对《票据法》做出适当修订，适度放宽和引入

融资性票据，为多元化票据工具创新发展提供法律条件。

2. 推动票据市场运行模式更加国际化

从发达国家和地区的票据市场发展历程看，票据市场均存在着市场核心组织者和众多的票据做市商机构，如美国商业本票市场上的投资银行、英国票据市场的贴所、日本票券市场上的短融公司等。在票据交易所运行成熟后，可以推进我国银行业票据专营机构发展壮大，通过吸纳多元化资本，改制发展成为法人票据公司。

（五）有利于银行提升票据业务经营效能

1. 票据交易所有利于增强商业银行票据市场经营主体地位

票据交易所是基于 ECDS 的全国性互联网票据交易平台，银行是其主要接入用户，且具有 ECDS 的研发和推广使用经验。银行凭借在票据业务、信息科技、专业人才方面的相对优势，可以更好地拓展电子票据业务创新领域，提升票据市场核心主体地位。

2. 票据交易所运作模式有益于提升银行票据业务创新活力

票据交易所运作模式有利于为票据市场引入非银机构作为市场参与主体，为银行开展跨市场票据业务创新发展提供空间。

3. 票据交易所有利于银行提升票据业务风险信息综合利用层级

一是有助于实现风险的科学管控，降低信用风险、市场风险、操作风险和道德风险，并借助全国统一的票据信息平台建立涵盖整个市场的信用评级、登记、查询、评价机制。二是有助于提升票据市场的研究预测水平，借助大数据分析研究票据市场的中长期走势，减少市场盲目性，建立健康有序的市场环境。

4. 票交所将推动票据业务集约化经营模式深入发展

在电子票据成为交易对象和利率市场化背景下，银行更加注重对市场利率走势、交易对手风险评级以及票据本身要素等级等多重信息进行快速反应，这就需要银行持续优化票据集约化经营的人力和物力资源配置以及业务发展模式。

第三节　全国性票据市场发展前景展望

在我国票据市场进入票据交易所建设发展阶段后，未来全国性票据市场建设发展还存在着一些值得关注的问题。在创新发展的时代背景下，全国性票据市场建设将会深入发展。

一、全国性票据市场发展中值得关注的问题

总体上看，21 世纪以来，我国票据市场在创新发展中取得巨大成就。然而，从推进全国性票据市场建设发展的角度来看，当前我国票据市场还存在基础法律制度建设滞后、区域票据市场发展不平衡、票据市场缺乏核心组织者、票据投融资工具和市场参与主体单一以及电子票据市场占有率不高等问题，有待我们在建设发展中予以解决。

（一）票据基础法律规范须适应全国性票据市场建设尽早修订

当前，票据基础法规制度滞后对全国性票据市场建设的制约影响较为明显，主要表现在《票据法》中“真实贸易背景”的限定把融资性商业汇票排除在外，限制了多元化票据融资工具的创新发展；现行票据法律制度关于“书面形式”的规定滞后于电子票据发展的要求。票据法律制度缺陷限制了票据市场的发展空间。

（二）区域性票据市场分散割裂和发展不平衡

目前，票据市场局部性、区域性特征较为明显，商业票据交易主要集中于部分发达区域票据中心城市，中西部地区票据市场发展滞后。尽管票据业务出现明显的集中化趋势，但整体来看仍属于分散基础上的集中，承兑和贴现业务目前还是分散在商业银行的各级经营网点，银行间票据转贴现交易集约化程度仍有进一步提升的空间。

（三）票据市场主体单一和缺少核心组织者

21 世纪以来，中国票据市场参与主体由国有银行向股份制银行、城商行、农信社和财务公司等中小金融机构准入放开，但仍主要局限于商业银行、信用社和财务公司三类银行类金融机构，而在货币市场中日趋活跃的证券、保险、基金、金融租赁等金融公司还未成为票据市场参与主体。票据市场缺少一个类似全国同业拆借中心、外汇交易中心等全国性市场运行的核心组织者。虽然银行在政策执行和业务指导方面对市场发展具有权威影响力，但难以替代市场核心组织者发挥市场化运行机制建设的推动作用。

（四）全国性票据市场应引入更多类型的交易工具

票据市场交易品种不够丰富，不利于多层次全国性票据市场创新发展。现阶段，在中国票据市场流通的只有交易性票据，且 95% 以上为银行承兑汇票，商业承兑汇票占比不足 5%，并局限在少数大中城市的少数国有大中型企业，而脱离具体交易行为、

单纯发挥融资功能的融资性商业汇票尚未被法律认可，使得票据市场缺乏足额的交易工具。

（五）全国性电子票据市场运行平台功能须完善提升

受电子票据市场占有率不高的影响，金融机构票据业务仍广泛使用纸质票据，票据的签发、承兑、背书、转让等仍主要采用实物券形式和原始的手工交易方式，适应票据电子化交易的平台功能不尽完善是其中的一个重要原因。在中国人民银行建成电子商业汇票系统（ECDS）之前，“中国票据网”的主要功能在于向银行间会员机构提供一个转贴现报价和信息交流平台，相应缺少议价、撮合和跨行票据交易的清算和支付等功能。电子商业汇票系统（ECDS）整体功能已能满足电子票据交易，但由于缺乏全国性纸质票据电子化托管平台功能而制约了票据交易电子化进程。

二、未来全国性票据市场发展展望

自2016年起，连续发生的多起票据风险事件引发市场主体警醒和认真反思，监管层对票据业务的监管检查持续增强，中国人民银行提出构建票据交易所和推进全国一体化票据市场发展，金融机构票据业务的经营环境出现显著变化，票据市场或将经历一次深刻的调整，全国性票据市场创新发展将进入新纪元。

（一）票据市场在短期调整中积累创新发展动力

1. 短期内票据市场有调整压力

受新常态下宏观经济金融深化发展和票据市场自身复杂因素的共同影响，在票据业务风险事件接连发生和监管检查持续的背景下，现阶段票据市场发展面临较大的调整压力。

首先，在经济增速放缓和经济结构加快调整的背景下，企业票据融资需求同步放缓。同时，企业票据融资受到金融机构全面实施营改增后税收成本传递的影响，其融资意愿也有所削弱。中国人民银行货币政策报告披露信息显示，2016年第一季度票据承兑业务增幅出现有数据以来首次同比下降，当季企业累计签发商业汇票4.9万亿元，同比下降8.4%。

其次，接连发生的多起票据风险事件暴露了当前票据业务转贴现交易领域存在的一些问题，在票据业务监管检查持续增强后，票据业务经营主体也主动调整业务发展策略，原先在市场上发挥做市交易和过桥角色的部分中小金融机构开始反思此前票据业务经营发展的得失，开始调整经营策略和业务方向，在一定程度上降低了票据市场活跃程度。

最后，在票据交易所建立发展初期，预计会设立较为严格的机构准入机制和承兑汇票风险评级制度，将使得部分资质相对不足的中小金融机构难以参与市场或其承兑的汇票流通性不佳，从而对整体市场交易体量和活跃度产生影响。

2. 全国性票据市场创新发展的内在动力进一步增强

首先，经济金融深化发展中的积极因素将为全国性票据市场提供创新发展动力。主要是经济结构调整加快，中国制造2025和供给侧改革等积极因素有利于票据融资规模恢复增长。同时，中国人民银行宏观审慎评估体系将增强银行票据业务经营自主性，金融全面深化改革将有利于票据市场多元化市场主体和业务创新发展。由此，票据行业在经历了深刻的调整变化后，将步入创新发展的新阶段。

其次，票据交易所的制度创新为全国性票据市场发展发挥积极作用。主要是票交所全国统一票据电子化交易平台的建设发展有助于打破地域限制和实现交易信息的公开透明，且票据交易所特有的价格发现机制和交易撮合机制能够促进交易效率提升。同时，基于票据交易所的客户交易大数据分析，对未来市场机构深入企业和同业客户市场深入挖掘客户需求和创新综合票据金融服务提供了有力支撑。

最后，商业银行在加大对票据业务经营的反思过程中，将主动适应激烈的市场竞争和调整业务经营策略，更加注重在风险把控和质量提升的基础上追求经营收益，并会进一步加快票据业务经营转型步伐，不断增强业务创新发展和风险管控能力，提升票据金融服务实体经济和中小企业融资需求的支撑能力。

（二）票据交易所运行机制有序完善发展

票据交易所作为一项票据市场运行机制的制度创新，在构建起票据交易所最初的整体框架后，将会以完善票据交易所运行机制为核心，优化票据交易所服务功能。

1. 健全交易所组织管理架构

作为全国性票据市场运行体系的核心组织者，票据交易所将逐步建立起与市场核心组织者定位相适应，有利于自身业务发展的组织框架和业务管理体系。

2. 票据交易所的业务服务功能有序拓展

票据交易所将会被建设为全国性票据市场的核心组织者，在运行初期主要为各类型票据市场参与主体的票据转贴现提供集中竞价撮合交易服务功能。此后，票据交易所的业务服务还有望拓展到企业票据承兑、贴现、担保、见证、咨询等方面，逐步实现为全市场提供票据全链条业务的综合服务功能。

3. 票据交易所运行管理机制逐步完善发展

在票据交易所组织框架构建的同时，为有序提升票据交易所服务功能，票据交易所将会同步加强各类型业务运行管理机制建设。首先是引入票据交易所交易机制，实行场内大额批发业务的集合竞价交易运行机制；其次是培育和发展做市商机制，引导主要商业银行票据专营机构发展为全国性票据市场做市商，开展票据交易、鉴证、托管和咨询等业务，提升综合服务功能。

（三）全国性多层次票据市场将获得更大发展空间

1. 票据市场基础法律制度有望加快完善发展

2016 年，中国人民银行构建票据交易所或将在年内运行，这是我国票据市场运行模式创新在顶层设计方面取得的重大突破和成就。未来，我国票据市场基础法律制度有望从顶层设计的角度根据市场变化加快调整修订。近年来，对于《票据法》做出修订的呼声较高，2015 年“两会”期间，人大代表、中国人民银行南京分行行长周学东建议，应尽快修改现行《票据法》，在票据业务上有条件地允许企业签发融资性票据，适度放开票据的融资功能。在票据交易所筹备构建进程中，中国人民银行表示要用2~3 年的时间取消纸质票据。未来，电票对纸票的替代将会大幅提升，原本隐藏在真实贸易背景后面的融资性票据将从市场消失，这对于票据市场的稳健运行是大有裨益的，但从近年来融资性票据在民间大量交易转让的情形看，融资性票据在我国已具有较为旺盛的市场生命力，已成为近年来中小企业融资的重要途径。况且，随着中小企业票据使用的普及，票据已从企业之间用于延期支付互联的交易性支付工具发展成为主要用于预付款支付的短期信用融资工具，本身融资性特征日趋明显。同时，为适应电子票据加快发展，也有必要给予电子票据更加明确的法律地位。由此，在我国票据市场深入发展中，我们有理由相信并期待，未来适应多层次全国性票据市场建设发展的基础性票据法律规范体系有望完善发展。

2. 票据交易所运行模式更有益于为市场引入更多类型的参与主体

在票据交易所构建运行后，短期内我国票据市场将分为两个相互联系的有机组成部分：一个是以票据交易所作为核心组织者的票据交易所全国性票据转贴现交易市场；另一个是银企之间商业汇票承兑和贴现的票据发行市场。票据交易所作为有形场内大额票据交易市场运行体系的主要建设者和核心组织者，相比于直接参与票据市场交易的银行业金融机构，从维护市场稳健运行和提升市场交易效率的角度来看，更有积极性为市场引入更多类型金融机构，允许更多的机构投资者，包括保险公司、信托投资公司、社保基金等进入票据市场。在市场建设方面，票交所将会更加注重和引入发展围绕票据投融资和交易开展的信用评估、担保和票据鉴证、咨询等专业化中介服务，培育专业化票据中介服务机构，引导部分票据交易量大、业务发展规范、风险防控机制健全和市场认同度高的专营机构进一步发展成为票据市场综合服务商，开展全方位票据专业服务，成为票据交易所核心市场参与主体，通过制度规范和创新发展，逐步将票据交易所发展成为一个多样化机构共同参与的票据投融资市场。

3. 票据交易所建设将为融资性票据提供合理发展的市场空间

票据交易所的建成运行将为我国票据市场按照分类监管的原则统筹交易性票据和融资性票据制度建设，合理放开融资性票据发展空间奠定基础。在我国现行《票据法》遵循严格的真实贸易背景的条件下，票据交易所的建设发展将首先会形成一个纯粹的真实性票据集中交易场所。在短期票据市场调整中，市场可以大体反映出现阶段我国融资性票据发展的潜在空间，政策层也理应思考中小企业现实融资性票据需求的客观存在和发展问题。此后，在票据基础法律制度修订完善的基础上，丰富票据交易品种，有序发展融资性票据。首先，继续稳步发展银行承兑汇票，扩大票据承兑与贴现量；其次，采取优惠政策推广使用商业承兑汇票，提高其市场占比；再次，积极创造条件放开融资性票据，尝试使用银行本票、商业本票、无担保票据、公司票据以及资产支持票据等商业票据。

（四）电子票据替代纸质票据将呈现快速发展态势

1. 电子商业汇票系统用户持续增长

在2009年中国人民银行建成电子商业汇票系统（ECDS）并投产应用后，随着电子商业汇票系统的稳定运行和电子票据发展潜力逐步显现，更多企业和金融机构关注和使用电子票据，接入ECDS系统的用户逐年增长。2011～2015年，分别有9家、16家、18家、14家和23家金融机构成为ECDS系统用户，总体上呈现波动递增态势，截至2015年末，ECDS接入用户家数已达396家，比2010年末增加了80家，比2010年末增长了25.3%，接入机构涵盖了国有银行、股份制银行、城商行等主要商业银行，还包括农村金融机构、外资金融机构、企业集团财务公司等更多类型的金融机构，更多企业和暂不具备直接接入ECDS系统条件的中小金融机构通过直接接入用户实现代理接入。从总体上看，与我国类型丰富和数量庞大的金融机构群体相比，接入和使用ECDS系统用户数仍有巨大发展空间。在电子票据加快发展的趋势下，随着票据市场准入的放开，未来将会有更多中小金融机构接入或采取代理接入方式成为ECDS系统用户。

2. 电子票据延续加速发展

在电子票据成为市场发展必然趋势后，尽管受到经济增速放缓和企业信用风险加大的影响，近年来电子票据却呈现加速发展态势，电子票据累计承兑量和累计贴现量年均增幅分别超过60%和200%，2016年第一季度电子票据出票量和贴现量市场占比分别为37.3%和48.2%。今年以来，由于接连曝出的多起票据风险事件，市场对电子票据替代纸质票据发展的认识更加深入，商业银行在业务经营中均提高了电子票据的发展力度，电子票据交易活跃也进一步拉低了电子票据融资成本。2016年以来，1年期电子票据与6个月期纸质票据之间的贴现利率价差收窄，为企业开展电子票据融资提供了有利条件。在当前市场对票据融资风险高度关注的背景下，电子票据相对于纸质票据具有安全性和操作便捷的优势。随着电子票据应用范围的扩大和交易总量的增长，在利率市场化条件下，电子票据在融资成本方面的优势也将显现，电子票据必将迎来大发展。

3. 纸票电子化从单一银行业务创新发展到全行业纸票托管

近两年来，在电子票据加快发展趋势的带动下，部分商业银行敏锐地抓住了纸质票据电子化业务创新发展的市场契机，纸票托管成为业界创新服务重点。2015年，中国工商银行正式发布了工银票据电子化交易平台并开通票据资产托管系统，为同业客户提供纸质票据托管、电子化交易和电票代理接入等票据服务。为建设全国性票据市场，中国人民银行提出用2~3年的时间取消纸质票据，票据交易所的构建运行也将会对纸质票据电子化做出业务制度设计和规范发展要求，纸质票据托管将会成为全行业业务创新的关键内容。在中国人民银行政策引导下，预计未来一段时期，纸质票据托管业务创新将会加快发展，从而在短期内为全行业票据交易电子化奠定基础。

第十三章

银行票据业务经营形势与发展展望

第一节　银行票据业务经营环境面临深刻变化

一、票据业务发展的新常态特征更趋明显

当前，新常态下经济运行呈现稳中求进的总体特征，经济运行由高速增长转变为中高速增长，企业商业汇票签发量增速也有所放缓。2013～2015 年，GDP 分别同比增长 7.7%、7.4% 和 6.9%，商业汇票累计签发量分别为 20.3 万亿元、22.1 万亿元和 22.4 万亿元，同比分别增长 13.3%、8.9% 和 1.3%。2016 年第一季度，GDP 同比增长 6.7%，企业累计签发商业汇票 4.9 万亿元，同比下降 8.4%，为 21 世纪以来首次负增长。从总量上看，商业汇票年累计签发总量已连续三年超过 20 万亿元，随着年中企业票据融资逐步活跃，2016 年企业商业汇票签发量仍有望超过 20 万亿元。长期地看，供给侧结构性改革新举措、中国制造 2025 和消费对经济增长的贡献进一步上升，将有力推动经济结构加快调整和产业升级，经济发展中最具活力的先进制造业、高端物流服务业等行业将涌现出大量票据融资需求，企业票据签发量在近期放缓后有望重新恢复增长。

二、货币信贷政策调控创新举措市场影响深远

在我国经济新常态发展时期，中央在执行稳健的货币政策的基础上，注重政策松紧适度和适时预调微调，加大金融支持实体经济的政策引导力度，维护金融市场稳健运行，通过深化金融管理体制改革激发市场活力，提升金融资源配置效率。

（一）中国人民银行开始实施宏观审慎评估体系（MPA）

自2016年起，中国人民银行将原先的银行信贷规模管控和差别存款准备金考核机制“升级”为宏观审慎考核评估体系（MPA），主要是为了引导金融机构强化信贷投放和综合金融服务效能，促进金融机构提升稳健经营意识。自2016年起，中国人民银行对银行信贷管理政策，从以往的关注狭义贷款规模转向广义融资规模，将信贷投放、票据融资、债券投资、股权及其他投资、买入返售资产等纳入其中，是一种着眼于社会融资总量的货币调控模式。在MPA考核体系下，商业银行将改变以往单纯注重信贷业务的经营理念，更多从综合金融业务发展的角度平衡信贷、资金和同业融资等多项业务领域的发展。

（二）着力构建利率走廊政策传导机制

在分别取消存贷款利率浮动区间的上限和下限之后，中国人民银行尝试以利率走廊的操作模式来实现对流动性和短期资金利率的常态化调节。根据中国人民银行研究局2015年12月的工作论文《利率走廊、利率稳定性和调控成本》，利率走廊是指中国人民银行通过向商业银行提供一个常备贷款便利工具（SLF）和存款便利工具（超额存款准备金），将货币市场利率控制在目标利率附近，即中国人民银行发挥最终贷款人的作用，通过设定好利率上下限，将利率的波动控制在一定范围内。自2016年以来，中国人民银行主动加大了公开市场逆回购操作，实现了SLF和MLF中短期资金借贷便利工具的常态化操作，提供流动性支持，缓解短期资金市场利率波动，稳定市场对资金面的预期，促进货币市场利率平稳运行。中国人民银行明确提出，探索构建利率走廊，将以公开市场操作为主形成市场化利率的中间值。

中国人民银行在MPA政策框架和利率走廊传导机制两方面的创新举措为金融机构票据业务经营提供了创新转型的有利政策环境，也带来了业务发展适应新货币信贷调控考核机制的挑战。

三、票据业务合规监管力度持续增强

自2014年五部委联合下发《关于规范金融机构同业业务的通知》（银发［2014］127号），中国银监会下发《中国银监会办公厅关于规范商业银行同业业务治理的通知》（银监办发［2014］140号）以来，票据业务成为银行同业业务合规监管的重点。2015年，中国人民银行和中国银监会对商业银行同业业务规范监管要求的落实情况进行了检查，各地银监局还对辖内各商业银行票据业务进行了现场监管检查，重点对票据融资中存在的消规模、非真实贸易背景以及“非标”票据投融资业务开展针对性规范监管检查。根据对票据业务进行的现场检查中发现的问题，2015年末，中国银监会下发《关于票据业务风险提示的通知》（银监办发［2015］203号），该文指出，有关银行业金融机构在办理票据业务中均不同程度地存在不审慎行为；中国银监会此次将票据市场普遍存在的问题都予以风险提示，同时要求银行业金融机构将“低风险”业务全口径纳入统一授信范围，防止资金空转，并加大监管力度。

进入2016年后，票据市场接连发生多起票据风险事件，再次引发市场和监管层对票据业务的关注。4月6日，中国银监会下发《关于防范不法分子冒用龙江银行名义办理商业承兑汇票转贴现风险提示的通知》（银监办发［2016］69号），通报了一起不法分子冒用龙江银行名义办理商业承兑汇票贴现、转贴现风险事件。中国银监会在通报中要求各银行业金融机构应对所持的商业承兑汇票立即展开排查，并强调要高度重视商业承兑汇票业务风险，依法合规开展业务，认真核验票据真伪、跟单资料及交易对手信息，加强风险防控。4月30日，中国人民银行和中国银监会联合下发了《关于加强票据业务监管　促进票据市场健康发展的通知》（银发［2016］126号），要求银行强化票据业务内控管理，坚持贸易背景真实性的业务审查标准，规范票据交易行为，全面开展票据业务风险自查，强化监督检查。同期，监管部门还要求加强跨行业、跨市场金融创新业务监管，银行会发文规范银行信贷资产收益权转让行为，也为银行票据业务创新提出了更高的监管要求。

四、票据交易所创设开启全国性票据市场发展新阶段

近两年来，票据行业在支持实体经济发展、满足中小企业支付结算和融资需求以及加强银行信贷资金运用等方面发挥了重要作用，但在票据市场快速发展和业务竞争加剧的背景下，票据行业发展中一些隐藏的风险因素有所显现。2015年末，中国银监会203号文提示票据业务风险是中国银监会根据近两年来在业务检查中发现的一些较

为突出的问题为守住不出现系统性金融风险底线而有针对性采取的积极举措。

2016 年以来，中国人民银行加快电子票据业务发展，推进全国统一票据市场建设，成为强化票据业务风险管控的新举措。3 月，中国人民银行支付结算司向银行业机构下发了《关于就促进电子商业汇票业务发展开展书面调研的函》，就促进电子商业汇票业务发展相关问题进行书面调研。调研函显示，中国人民银行拟在三个方面促进电票发展：一是修改并完善相关制度办法，包括《电子商业汇票业务管理办法》和《电子商业汇票系统管理办法》等法规；二是电子商业汇票系统（ECDS）操作、功能上的建议；三是 ECDS 推广上的建议。更加值得关注的是，3 月 9 日，中国人民银行副行长潘功胜接受采访时表示，“中国人民银行正在抓紧推动建设全国统一的票据市场，这是下一步中国人民银行工作计划之一。建设电子票据交易系统，将有利于提高票据市场交易效率，降低票据市场交易成本和交易风险。”

第二节　商业银行票据业务经营转型面临的市场机遇

一、经济转型发展有利于银行拓展票据融资服务实体经济领域

新常态下，经济增速放缓和金融市场利率整体水平降低，银行承兑汇票成为中小企业获得信用支持、降低融资成本和提升企业竞争力的重要方式，也是银行适应经济转型发展和企业融资市场变化，强化金融服务实体经济的重要路径。

今后一段时期，中央供给侧结构性改革各项举措的贯彻落实将有力推动经济结构加快调整和产业升级，中国制造 2025 和消费对经济增长的贡献进一步上升，“一带一路”、长江经济带、京津冀协同发展等战略的实施以及新型城镇化建设，将促进区域经济协调发展。经济发展中最具活力的中小制造业企业将涌现出大量的票据融资需求，为银行票据业务的可持续发展提供坚实的经济基础。同时，中央将在符合条件的地区批准设立新的自贸区。多地自贸区的建设发展，将推动区域经济结构向外向型贸易服务和加工制造业转变，银行承兑汇票较为适合自贸区企业支付结算、贸易融资的供应链金融服务需求。在电子商业汇票系统与中国人民银行跨境支付系统完成系统信息交互对接后，银行还可以为企业办理商业票据跨境人民币支付结算。

近两年来，电子票据提速发展，企业使用电子票据的资金成本已低于使用纸质票据，2016 年第一季度，两者利差约为 20 个基点。在全国性票据市场建设进程中，企业

使用电子票据将获得更加便捷的融资服务和较低的融资成本。

二、金融调控适应新常态有利于银行票据业务经营转型

在我国货币条件回归常态后，中国人民银行货币政策调控将在稳增长、调结构等方面发挥更加积极的作用，为供给侧结构性改革提供有力的货币金融环境。今后一段时期，宏观审慎评估体系和利率走廊传导机制将成为中国人民银行完善发展货币政策的重点，将有助于促进票据业务发展。

（一）宏观审慎评估体系给予银行票据业务经营的自主性

在中国银监会取消银行贷存比考核后，自 2016 年后，中国人民银行开始实施宏观审慎评估体系（MPA），有利于改善银行信贷总量的制约条件，为银行的综合化经营和业务创新创造更加有利的政策条件。对于较易受到货币信贷调控政策影响的票据业务，稳健的货币政策和更加适应新常态的宏观审慎评估体系将有助于减少货币政策调整对票据融资规模的影响，有利于减缓票据融资规模波动，从而增强银行票据融资业务经营的自主性和业务创新的主动性。同时，在经济运行稳中求进和货币政策调控适应性增强的前提下，票据融资支持信贷投放的作用仍将提升，市场流动性宽裕也将提升票据交易活跃度。

（二）货币信贷调控新方式增强银行票据业务经营的灵活性

在宏观审慎评估体系的基础上，中国人民银行着力构建更具市场化导向的利率走廊货币政策传导机制，进一步转变货币信贷总量调控方式。在利率走廊机制下，中国人民银行更多的是以公开市场操作的方式实施定向流动性调节，银行可以主动向中国人民银行提请 SLF 借款改善经营条件，即银行在信贷、票据和债券投融资业务经营中面临清算资金不足时，可向中国人民银行进行债券质押融资，避免在不利条件下转卖票据或债券资产。银行仍可继续持有相对较高收益的票据，只需付出因超额备付金减少或常备借贷便利操作的资金成本，提高了票据经营的灵活性。

（三）利率走廊机制有利于降低票据利率运行的波动性

根据利率走廊机制的操作机理，在中国人民银行利率走廊体系建立起良好的市场信誉之后，可以在降低市场利率大幅异常波动、降低公开市场操作成本和促成合理的利率曲线形成等方面发挥积极作用。

自 2016 年以来，在探索构建利率走廊货币传导机制的过程中，中国人民银行加大

了通过 SLF、MLF 和逆回购操作提供流动性的力度，并引导资金利率趋向中国人民银行合意利率水平，有效降低了短期利率的波动，提高了票据利率运行的稳定性；配合中国人民银行宏观审慎评估体系，增强了银行票据融资和信贷规模调控的灵活性；有助于形成市场化的利率曲线，银行票据融资交易业务更适宜差异化定价和业务创新。

三、电子票据发展趋势有利于银行增强票据市场主体地位

今后，票据交易所的建成运行必将极大地推动全国性票据市场的建设发展，电子票据替代纸质票据的趋势将更加明显。从未来市场发展前景看，银行在全国性票据市场建设进程中的市场地位更加凸显，将获得更加有利的票据业务创新发展的市场环境。主要原因在于，商业银行开展票据业务相对较早，多家银行曾配合中国人民银行参与电子商业汇票系统（ECDS）的研发工作，也较早开展电子票据的推广应用和自身业务系统的开发，在电子票据业务率先发展中获得了先发优势。随着电子票据系统功能的优化升级，民间票据中介机构的市场作用将显著下降，商业银行凭借在票据业务、信息科技、专业人才方面的相对优势，可以更好地拓展电子票据业务创新领域，提升票据市场核心主体地位。

四、金融监管模式的转变有利于提升银行票据业务创新活力

十三五规划提出，要建设现代金融市场体系，完善统筹发展的金融监管制度。由此，未来我国将构建跨部门金融监管协调机制，最终实现综合金融监管的制度安排，促进不同金融管理机构加强货币政策和金融监管，尤其是跨市场金融创新业务管理的政策协调。

对于票据业务而言，综合金融监管框架的建设，将有助于减轻货币政策调整对票据融资的影响，推动银行创新发展票据业务。金融监管统筹业务创新管理，将更有利于金融改革和对外开放的不断深入。今后，民间资本进入银行业与民营银行设立和发展的市场环境更加宽松，证券、基金、保险以及信托公司等其他类型金融机构也将有更多的机会介入银行业务，从而使得更多类型金融机构参与票据业务创新，为银行开展业务合作和业务创新提供了契机。同时，多元化市场主体带来差异化业务经营，更加有利于银行票据业务经营转型，分散票据业务经营风险，提升票据业务创新的综合收益率。

五、金融领域“互联网+”行动促进银行票据业务模式转型

在电子商务和互联网金融快速发展的背景下，根据国务院关于积极推进“互联网+”行动的指导意见，2015 年 7 月，中国人民银行联合 10 部委发布《关于促进互联网金融健康发展的指导意见》，引导互联网金融新业态合理健康发展。今后，票据经营主体多元化发展，票据交易频率加快和交易方式更趋复杂，使得当前分散化、柜台式的交易模式难以适应业务创新发展的需要，经营主体迫切需要借助互联网创新发展票据电子化交易平台，并在此基础上打造形成票据交易所，以引导市场秩序，规范市场规则，提升市场交易效率。近两年来，互联网票据新业态和电子票据的深入发展，成为创新票据市场运行模式的基础条件。当前，中国人民银行正着力构建以 ECDS 系统为基础的全国性票据市场，全国统一的票据交易所雏形已显露端倪。与此同时，部分银行机构积极创新线上票据交易模式，逐步成为互联网票据新业态深入发展的主导力量。2015 年 11 月，工银票据电子化交易平台正式发布，为市场提供了纸质票据电子化托管和交易方式。电子票据市场占有率的进一步提升，不同类型银行间票据电子化交易平台的涌现和市场竞争，最终将创新发展出更加适合的票据市场运行模式。

第三节 商业银行票据业务经营转型面临的现实挑战

当前和今后一段时期，我国金融改革的持续深入将深刻改变银行业的市场格局，主要是金融市场体系完善和“互联网+金融”的融合发展，加速传统银行业客户的金融脱媒化；利率市场化使得银行存贷款利率降至较低水平，利差进一步收窄，银行业市场竞争更加激烈；银行业存贷款规模和盈利增速有所放缓，银行业务创新和经营转型更加紧迫。同时，银行业务经营创新面临着更加全面的金融监管。在金融深化改革的进程中，票据市场发展将面临诸多挑战。

一、新形势下银行票据业务经营转型的紧迫性更加突出

（一）新常态下银行传统票据业务经营模式发展空间受限

新常态下，经济增速放缓使得银行票据业务发展面临着传统企业票据融资需求下

降和信用风险加大的双重影响，利率市场化条件下票据贴现收益率和交易利差收窄，未来银行资本监管更加全面覆盖表内外信用风险资产、交易账户利率风险和各类业务操作风险，银行票据融资业务依赖信贷和资金规模实现盈利增长的经营模式亟待转型。

（二）短期资金波动空间受到限制，票据交易获利模式面临挑战

当前和未来一段时期，在流动性宽裕和货币市场运行相对平稳的市场条件下，票据业务资金交易的特性更趋明显。对于以交易获利的票据机构而言，利率走廊机制的建设完善，将会发挥调节市场流动性和稳定短期资金利率的作用，有利于降低票据市场利率大幅波动可能导致的流动性风险，也将票据业务的利润空间挤压在隔夜利率与6个月资金价格之间狭小的范围内，票据交易利差空间将进一步缩窄。

（三）多元化票据经营主体可能加剧银行同质化票据业务竞争

金融改革深化将从两个方面为银行间票据市场引入新的参与主体：一是金融市场开放力度加大，境外金融机构和民营银行以及更多符合条件的民间资本有望进入银行间票据市场；二是证券、基金和保险等非银行金融机构介入传统银行业务准入条件放宽，成为银行间票据市场新的交易主体。在利率完全市场化，中国人民银行货币政策调控更加注重利率传导机制的条件下，多样化主体对优质企业客户和银行间票据交易的利率竞价将更加激烈，使得银行票据融资业务的综合收益水平有所下降。

（四）金融机构全面实施营改增对业务经营带来复杂影响

根据《财政部　国家税务总局关于全面推开营业税改征增值税试点的通知》规定，从2016年5月1日起，在全国范围内全面推开营业税改征增值税试点，将建筑业、房地产业、金融业、生活服务业等全部营业税纳税人，纳入营改增范围。从此次营改增试点工作所配套的相关政策制度来看，相当于将原来的营业税从5%上调至6%，并再增加若干收税项目，对整个银行业的税收可以说有增无减。具体来看，对票据业务的影响也较大，未来或影响票据贴现及转贴现定价水平，或影响商业银行对票据资产的总体配置。

二、银行票据综合化业务创新面临更加全面的金融政策管控

（一）银行票据业务发展面临宏观审慎评估体系（MPA）的考验

在MPA框架下，银行票据业务将从以往顺应狭义贷款规模调控，向未来顺应广义

融资总量调控转变，银行信贷、债券投融资和买入返售资产等业务的经营对票据业务的综合影响加大。在面临中国人民银行 MPA 考核时期，从银行信贷、债券投资、票据融资和买入返售资产等业务板块看，票据具有更加活跃的二级交易市场，且票据作为信贷规模调控工具已被银行应用纯熟，从而使得票据业务面临更大的融资总量调控压力。

（二）银行票据综合化业务创新面临全面合规监管的压力

当前，在监管部门对银行同业业务的严格监管下，银行业机构与信托、证券和基金公司等合作开展票据资产转让业务的整体运作成本大幅上升。今后，为适应现代金融市场发展的需要，金融监管将更加注重综合化业务监管，互联网金融监管框架逐步健全，对银行与非银行业金融机构合作开展跨市场业务（票据资产管理、票据投融资理财等）和互联网票据金融服务等多元化票据业务创新提出更严格的监管要求。

三、银行票据业务风险防控的复杂性加大

2015 年以来，在经济增速放缓和利率市场化进程加快的背景下，票据融资业务风险的信用风险、利率风险明显增大，票据业务经营风险防控的压力加大。首先，经济回稳增长仍须消解部分产能过剩行业和企业去库存等问题，中小企业生存发展的经济环境较为严峻，银行票据融资的信用风险防控压力较大。其次，在中国人民银行推进和实现存款利率市场化的进程中，存贷款利差收益缩窄，资本市场波动和注册制改革使得银行间市场流动性短期频繁波动成为常态，银行存款分流压力和负债成本进一步上升，银行票据业务的利率风险和流动性风险防控难度加大。2015 年以来，部分中小银行业机构加大了票据资金错配运作的力度，由于市场利率变动，部分机构票据资金错配的利率风险已经显现。同时，部分银行也加快了票据资产管理和互联网票据等业务模式的创新发展，随着业务创新监管的深入，逐步加大了相关业务的合规经营风险。

今后一段时期，在利率完全市场化和信息传播速度加快的条件下，票据业务的信用风险、操作风险、市场风险乃至声誉风险之间的转换频率加快，票据业务风险通过业务链条更容易在票据市场多元化主体之间传播，商业银行票据融资业务经营风险防控的难度加大。

第四节 未来商业银行票据业务转型发展的市场展望

一、银行票据业务发展更加凸显支持实体经济的作用

（一）银行票据业务服务实体经济发展的经营理念增强

近年来，在票据业务的快速发展中，票据融资功能被过度强化，成为影子银行的操作工具，引发监管部门持续加强票据业务合规监管。当前接连发生的票据风险事件和票据业务监管检查持续升级，引发了银行同业机构对自身业务经营的反思，也更加注重企业直贴业务的发展，银行票据业务服务实体经济发展的经营理念显著提升。

今后一段时期，在利率市场化和金融脱媒化不断深入，流动性宽裕及综合金融监管实践不断完善的市场条件下，银行票据业务的交易利差进一步收窄，创新业务发展的收益成本比上升，银行为提升票据业务综合收益和加快经营转型，将会更加重视企业端票据业务的市场竞争。从未来发展看，银行发展票据业务不仅能够发挥自身在信贷资金业务上的传统优势，还能获得跨市场业务创新的优质资产。

（二）人民银行政策激励促使银行更有意愿开展票据业务

近年来，中国人民银行对在中小企业贷款方面达到一定标准的银行实施差别存款准备金率政策，给予政策优惠。中国人民银行货币政策报告显示，中小企业作为商业汇票签发使用主体，占比超过2/3，成为银行承兑业务和贴现贷款资金的重要客户基础。在中央推进供给侧结构性改革和深化金融改革的政策背景下，票据业务仍将是银行提升金融支持实体经济，拓展中小企业信贷客户和控制经营风险的有效方式。银行在促进中小企业票据业务良好发展的基础上，还可享有中国人民银行给予的存款准备金率适度调降的政策优惠，为银行经营转型获取更大空间。

（三）银行在中小企业贸易金融服务领域更加主动开展票据业务

从企业融资的角度看，票据的本质是为供应链上不同环节的企业提供集信用、融资、汇兑、结算于一体的金融服务。与信贷相比，票据可流转性更强，并可质押融资，价格更低，也更市场化；与债券相比，其“发行”更简便快捷，签发主体无须公开披

露财务信息。现有和未来新设的自贸区，在助推经济转型升级的同时也为银行加大供应链金融票据业务的组合创新与应用提供契机。下一阶段，适应国内外经济贸易发展的创新型中小企业的票据融资需求将大量涌现，银行有望在进出口贸易项下保函、保理、信用证、保兑仓等业务中为中小企业提供供应链票据融资业务。

（四）银行票据业务中间业务收入有望进一步提高

当前，银行承兑费率已由传统的万分之五改为由银行根据市场环境自主确定，银行在办理中小企业签票据承兑业务时，将更加注重风险收益的平衡和经营策略的灵活调整。在营改增全面实施后，银行更有动力和条件统筹承兑费率、保证金比例、贴现及转贴现利率定价，有望在合理控制中小企业信用风险的基础上获得更多的中间业务收入。

二、银行票据业务运营模式有望深入发展

2016 年初，中国人民银行提出建设全国统一票据市场的构想，促进电子票据加快发展。此后，中国人民银行组织多家银行共同推进票据交易所的筹建，票据市场运行模式将发生深刻变化，银行票据业务运作模式也将会适应市场的变革而呈现革新发展的态势。

（一）商业银行票据业务集约化经营模式有望进一步深入发展

2014 年，中国银监会在规范商业银行同业业务治理的通知（140 号文）中明确提出，银行业机构应实行同业业务专营部门制，由法人总部建立或指定专营部门负责经营。此后，根据监管部门对银行加强同业业务治理的相关要求，部分尚未建立票据专营机构的商业银行，也开始着手落实和推进票据业务专业部门制和集中经营。近两年来，监管部门在对银行票据业务合规监管检查中，多次发文指出部分银行存在着票据同业专营上收不彻底、专营部制落实不到位等问题，要求银行应严格落实同业业务治理规范的要求，加强票据业务风险防控。2016 年以来连续发生的多起票据风险事件使商业银行深刻认识到票据同业治理对于业务风险防控的重要性，也将更有动力去完善发展票据专业部门制和集中经营。当前，电子票据替代纸质票据进程提速，中国人民银行着力构建票据交易所，均为银行推进落实票据专业部门制和深化票据集约化经营提供了市场条件。在票据交易所引领全国统一票据市场的发展阶段，未来银行票据业务集约化经营模式有望在以下两个方面深入发展：一是构建参与票据交易所电子票据市场的交易票据集约运营模式；二是强化票据专业部门经营管理体制机制，优化以票

据专营机构为龙头，适应分支机构企业端票据业务分散经营的一体化票据业务经营管理模式。

（二）商业银行将构建完善电子票据交易中心运营模式

在票据交易所建设并引领全国性票据市场发展的进程中，票据交易所有望逐步发展成为一个以电子票据为载体的银行间资金交易市场，市场功能类似于全国同业拆借交易中心，而电子票据的工具作用类似于质押式债券回购中的债券工具。今后，票据交易所电子票据交易总量的快速增长在某种程度上将替代同业拆借和债券回购成为银行调节短期资金的重要方式，银行与外部交易机构及其内部分支机构之间的短期票据资金的运作将成为银行提升票据业务经营效益的关键。由此，在全国电子票据加速发展和利率市场化条件下，银行电子票据交易资金化运作的特性更加显著，银行将需要构建和完善票据交易运作模式。一是培育具有较强宏观分析、利率走势研判和风险定价能力的研究队伍；二是培育和强化具有敏锐市场发现能力的票据资金交易员机制；三是与票据交易所发展相适应的业务创新能力。

三、银行电子票据业务创新发展成为市场主流

在电子票据提速发展、信息技术与金融融合发展和各类票据市场参与主体竞争日趋激烈的背景下，商业银行电子票据业务创新有望取得新进展。

（一）银行替代民间票据中介引领互联网票据新业态发展

在票据交易所建设和全国统一电子票据市场发展中，银行引领互联网新业态走向深入的潜在优势更加明显。银行可以凭借信息技术、大数据以及客户优势构建具有大数据特点和集成化的，涵盖企业客户、同业客户、投资者个人在内的互联网票据业务运作平台。银行可充分依托中国人民银行企业及个人征信系统，为银行创新多元化互联网票据业务提供信用风险评估分析等相关技术保障。银行互联网票据新业态的深入发展将进一步提升银行开展中小企业票据业务创新的市场竞争优势，逐步取代第三方互联网中介机构。

（二）企业将更加主动选择在银行办理电子票据业务

近两年来，电子票据所具有的交易安全性和便捷性的优点被市场广泛认同，更多的企业开始熟悉和使用电子票据，电子票据承兑和贴现量大幅增长带动了电子票据融资成本的下降，企业从融资成本和安全性角度考虑，将更加青睐电子票据。在电子商

务加快发展的背景下，中小企业也将更加重视信息科技的应用，将会有更多中小企业有条件和意愿使用电子票据。同时，银行互联网票据新业态的深入发展，还可凭借风险管理和大数据方面的优势，构建中小企业票据融资 P2P 模式，抢占第三方互联网票据中介机构的小微企业票据融资业务市场份额。

（三）银行将着力发展纸票电子化业务

票据交易所的建设，必将经历一个电票替代纸票直至纸票最终退出市场的过程。在纸票尚未完全退出市场时，银行为企业办理纸票贴现后必须实现电子化转换才能进入交易所市场。在这一进程中，银行会更加注重票据全业务链条的发展，从前端票据签发承兑、企业端票据综合服务，到后端二级市场，再到票据资管等创新业务。银行为使纸票进入票据交易所市场，必须按照票据交易所关于票据电子化的要求办理业务。由此，银行在积极参与票据交易所市场的同时，为拓展业务发展空间和市场竞争力，将会努力提升纸票电子化程度，并进一步推动纸质票据托管、票据经纪、撮合交易和代理业务等相关业务的发展，从而大幅提升纸质票据电子化和集中化程度，促进纸质票据由分散托管、交易逐步走向集中托管、交易。

四、银行将继续探寻综合化票据业务创新发展之路

今后一段时期，随着金融改革的深入发展，银行综合化经营步伐加快，经济主体多元化票据金融需求涌现，为银行开展综合化票据金融服务提供了市场空间。

（一）票据资管计划有望成为银行跨市场票据业务创新的重点

近两年来，在外部监管压力持续加大的背景下，银行以往通过票据中介或买入返售业务等方式实现票据规模出表的空间日益收窄。在此期间，部分银行与证券公司合作开发了票据资产管理计划。今后一段时期，随着票据交易所的建设发展，有望引入更多类型金融机构作为投资主体，银行票据资产管理业务有望成为票据交易所业务创新发展的重要内容。随着银行综合化经营步伐的加快，票据资产管理业务可以满足企业和个人日益增加的短期资金投资需求。银行依托纸票电子化系统，可以为企业和同业机构进行受托票据资产管理，并与票据交易所投资主体合作开展票据资产管理计划，促进跨市场票据投融资业务的创新发展。

（二）票据综合金融服务将是银行票据业务创新发展的必然选择

今后一段时期，随着经济结构加快调整和中小企业票据融资需求的增加，各类型

金融机构也将更加重视风险可控、交易便捷和短期资金收益可观的票据融资业务，多元化票据金融服务需求将大量涌现。在此背景下，银行票据融资业务应突破依赖于规模、资金和资本约束的“承（兑）、贴（现）、转（贴现）”传统业务领域，满足市场多元化票据金融服务需求。银行可以凭借专业人才和业务优势，为大型企业提供供应链票据管理的财务顾问、票据池融资项目优化、票据交易策略咨询等增值服务；为中小企业和金融机构提供包括票据经纪、票据鉴证、代理查询、代理托收等专业服务；在条件满足时，银行可依托自身构建的P2P互联网票据业务模式，为企业乃至个人开展票据委托投资等相关业务。上述票据综合金融服务均可以采取业务服务费或手续费等合理、合法收费形式为银行扩大中间业务收益。

附录一

2012 年中国票据市场发展报告

内容摘要

2012 年，我国经济增速显著放缓，通货膨胀稳步回落，稳增长成为宏观调控的主基调。因此，货币政策稳中偏松，年内两次降息，两次下调存款准备金率，中国人民银行加大公开市场逆回购操作调节市场流动性。受此影响，全国金融机构贴现余额在经历了前两年的低迷期后进入上升通道，年末票据贴现余额同比增长 2.04 万亿元，同比增幅为 35%。由于货币政策先松后稳以及监管政策屡出新规，票据市场利率呈现出从快速下行到震荡上行的态势。中国票据网转贴现报价利率年度均值为 5.5%，同比下跌 226 个基点。同期，票据市场交投活跃，贴现量创出历史新高；电票业务呈现加速发展态势，但占比仍然偏低。

第一部分　2012 年宏观经济与货币政策回顾

一、国际经济运行回顾

（一）全球经济艰难复苏，不确定性加大

2012 年，全球经济复苏缓慢，据国际货币基金组织估算，全球 GDP 增长 3.2%，

较上年下降 0.6 个百分点。其中，美国经济出现回升迹象，但增速不明显；欧元区受债务危机的拖累，陷入二次衰退；新兴经济体受外需疲弱的影响，增速也有所放缓。

在全球经济缓慢复苏的过程中，充满风险和危机：一是欧债危机难以化解，拖累欧洲经济陷入二次衰退，成为世界经济复苏最大的掣肘因素；二是美国经济虽出现了一些良性变化，但就业市场改善步伐缓慢制约了经济复苏的速度；三是日本债务比例升至全球第一，其债务问题引发市场担忧；四是面对全球经济困境，部分新兴经济体也陷入经常账户和公共财政“双赤字”的局面。

2008 年以来，美国、日本、欧盟及金砖国家 GDP 季度同比增速见附录图 1－1。

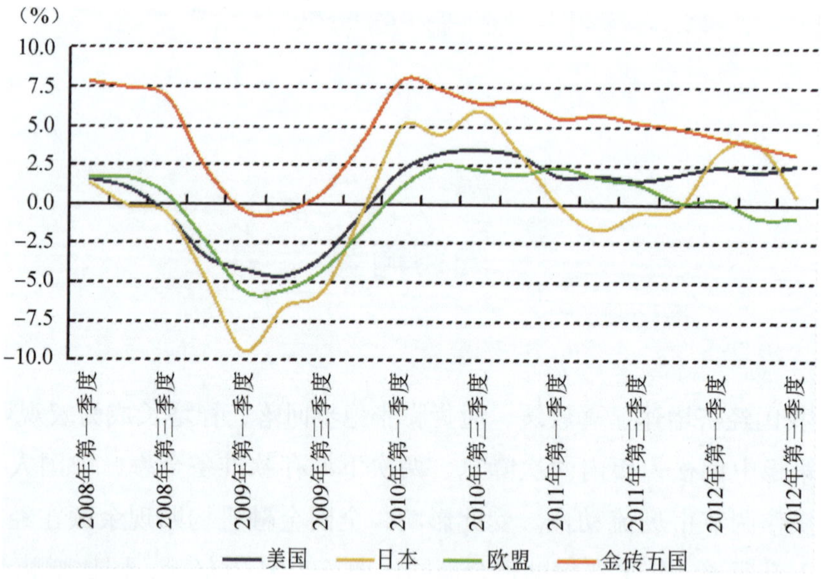

附录图 1－1　2008 年以来美日欧及金砖国家 GDP 季度同比增速

2008 年以来，美国、日本、欧盟月度失业率见附录图 1－2。

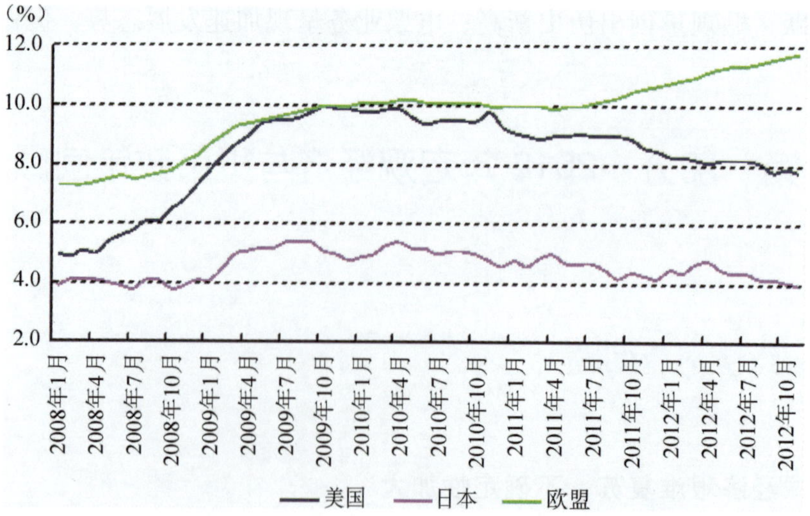

附录图 1－2　2008 年以来美日欧月度失业率

（二）欧美日继续量化宽松，新兴经济体政策两难

2012 年，欧美日等国陆续推出新一轮的量化宽松政策，通过扩大流动性以刺激经济增长。美联储分别于 9 月和 12 月推出 QE3 和 QE4，继续购买国债和抵押贷款支持证券；欧洲中央银行于 2 月推出第二轮三年期长期再融资操作，9 月推出 OMT 购债计划；日本中央银行也于 2 月决定将资产购买计划规模扩大为 10 万亿日元，并于年底推出第 11 轮 QE。

在欧美日等国继续量化宽松的背景下，新兴经济体所面临的输入通货膨胀风险再次加大，部分国家较高的通货膨胀率限制了其货币政策的操作空间，在刺激经济和管理通货膨胀上进退两难。

二、国内经济运行回顾

（一）经济前三季度逐季回落，第四季度企稳回升

2012 年，我国经济增速在前三季度持续回落，第四季度企稳回升。初步测算全年 GDP 为 51.93 万亿元，按可比价格计算增长 7.8%，较上年下滑 1.4 个百分点，为 21 世纪以来最低。其中，第一至第四季度分别同比增长 8.1%、7.6%、7.4% 和 7.9%。第四季度结束了连续六个季度下降的走势，出现小幅回升。从经季节调整后的环比增速看，第一至第四季度 GDP 分别环比增长 1.5%、2.0%、2.1% 和 2.0%（见附录图 1－3）。

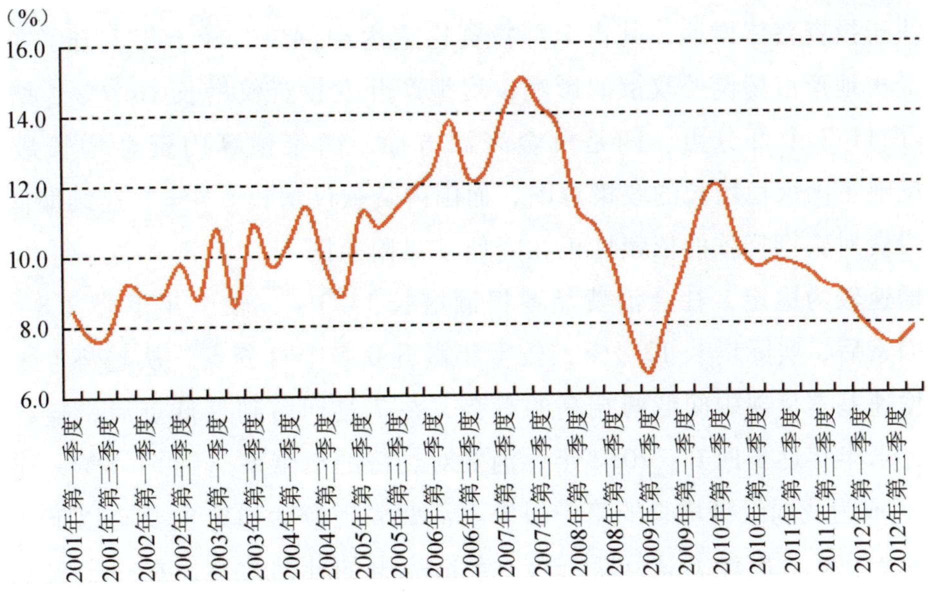

附录图 1－3　2001 年以来 GDP 季度同比增速

规模以上工业增加值增长 10.0%，较上年降低 3.9 个百分点，其中重工业和轻工业分别增长 9.9% 和 10.1%，分别较上年降低 4.4 个和 2.9 个百分点。由于重工业正经历去库存的过程，增长动力减弱，其增速略慢于轻工业。工业增加值增速呈现探底回升的趋势，在 8 月达到低点后出现缓慢回升（见附录图 1－4）。

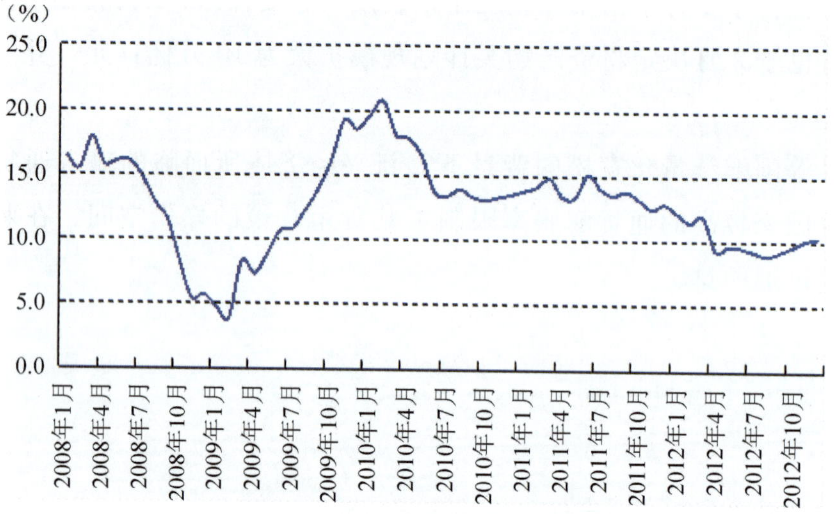

附录图 1－4　2008 年以来工业增加值月度同比增速

固定资产投资（不含农户）增速总体有所加快，全年增长 20.6%，较上年下降 3.2 个百分点，但剔除价格因素后，实际增长 19.3%，较上年上升 3.2 个百分点。投资呈现以下特点：一是随着下半年开始中央加快对基建项目的审批，中央投资年内累计增速从 8 月开始转正，全年增长 5.9%，比上年上升 15.6 个百分点，而受融资平台清理的影响，地方投资增速放缓至 21.7%，较上年下降 5.5 个百分点。二是民间投资增长依然快于投资整体增速，其占全部投资比重达 61.4%，较上年上升了 3.3 个百分点。三是受房地产市场调控政策的影响，房地产开发投资仅增长 16.2%，增速较上年大幅回落了 11.7 个百分点。四是资金来源方面，国家预算内资金增长最快，达到 29.7%，反映了国家稳增长的政策意图，而国内贷款仅增长 8.4%。连续偏低的增速说明近年来投资对银行贷款的依赖性正在降低（见附录图 1－5）。

消费增速较为稳定，社会消费品零售额增长 14.3%，较上年下降 2.8 个百分点，剔除物价因素后，实际增长 12.1%，较上年微升 0.5 个百分点。从趋势上来看，年内名义消费增速基本呈现中间低两端高的趋势，在 7 月回落到最低点后，随着对经济预期的好转，下半年逐步回升。2012 年，消费对经济的贡献率达到 51.8%，连续第二年超过 50%，成为我国经济增长的第一引擎。消费表现较为稳定主要有以下三方面的原因：一是我国在 5 月出台了对节能汽车、节能家电的补贴政策，在一定程度上刺激了汽车和家电类产品的消费。二是居民收入增长自 2002 年来首次快于经济增长，城镇居

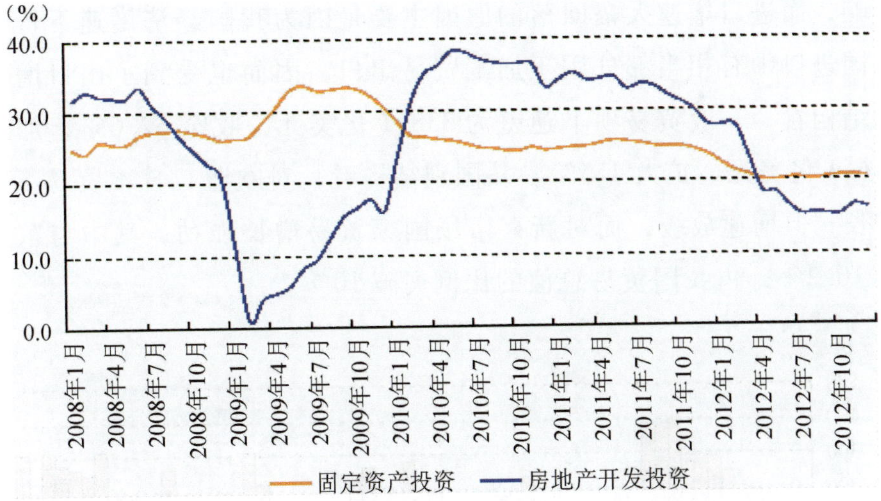

附录图 1－5　2008 年以来投资和房地产投资累计同比增速

民人均可支配收入和农村居民人均纯收入分别实际增长 9.6% 和 10.7%，均快于 7.8% 的经济增速。三是年底房地产市场回暖，也带动相关消费品增速回升。另外，当年我国消费业态也出现了创新变化，其中电子商务迅速增长，成为消费的一大亮点（见附录图 1－6）。

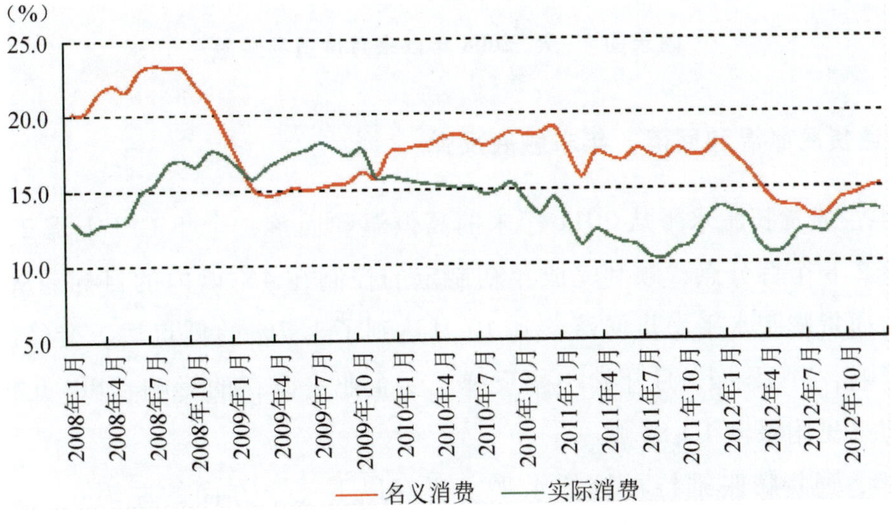

附录图 1－6　2008 年以来名义和实际消费月度同比增速

对外贸易增速出现明显下滑，进出口规模均为个位数增长，由于进口增速下滑程度大于出口增速，贸易顺差显著扩大。2012 年完成出口 20 489 亿美元，增长 7.9%，增速较上年下降 12.4 个百分点；进口 18 178 亿美元，增长 4.3%，增速较上年下降 20.6 个百分点；实现贸易顺差 2 311 亿美元，同比扩大 48.1%（见附录图 1－7）。出口增速大幅下滑主要是由于外需的疲弱和人民币实际有效汇率在 2011 年下半年大幅上升的滞后影响，而进口增速大幅回落的原因主要是因为我国经济增速下行使得内需减少，同时我国进口中有相当部分用于加工贸易出口，因而也受到了出口增长放缓的影响。从类别结构看，一般贸易项下逆差为338.1亿美元，收窄62.6%，加工贸易项下顺差为3 816.1亿美元，扩大4.5%。从国别结构看，对欧盟、日本贸易下降，对美国贸易保持增长，但增速放缓，而对新兴市场国家贸易增长强劲，其中与东盟的贸易总值同比增长10.2%，占我国贸易总值的比例突破10%。

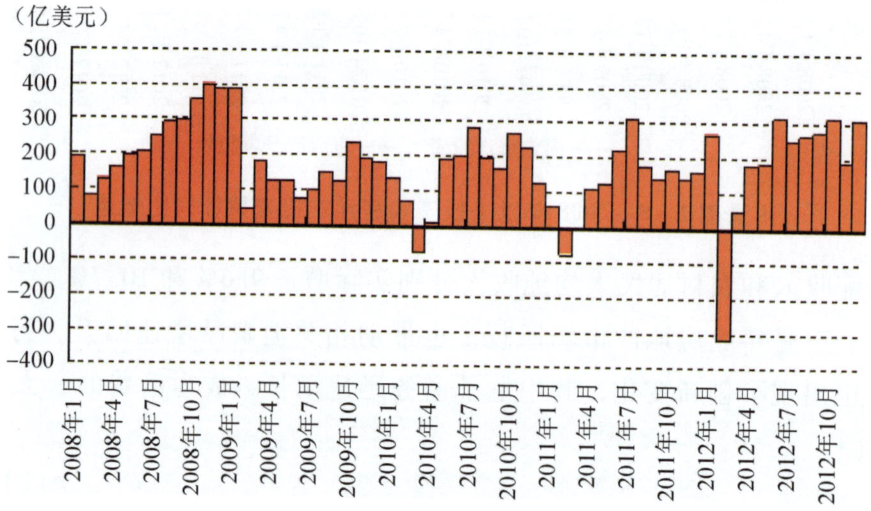

附录图1-7　2008年以来月度贸易顺差

（二）通货膨胀温和回落，年末触底反弹

2012年，通货膨胀水平从2011年末的高位温和回落，全年CPI上涨2.6%，涨幅较上年回落2.8个百分点，顺利完成年初制定的控制在4%以内的目标。从走势上看，从年初开始通货膨胀水平稳步回落，到10月达到了1.7%的低点后，受经济回暖和季节因素的影响，11月、12月开始小幅反弹。受企业去库存的影响，PPI几乎全年都处于负值区间（见附录图1-8）。

2012年，通货膨胀维持在较低水平主要有以下三个方面的原因：一是在经济放缓、需求疲弱的大背景下，作为反映供求关系的物价水平很难出现大的涨幅。二是由于国家对农产品流通环节的整治效果开始显现，农业生产资料价格持续回落，国内食品价格上涨的新增成本因素明显减弱，同时我国粮食已经连续第九年增产，猪肉价格周期性下跌，2012年食品价格涨幅持续回落。三是前期积累的紧缩政策效应逐步显现，同时2012年货币增速较为稳定，减轻了物价上涨的压力（见附录图1-9）。

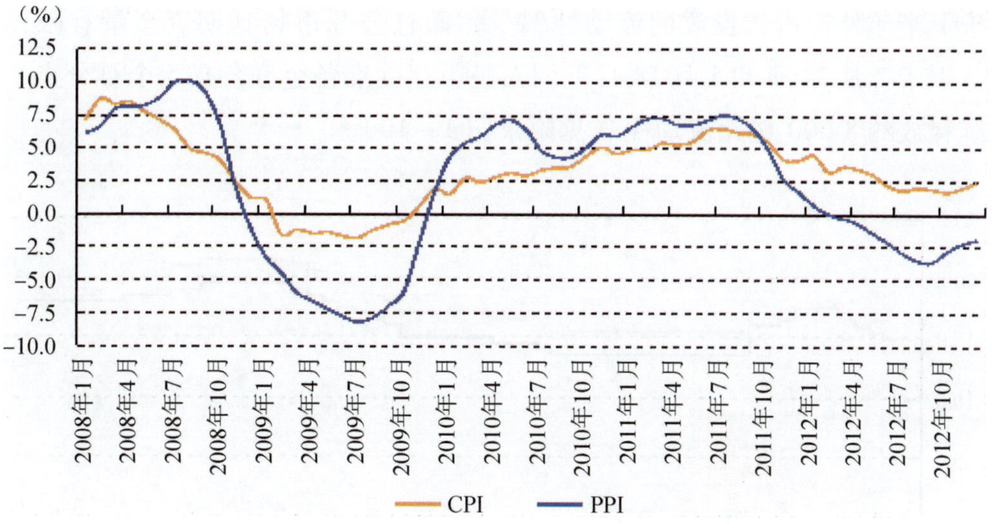

附录图 1-8　2008 年以来 CPI、PPI 月度同比涨幅

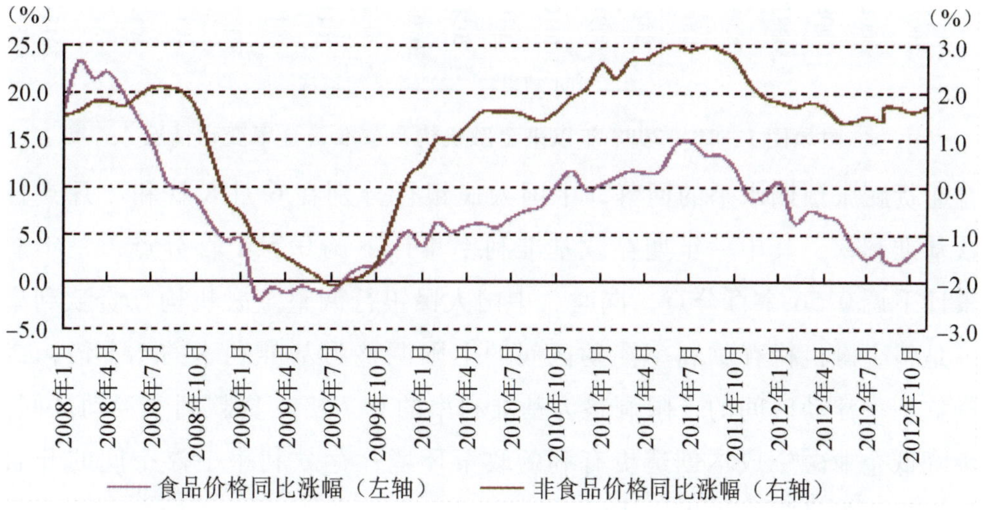

附录图 1-9　2008 年以来月度食品价格和非食品价格同比涨幅

三、国内货币政策执行情况

2011 年底的中央经济工作会议提出，2012 年继续实施稳健的货币政策。从实际执行情况看，上半年主要运用降息、降准工具，货币政策偏松；第三季度开始注重微调，公开市场操作担当主角。

（一）上半年政策实质性宽松，利率市场化进程加快

上半年，国内经济增速放缓，通货膨胀水平回落，中国人民银行运用多种货币政策工具配合使用，确保对实体经济的支持力度，同时在利率市场化改革方面又迈出了重要一步。

由于上半年外汇占款投放的流动性偏少，而且公开市场到期资金量有限，中国人民银行分别于2月24日和5月18日下调人民币存款准备金率各0.5个百分点，总共向金融系统释放约8 000亿元流动性（见附录图1－10）。

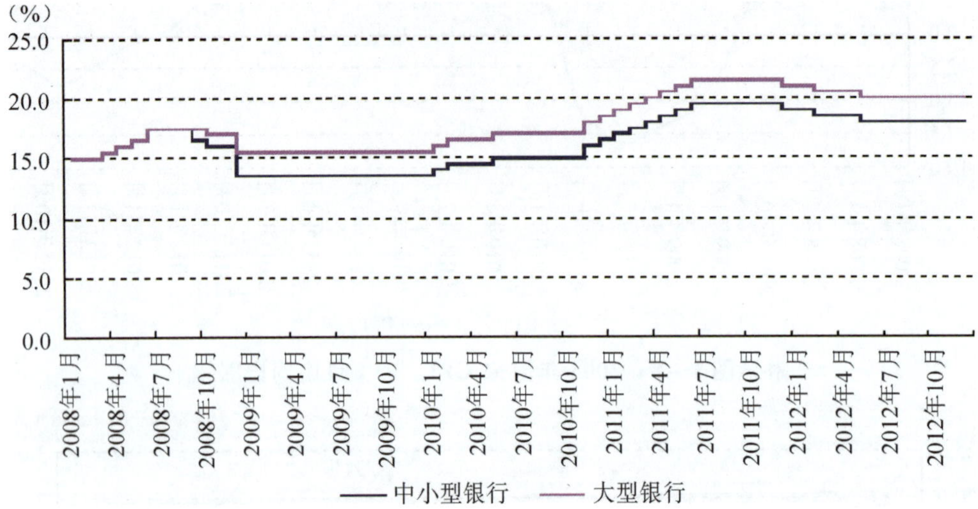

附录图1－10　2008年以来金融机构存款准备金率变动情况

随着通货膨胀预期水平的回落，中国人民银行分别在6月8日和7月6日两次下调存贷款基准利率，其中一年期存款基准利率累计下调0.5个百分点，一年期贷款基准利率累计下调0.56个百分点。同时，中国人民银行调整金融机构存贷款利率的浮动区间：一是将金融机构存款利率浮动区间的上限调整为基准利率的1.1倍；二是将金融机构贷款利率浮动区间的下限调整为基准利率的0.7倍。贷款利率浮动区间的调整，为进一步降低企业融资成本创造更有利的政策环境；存款利率上浮空间的开启意味着我国利率市场化的进程又迈出实质性一步。2008年以来，金融机构存贷款基准利率变动情况见附录图1－11。

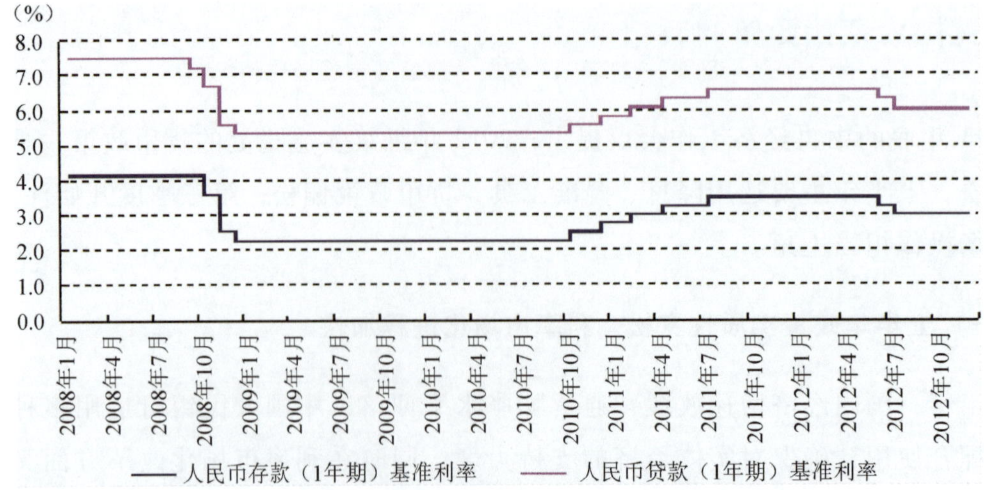

附录图1－11　2008年以来金融机构存贷款基准利率变动情况

（二）下半年政策注重微调，公开市场操作担当主角

从 2012 年第三季度起，公开市场操作担当起货币政策的主角，常态化的逆回购操作成为主要特征。鉴于国内和国际两方面的不确定性，中国人民银行对进一步降息和降准存有顾虑：一是根据市场预期通货膨胀水平，基准利率进一步下调的空间有限；二是国际资本流动存在不确定性，新增外汇占款波动较大；三是房地产调控处在关键阶段，政府对房价上涨仍有担忧。与降准和降息相比，通过逆回购操作来释放流动性、刺激经济更具灵活性，能够根据形势变化微调操作的方向和规模，因而成为下半年货币工具的主力。

下半年，中国人民银行在公开市场停发央票，也未进行正回购操作，但逆回购操作规模累计达 5.5 万亿元，是上半年的近 10 倍，涵盖了 7 天、14 天和 28 天三个期限品种。中国人民银行数次在流动性紧张的时点，进行了单日规模超过两千亿元的天量逆回购，屡创单日逆回购规模的新高。通过公开市场操作，中国人民银行下半年累计向市场净投放了 9 400 亿元（见附录图 1 – 12）。

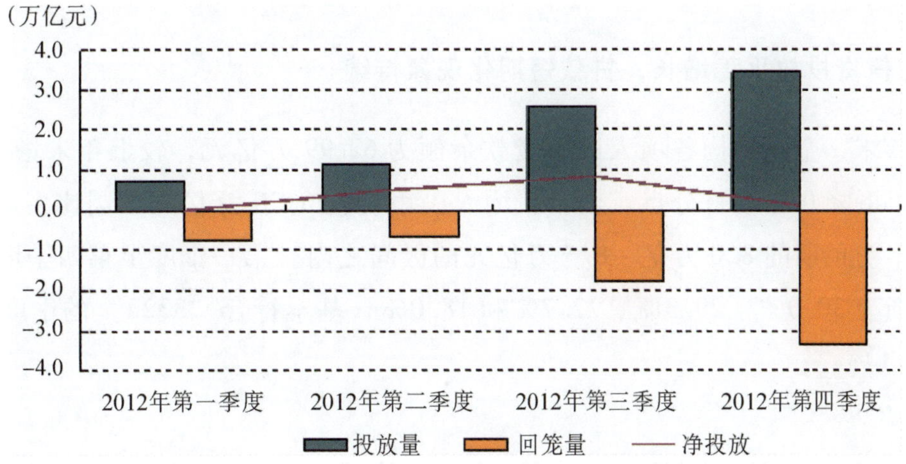

附录图 1 – 12　2012 年各季度公开市场操作情况

四、国内货币信贷增长情况

（一）货币供应量平稳增长，流动性有所改善

2011 年，中国人民银行的紧缩调控使得货币供应量持续回落，到 2012 年 1 月末，M2 同比增速仅为 12.4%，达到历史新低。2012 年货币条件较 2011 年有所改善，货币供应量开始回升。整体来看，全年货币增速较为平稳，截至年末，M2 同比

增速为13.8%，基本符合年初提出的14%的目标。虽然M2增速不高，但在金融脱媒以及表外理财产品发展迅速的背景下，M2对于货币供给量可能有所低估（见附录图1-13）。

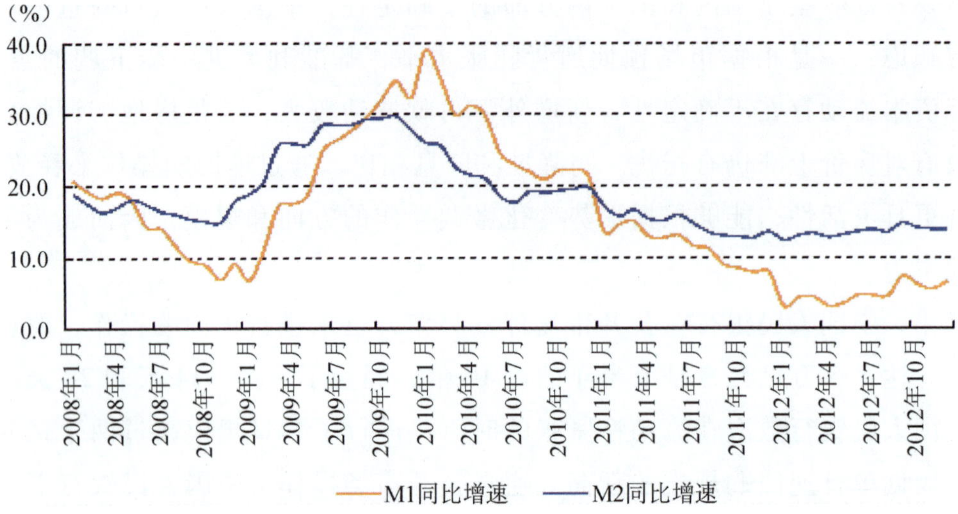

附录图1-13　2008年以来M1和M2余额月度同比增速

（二）信贷投放平稳增长，贷款短期化现象持续

2012年末，金融机构各项人民币贷款余额为62.99万亿元，较上年末增长15.0%，增速比上年下降0.8个百分点。全年新增人民币贷款8.20万亿元，同比多增7 320亿元，落入年初预期的8.0万亿~8.5万亿元的区间之内。第一季度至第四季度的贷款投放比重分别为30.0%、29.3%、22.7%和18.0%，基本符合"3322"的季度比例（见附录图1-14）。

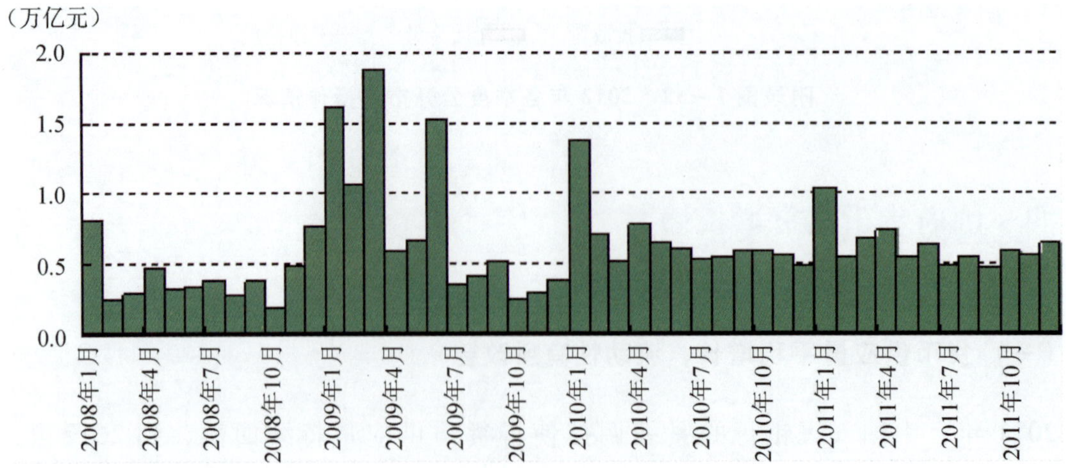

附录图1-14　2008年以来月度新增人民币贷款

从全年新增贷款结构上看，非金融企业及其他部门贷款 5.66 万亿元，住户贷款 2.52 万亿元；中长期贷款 2.87 万亿元，短期贷款（含票据融资）5.09 万亿元，新增中长期贷款占比较上年下降 13 个百分点，贷款短期化现象持续。中长期贷款规模占比持续下滑，一方面是由于在经济下滑过程中，企业投资意愿低迷，对中长期贷款需求不旺；另一方面是由于企业债券融资、委托贷款等其他融资方式在一定程度上对中长期贷款形成替代。

（三）社会融资结构更多元，直接融资快速增长

2012 年，社会融资规模为 15.76 万亿元，较上年增加 2.93 万亿元，第一季度至第四季度分别为 3.88 万亿元、3.90 万亿元、3.95 万亿元和 4.03 万亿元。从结构上看，人民币贷款占比继续下降 6.2 个百分点至 52.0%，直接融资尤其是债券融资快速增长，全年债券融资额为 2.25 万亿元，比上年增长 64.7%，在社会融资规模中的占比较上年上升 3.7 个百分点至 14.3%（见附录图 1－15）。随着社会融资多元化的发展，传统的人民币贷款占社会融资总量的比例逐年下降，而银行表外业务和直接融资等新兴融资渠道的重要性日益提升。

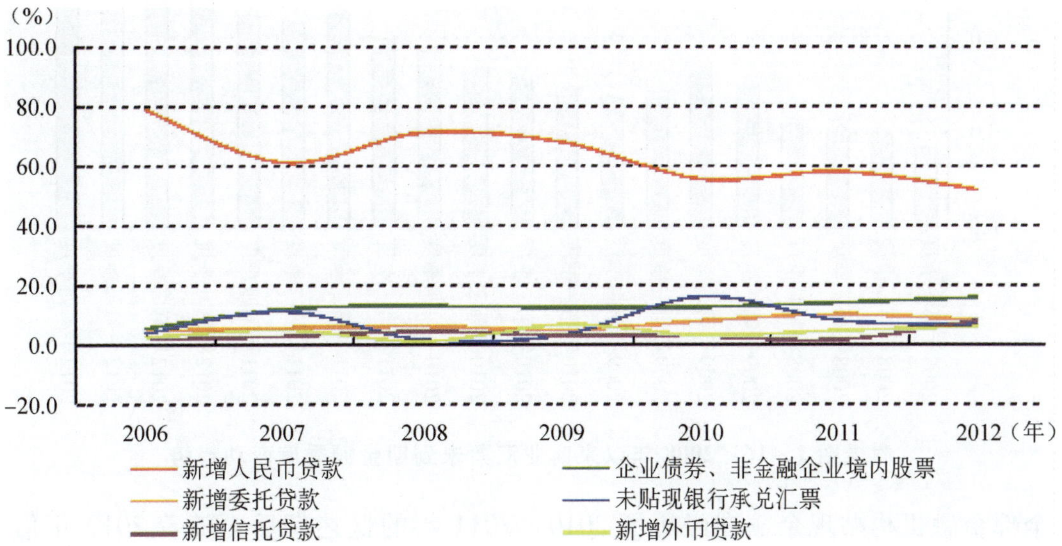

附录图 1－15　2006～2012 年主要社会融资方式占比变化

第二部分　2012 年票据市场运行分析

一、票据融资规模显著上升

2012 年，票据承兑规模维持较快增长态势。全年企业累计签发商业汇票 17.9 万亿元，同比增长 18.8%；年末商业汇票未到期金额达 8.3 万亿元，同比增长 25.4%。其中，前三季度票据承兑余额快速增长，9 月末达到 8.4 万亿元，创历史新高；第四季度票据承兑增幅趋缓，余额小幅震荡。票据承兑的持续增长有效加大了对实体经济、特别是中小企业的融资支持（见附录图 1－16）。

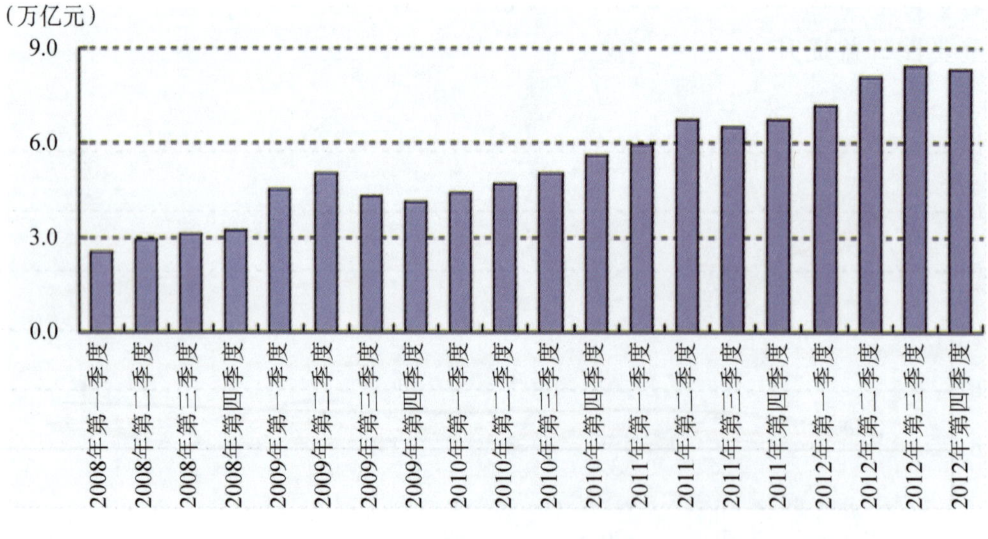

附录图 1－16　2008 年以来商业汇票未到期金额季度变动趋势

全部金融机构贴现余额在经历了 2010～2011 年的低迷期后，随着 2012 年信贷政策环境趋于有利，总体上进入上升通道。截至 12 月末，全部金融机构贴现余额为 2.04 万亿元，同比增加 5 301 亿元或 35%（见附录图 1－17）。

由于货币政策先松后稳，票据融资余额亦呈现前高后低的态势。分季度看，第一季度，票据贴现余额延续了 2011 年第四季度以来的升势。年初货币政策“稳中趋松”，中国人民银行下调一次存款准备金率，公开市场暂停央票发行并启动逆回购操作。在此背景下，商业银行信贷规模调控压力较小，贴现余额在第一季度连续 3 个月上升，升幅逐月扩大，季末全部金融机构贴现余额为 1.77 万亿元，环比上升 17%。第二季

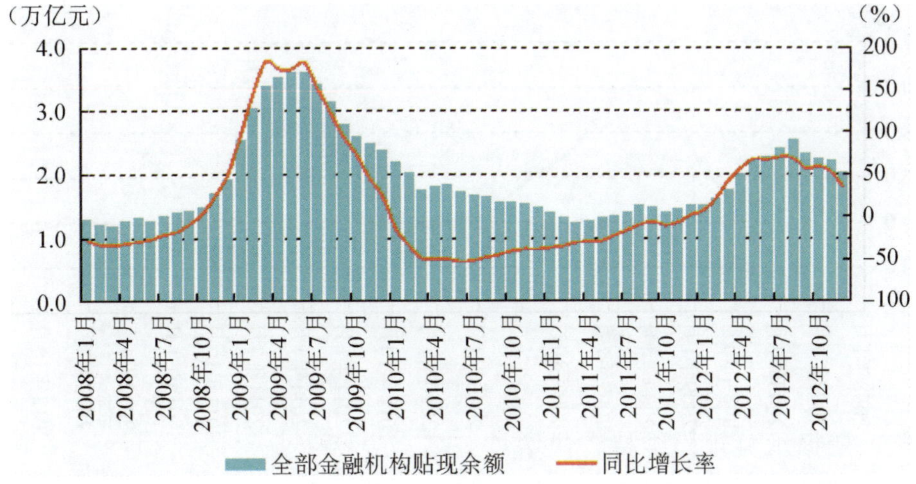

附录图 1－17　2008 年以来全部金融机构月度贴现余额及同比增速

度，随着经济下行风险有所加大，货币政策进入实质性宽松阶段，中国人民银行年内第二次降准，三年来首次降息，通过扩大信贷投放来支持实体经济的政策意图明显，但受有效信贷需求不足的影响，实体贷款增长较为缓慢，票据业务以其流动性强、风险低的特点成为银行填充信贷规模的主力军。第二季度新增票据贴现占新增人民币贷款的 21%，季末全部金融机构贴现余额为 2.28 万亿元，环比上升 29%。第三季度，受多重因素的影响，货币政策放松的力度低于市场预期，仅在季初降息一次。随着前期经济刺激政策的效果逐步显现，实体贷款增长有所复苏，票据业务继续充当调节信贷规模的重要工具。贴现余额在 7、8 月延续增长态势，8 月底贴现余额为 2.56 万亿元，创下近 3 年来新高；9 月，受季末等因素影响贴现余额年内首次下降；季末全部金融机构贴现余额为 2.34 万亿元，环比上升 3%。第四季度，政策环境相对稳定，中国人民银行主要通过公开市场操作来调节市场流动性。年末，信贷增速季节性放缓，随着前期基建投资项目审批加速，实体经济对信贷的需求逐步释放，实体贷款增长出现回升势头，票据挤出效应再度显现。全部金融机构贴现余额连续下降，年末为 2.04 万亿元，较第三季度末下降 13%。

从贴现余额占全部贷款的比重看，2012 年亦呈现先升后降的态势，在 8 月底创出了 4.2% 的近两年以来的新高后，开始逐步回落，12 月底为 3.2%，比年初上升 0.4 个百分点（见附录图 1－18）。

分机构类型看，全国性大型商业银行的贴现余额稳健增长，从年初的 4 779 亿元升至年末的 6 963 亿元，增幅为 46%，市场份额保持第一；全国性中小型商业银行的贴现余额年内变动较大，上半年迅猛增长，是推动市场贴现余额快速上升的主要力量，下半年又大幅下降，年末为 5 559 亿元，比年初增长 20%，年内最高峰时曾达到 8 758 亿元；区域性中小型商业银行贴现余额增长最快，在下半年其他机构普遍下降的情况

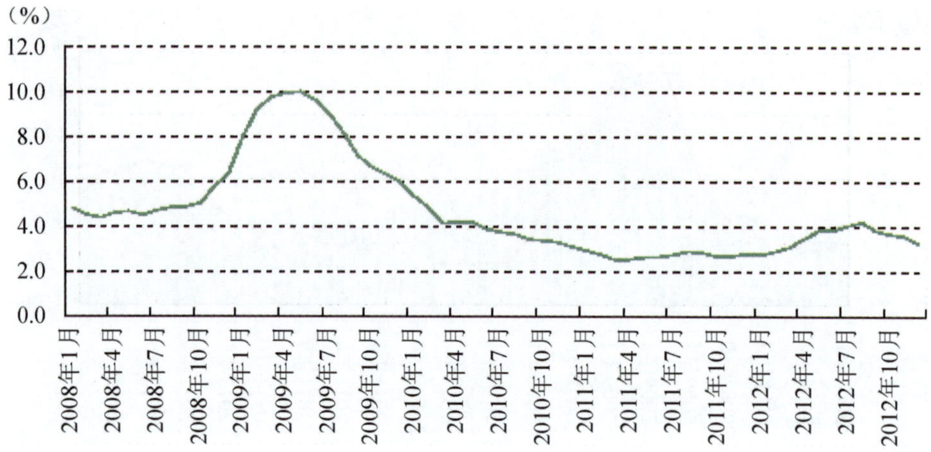

附录图 1－18　2008 年以来全部金融机构月度贴现余额占全部贷款的比重

下也实现了增长，从年初的 2 611 亿元增长到年末的 4 277 亿元，增幅为 64%；农信社年末贴现余额为 1 594 亿元，比年初增长 23%；外资银行年末贴现余额为 1 229 亿元，比年初增长 17%，但其贴现余额占全部贷款的比重为 16%，仍为所有机构之最；财务公司年末贴现余额为 797 亿元，比年初上升 5%（见附录图 1－19）。

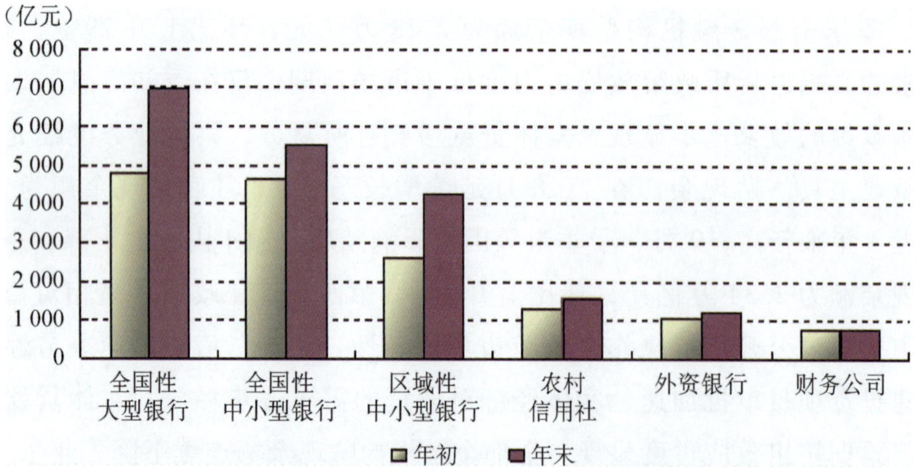

附录图 1－19　各类金融机构贴现余额 2012 年末与年初对比

国内四大银行行中，中国工商银行票据业务实现了较快增长，贴现余额从年初的 1 094 亿元升至年末的 1 848 亿元，增幅为 69%，重夺市场份额第一；近年来，票据业务规模持续偏小的中国银行贴现余额增长最快，增幅高达 83%，年末市场份额一举由第四跃至第二，其贴现余额占全部贷款的比重为 3.1%，亦为四大行最高；作为年初时市场份额排名第一的中国建设银行，其贴现余额增长较为稳定，表现为上半年增加较慢，市场份额一度跌至第四，但下半年依然保持增长，年末排名第三；中国农业银行贴现余额增幅最小，其贴现余额占人民币贷款比重较年初微幅下降（见附录表 1－1）。

附录表 1－1　　四大行贴现余额 2012 年初与年末对比

银行	贴现余额			贴现占人民币贷款比重		
	2011 年 12 月（亿元）	2012 年 12 月（亿元）	增长率（%）	2011 年 12 月（%）	2012 年 12 月（%）	变化
中国工商银行	1 094	1 848	69	1.6	2.3	0.7pp
中国农业银行	1 025	1 076	5	1.9	1.8	－0.1pp
中国银行	865	1 583	83	1.9	3.1	1.2pp
中国建设银行	1 138	1 395	23	1.9	2.1	0.2pp

二、票据市场利率从快速下行到震荡上行

2012 年，票据市场利率整体呈现走低态势。Wind 数据显示，票据直贴利率大致呈现从快速下跌到震荡整理的走势，从年初近 10% 的历史高位一路跌至 4% 左右的最低点后小幅震荡，年末收于 6%（见附录图 1－20）。

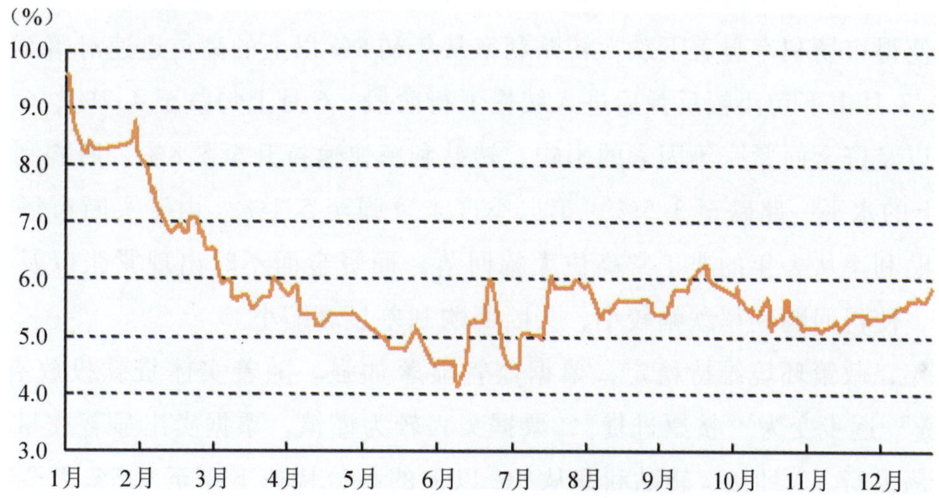

附录图 1－20　2012 年 Wind 票据直贴利率走势

从中国票据网转贴报价利率（买断和卖断报价的平均值，以下简称转贴利率）看，全年平均为 5.46%，同比下跌 226 个基点。中国票据网回购报价利率（正回购和逆回购报价的平均值，以下简称回购利率）平均为 4.52%，同比下跌 129 个基点。截至 12 月末，转贴利率报收于 5.33%，比上年末下跌 309 个基点；回购利率报收于 4.93%，比上年末下跌 198 个基点（见附录图 1－21）。

由于货币政策先松后稳以及监管政策屡出新规，票据市场利率在上半年快速下行，下半年则震荡上行。

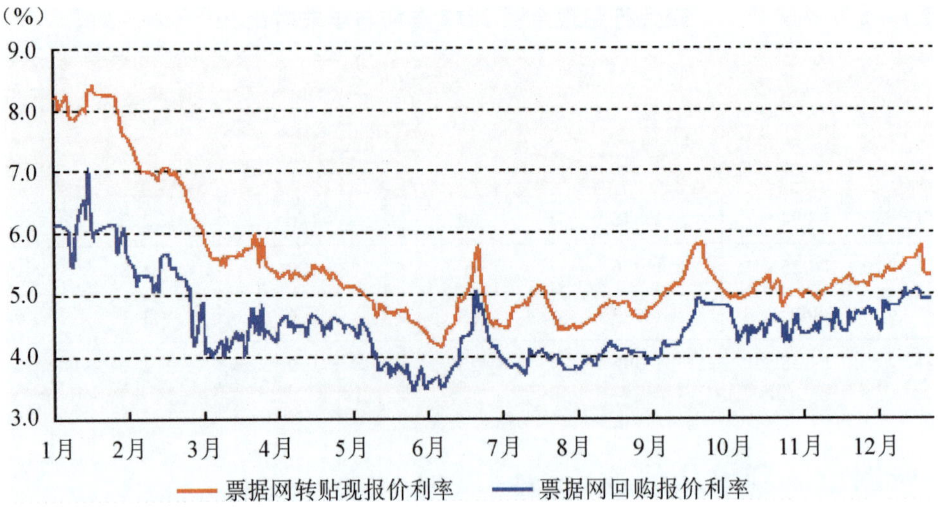

附录图 1－21　2012 年中国票据网转贴现报价利率走势

上半年，货币政策呈现实质性宽松，信贷环境趋于扩张，使得去年的票据规模溢价逐步消除，同时中国人民银行通过搭配准备金率与公开市场操作保证了市场流动性整体宽松，商业银行纷纷买入票据来扩充规模以及增收创利，票据市场呈现供不应求的局面，使得市场利率显著下跌。转贴利率从年初 8% 以上的高位迅速滑落至 3 月上旬的 5.5%，3 月中下旬小幅反弹后进入缓慢下行阶段，6 月上旬跌至 4.2%，6 月底受半年末考核以及资金面紧张等因素的影响，转贴利率快速拉升至 5.8%。回购利率则从年初 6% 以上的水平一路跌至 3.5%，第二季度末反弹至 5.1%。由于买断市场供求变化较大，转贴利率从去年的非正常高位大幅回落，而资金面不时出现紧张以及去年基数相对较低，使得回购利率跌幅较小，买断回购利差显著缩小。

下半年，政策环境维持稳定，票据监管显著加强。随着实体贷款投放有所回暖，“以票充贷”逐步变为“挤票进贷”，票据买入较为谨慎，票据卖出显著放量，市场利率小幅震荡上行。7 月初，转贴利率从 5% 以上的高位快速下探至 4.5% 后受票据案件频发、监管层出手调控的影响，利率反转向上，8 月窄幅波动后，9 月受季末和双节临近影响，出现下半年最大的一波拉升，9 月底利率最高至 5.9%，超过了第二季度末的水平。第四季度政策预期趋于一致，商业银行规模调控压力加大而流动性趋于改善，转贴利率缓步上行，最高至 5.8%，年末行情并不显著。回购利率走势与转贴利率基本一致，但波动更为频繁，从下半年初的 3.7% 震荡上行至年末 5% 左右的水平。

三、市场交投活跃，供求关系逐步缓和

2012 年，票据市场交投活跃，全年累计贴现量为 31.6 万亿元，同比增长 26.4%，

创出历史新高。其中，第一季度至第四季度分别为 5.7 万亿元、8.4 万亿元、8.4 万亿元和 9.1 万亿元，季度交易量亦创下历史新高（见附录图 1－22）。

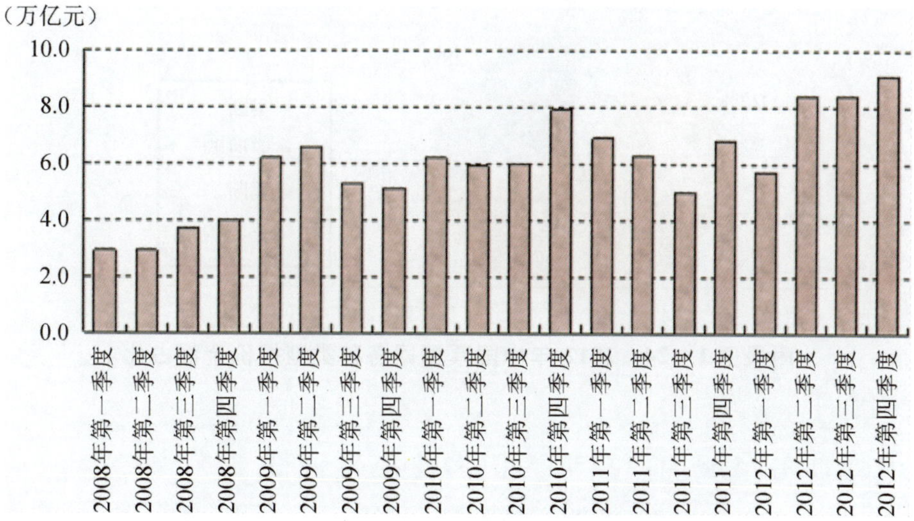

附录图 1－22　2008 年以来票据市场季度交易量

从票据季度周转次数（季度贴现量/季初季末平均贴现余额）看，2012 年平均水平低于 2011 年，主要是在规模和资金相对宽松的环境下，部分机构持有票据的意愿增强，买卖周转频率下降，同时随着监管趋严，市场上部分不尽合规的交易行为也有所减少（见附录图 1－23）。

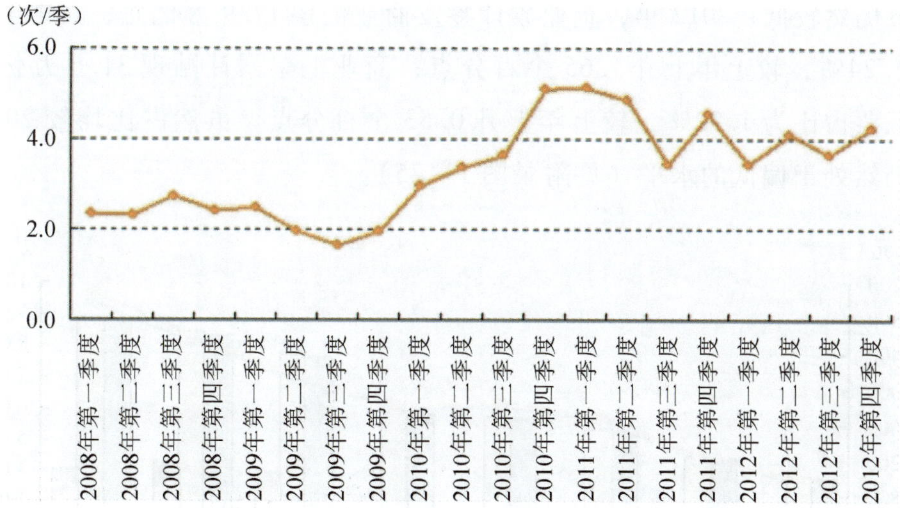

附录图 1－23　2008 年以来票据市场季度周转次数

2012 年，中国票据网日均报价金额为 636 亿元，同比增长 44%。分品种看，除逆回购同比基本持平外，买断、卖断和正回购同比均接近翻番。从供求关系来看，买入方向（买断和逆回购）报价金额是卖出方向（卖断和正回购）的 2.4 倍，其中第一季度至第四季度分别为 5.3 倍、2.4 倍、1.6 倍和 1.9 倍，显示市场逐步从买入占据主导演变为供求相对缓和，亦与市场利率走势相一致。

2012 年中国票据网各种类型报价金额占比见附录图 1-24。

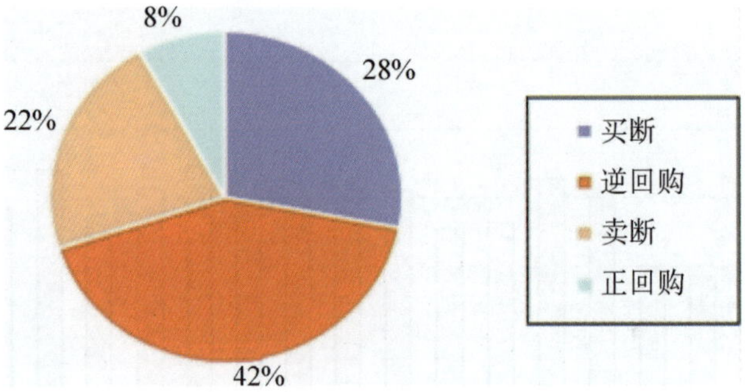

附录图 1-24　2012 年中国票据网各种类型报价金额占比

四、电票业务呈现加速态势，但占比仍然偏低

根据中国人民银行《支付体系运行总体情况》，截至 2012 年末，全国接入电子商业汇票系统的机构共计 341 家，较年初增加 16 家。全年电子商业汇票系统累计出票 9 383 亿元、承兑 9 627 亿元、贴现 3 884 亿元，分别较上年增长 73%、74% 和 126%。随着监管部门着力推动，商业银行加大营销，企业尤其是大型集团企业客户对电票的接受程度逐步加大，电票业务呈现出加速发展的态势，但与纸质票据相比较，电子商业汇票总量仍然较低。2012 年，企业累计签发商业汇票 17.9 万亿元，其中电子商业汇票占比为 5.24%，较上年上升 1.65 个百分点；商业汇票累计贴现 31.6 万亿元，其中电子商业汇票占比为 1.22%，较上年上升 0.53 个百分点。虽然占比均较 2011 年有所上升，但仍然处于偏低的水平（见附录图 1-25）。

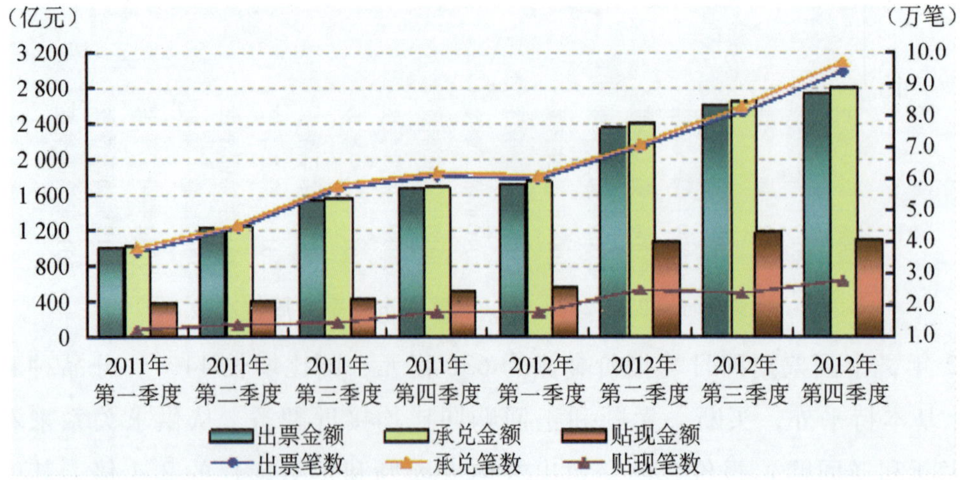

附录图 1-25　2011 年以来电票业务发展情况

附录二

2013 年中国票据市场发展报告

内容摘要

2013 年以来，全球经济继续复苏，我国经济稳中向好，全年增长 7.7%，消费平稳增长，投资维持中高增速，出口总体稳定，物价温和可控。宏观调控延续稳中求进总基调，继续实施积极的财政政策和稳健的货币政策，更加注重经济结构调整和转型，信贷环境和流动性呈现前松后紧特征。在此背景下，票据承兑、贴现余额均呈冲高回落走势，上半年与下半年利率波动大相径庭，呈前低后高走势，票据买入需求旺盛，市场报价和交投较为活跃，电票业务量特别是转贴现业务量快速增长。

第一部分　2013 年宏观经济与货币政策回顾

一、全球经济继续复苏，新兴经济体增长放缓

2013 年以来，全球经济继续复苏。美国经济复苏动能增强，欧元区经济出现好转迹象，日本经济有所反弹，部分新兴市场经济体增长放缓。

美国经济依然保持复苏态势，复苏动能有所增强。2013 年，美国 GDP 增速逐季上升，第一、二、三季度 GDP 环比（折年率）分别增长 1.1%、2.5%、4.1%，同比增速分别为 1.3%、1.6% 和 2.0%，环比、同比增速均高于市场预期。私人消费稳定增长，批发和零售逐步恢复，私人投资虽较 2012 年有所放缓，但依然维持较高增速，房地产市场持续回暖，对外贸易逆差逐步缩小，就业市场日益改善，失业率进一步降至 2013 年 12 月的 6.7%。

欧元区经济止跌回升，恢复增长。在经历了长达五个季度的衰退后，欧元区经济在 2013 年第三季度止跌回升，进入缓慢增长期，前三季度 GDP 同比增速分别为 -1.8%、-0.5%、0.0%，环比（折年率）分别增长 -0.2%、0.3% 和 0.1%。欧元区经济好转主要是因为欧债危机处于相对平稳期，市场信心有所恢复，居民消费和投资增速降幅明显收窄，政府支出和出口也有所好转。

日本经济有所反弹，但扩张性货币政策无助于其走出通缩局面。安倍政府年初实行的“超宽松货币政策”引致日元主动大幅贬值，带动了股市等资本市场大涨，从而产生了“财富效应”，极大地改善了消费心理。受此影响，上半年消费支出明显增长，加之日元贬值和外需好转等因素带动出口攀升，经济出现反弹，第一、二季度 GDP 环比增长 2.7% 和 3.7%。然而，好景不长，从下半年开始，日本经济增速有所放缓，第三季度环比增长率仅为 1.0%，这主要是受消费和出口增速放缓的影响。

部分新兴市场经济体增长放缓，金融市场出现动荡。2013 年以来，俄罗斯、印度、巴西等部分新兴市场经济增长放缓，其中一些国家国际收支恶化、外汇储备减少、财政和债务状况严峻，加之受美联储退出 QE 预期的影响，5 月以来国际资本流动逆转，部分新兴经济体金融市场出现大幅动荡，经济下行风险加大（见附录图 2-1）。

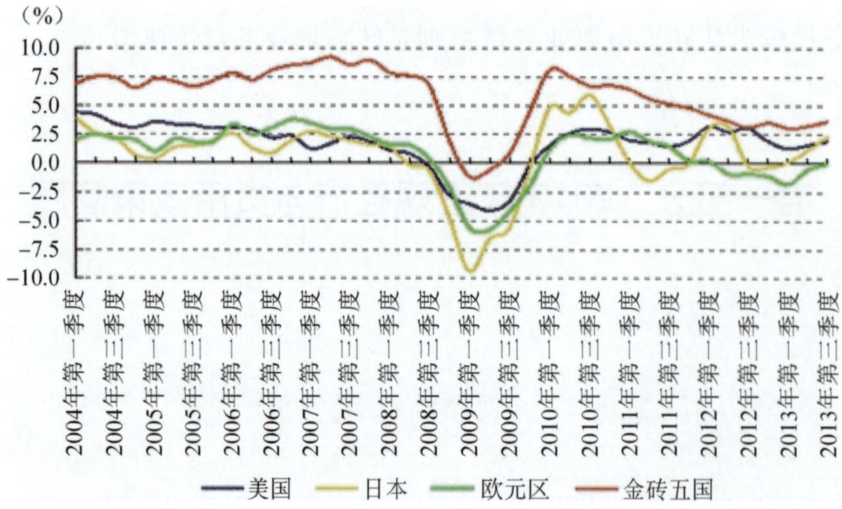

附录图 2-1　2004 年以来美日欧及金砖国家季度 GDP 同比增速

二、国内经济稳中向好，物价水平基本稳定

进入 2013 年，国内经济稳中向好，消费平稳增长，投资依然维持中高增速，对外贸易总体稳定，物价温和可控。全年实现 GDP 56.9 万亿元，同比增长 7.7%，与上年持平，其中四个季度 GDP 同比增速分别为 7.7%、7.4%、7.8% 和 7.7%。全年第一、二、三产业同比分别增长 4.0%、7.8% 和 8.3%，分别比上年加快 0.6 个百分点、与上年持平和比上年放缓 0.1 个百分点（见附录图 2－2）。

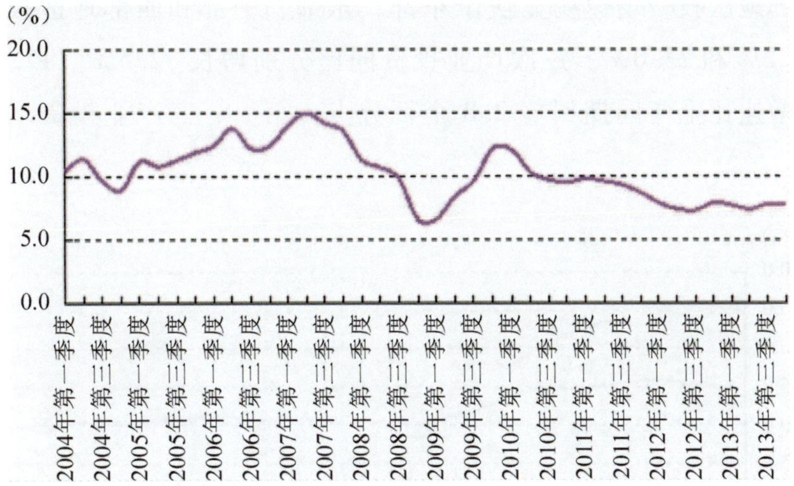

附录图 2－2　2004 年以来季度 GDP 同比增速

2013 年，全国规模以上工业增加值累计同比增长 9.7%，比上年低 0.3 个百分点。从月度走势看，前六个月工业增加值同比增速在 9.0% 附近小幅波动，下半年开始回升，从 6 月的 8.9% 升至 8 月 10.4% 的年内高点，之后缓慢回落，9～11 月保持在 10% 以上，12 月降至 9.7%（见附录图 2－3）。

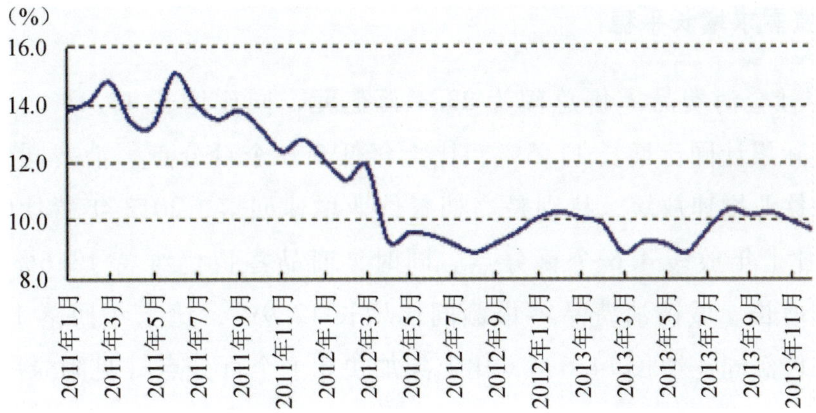

附录图 2－3　2011 年以来月度工业增加值同比增速

（一）投资依然维持中高增速

2013 年，固定资产投资（不含农户）为 43.7 万亿元，累计同比增长 19.6%，增速比上年放缓 1.0 个百分点，但全年依然维持 19% 以上的中高增速。其中，房地产开发投资 8.6 万亿元，累计同比增长 19.8%，比上年加快 3.6 个百分点（见附录图 2－4）。

从企业类型看，国有及国有控股企业投资 9.9 万亿元，同比增长 17.4%，比上年加快 1.7 个百分点；民间投资 27.5 万亿元，同比增长 23.1%，比上年放缓 1.7 个百分点。中部和西部地区投资增速明显快于东部，东部、中部和西部地区投资同比分别增长 17.9%、22.8% 和 23.0%。三次产业投资同比分别增长 32.5%、17.4% 和 21.0%，第二产业投资增速比上年同期回落 2.8 个百分点，第一、三产业投资增速与上年基本持平。

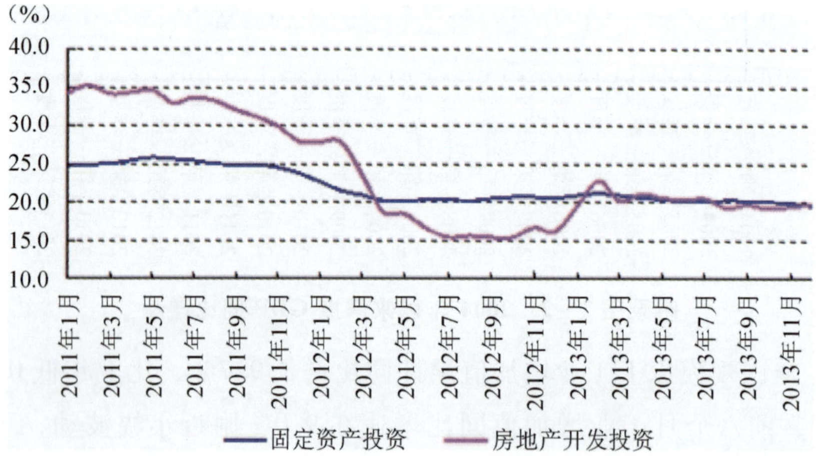

附录图 2－4　2011 年以来月度固定资产投资和房地产投资同比增速

（二）消费需求增长平稳

2013 年，社会消费品零售总额为 23.4 万亿元，同比增长 13.1%，比上年低 1.2 个百分点，实际累计同比增长 11.5%，比上年低 0.6 个百分点。消费同比增速略有回落，主要是餐饮业增速放缓，特别是高档餐饮业增速回落，2013 年餐饮收入累计同比增长 9.0%，比上年放缓 4.6 个百分点。同时，商品零售仍维持 13.6% 的较高增速，支撑消费平稳增长。城镇消费品零售额同比增长 12.9%，比上年回落 1.4 个百分点；乡村消费品零售额同比增长 14.6%，比上年加快 0.1 个百分点（见附录图 2－5）。

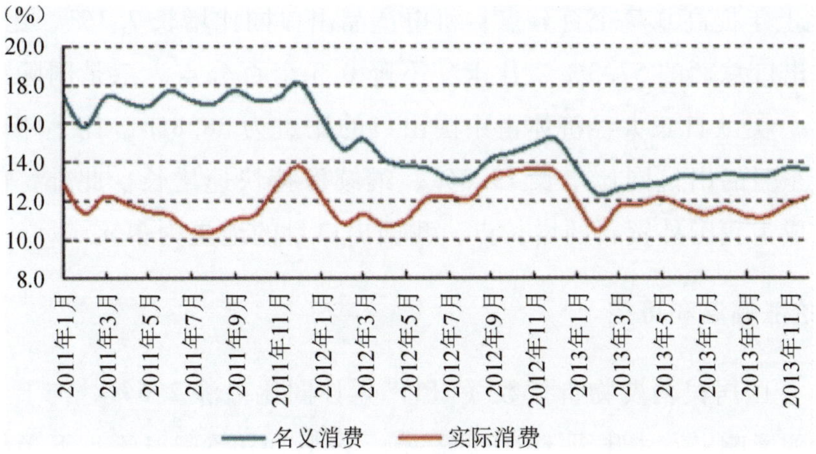

附录图 2－5　2011 年以来月度消费名义和实际同比增速

（三）进出口增速总体稳定

2013 年，我国进出口总值为 4.16 万亿美元，同比增长 7.6%，比上年高 1.4 个百分点。其中，出口同比增长 7.9%，与上年持平；进口同比增长 7.3%，比上年高 3.0 个百分点；贸易顺差为 2 597.5 亿美元，同比扩大 12.8%。2013 年进出口增速低于年初设定的 8% 的目标，主要是由于 2013 年外贸波动较大，特别是上半年波动尤为明显，这既有外需不振的因素，也有年初部分地区和行业大规模虚假套利贸易导致数据扭曲等原因（见附录图 2－6）。

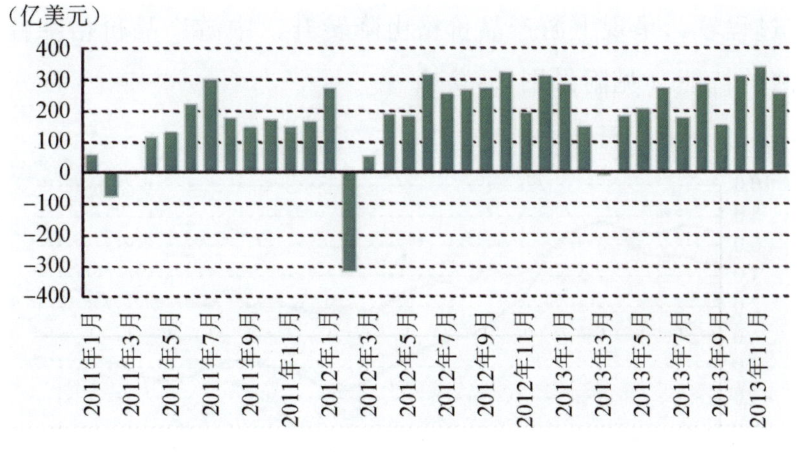

附录图 2－6　2011 年以来月度贸易顺差

在外贸转型升级和结构优化方面，2013 年取得了一定进展。一是贸易方式进一步优化。2013 年，我国一般贸易出口同比增长 10.1%，比上年提升 2.4 个百分点；加工贸易出口同比放缓 0.2%，比上年下降 3.4 个百分点。二是出口商品结构进一步优化。2013 年，高新技术产品出口同比增长 9.8%，比上年提升 0.2 个百分点，占出口总额的29.9%，比上年提高0.7个百分点；机电产品出口同比增长7.3%，比上年下降1.3个百分点，占出口总额的57.3%，比上年下降0.3个百分点。三是国际市场结构持续优化。2013年，美欧日三大经济体占中国出口的比重为38.8%，比上年降低2.1个百分点。我国对东盟的出口同比增长19.5%，继续保持快速增长。此外，南非、中亚等新兴市场也已成为我国外贸新的增长点，我国出口目的地更为多元。

（四）物价涨幅温和可控

2013年，全国居民消费物价指数（CPI）累计同比上涨2.6%，与上年持平。年初受春节等因素的影响，2月升至3.2%的高点，之后回落至2.1%，下半年以来温和上升，10月重回3.2%的高点，之后快速回落，12月降至2.5%。食品价格较非食品价格上涨更快，全年食品价格累计同比上涨4.7%，年内最高升至6.5%，非食品价格累计同比上涨1.6%，月度涨幅基本在1.6%~1.8%。消费品价格总体增速较低，年内逐步攀升，全年累计同比上涨2.5%，分别比上半年和第一季度高0.2个百分点；服务价格涨幅略高，但年内保持稳定，全年累计同比上涨2.9%，前十个月保持在2.8%的涨幅水平，后两个月微幅上行。

2013年，全国工业生产者价格指数（PPI）同比下降1.9%，降幅比上年扩大0.2个百分点，年内基本保持稳定。从走势看，当月同比降幅前高后低，上半年呈扩大趋势，5月PPI同比下降2.9%，为年内最大降幅，下半年以来降幅逐渐收窄，12月PPI同比下降1.4%。具体来看，生产资料价格同比下降2.6%，生活资料价格同比上涨0.2%。从生产过程看，呈现上游产品价格由降转升，中游产品价格降幅收窄，下游产品价格小幅上涨的特征（见附录图2-7）。

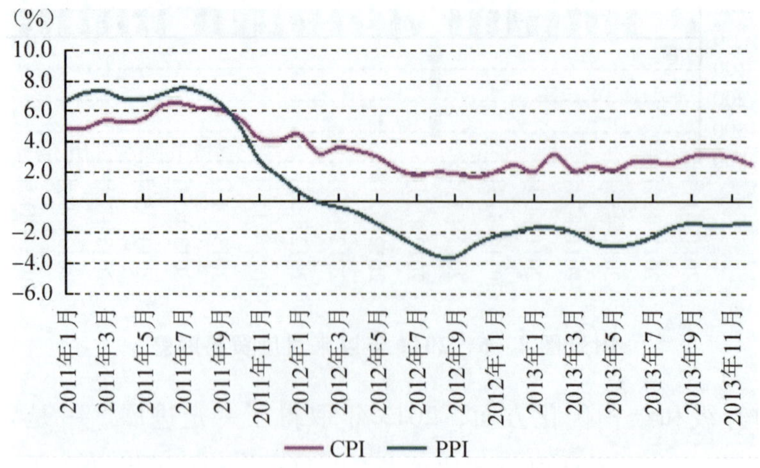

附录图2-7　2011年以来月度CPI和PPI同比增速

三、稳增长让位调结构，货币政策注重微调

2013 年，我国宏观调控延续稳中求进的总基调，继续实施积极的财政政策和稳健的货币政策。新一届政府对经济进行改革的决心十分坚决，期间未出台重大经济刺激政策，而是更加注重引导经济结构调整和转型，通过推进政府职能转变，简政放权，减少对经济的行政干预，进一步发挥市场优化资源配置功能优势。财政政策方面，继续落实结构性减税政策，扩大“营改增”试点范围，减轻企业税负。货币政策方面着力保持社会融资规模合理稳定，进一步优化信贷结构。

2013 年，中国人民银行牢牢把握货币政策调控稳健主基调，灵活实施公开市场操作，积极开展正、逆回购操作以及央票发行与到期续做，采取“锁长放短”策略，对冲外汇占款，稳定市场预期，促进银行体系流动性供求平衡。在 6 月市场资金面紧张时期，中国人民银行也没有放松流动性，而是灵活运用常备借贷便利（SLF）等工具定向为部分金融机构提供流动性支持，把好流动性总闸门。总体来看，中国人民银行公开市场操作更加注重预调微调和稳定预期，多种政策工具配合使用，调节方式更趋灵活。

在立足现有货币政策操作框架并借鉴发达经济体相关经验的基础上，中国人民银行于 2013 年年初创立了公开市场短期流动性调节工具（SLO）和常备借贷便利（SLF），在银行体系流动性出现临时性波动时相继运用。继春节前通过 SLF 解决部分商业银行因现金大量投放产生的资金缺口后，6 月货币市场利率剧烈波动时，中国人民银行向符合宏观审慎要求的金融机构提供 SLF，取得了较好效果。截至 6 月末，SLF 余额为 4 160 亿元。第三季度以来，鉴于国际收支形势变化、外汇流入量增加，SLF 适度有序减量操作，保持银行体系流动性平稳。12 月末，SLF 余额为 1 000 亿元，比 6 月末下降 3 160 亿元。2013 年累计发放 SLF 23 650 亿元。在年末市场资金面再度呈现结构性紧张时，中国人民银行启用了 SLO 向部分符合条件的金融机构提供流动性支持，12 月 19 日起连续三天通过 SLO 工具向市场注入超过 3 000 亿元流动性，缓解市场短期资金面的剧烈波动。

2013 年，公开市场累计到期央票 11 480 亿元，到期正回购 7 650 亿元，中国人民银行开展逆回购操作 21 490 亿元，三项合计投放资金 40 620 亿元。本年度中国人民银行发行央票 5 362 亿元，开展正回购操作 7 650 亿元，逆回购累计到期 26 470 亿元，三项合计回笼资金 39 482 亿元。完全对冲后，2013 年中国人民银行公开市场操作累计实际净投放 1 138 亿元，较 2012 年度的 14 380 亿元大幅缩量（见附录图2 -8）。

纵观 2013 年，上半年市场流动性较为宽松，而自 6 月银行间市场“钱荒”后，金

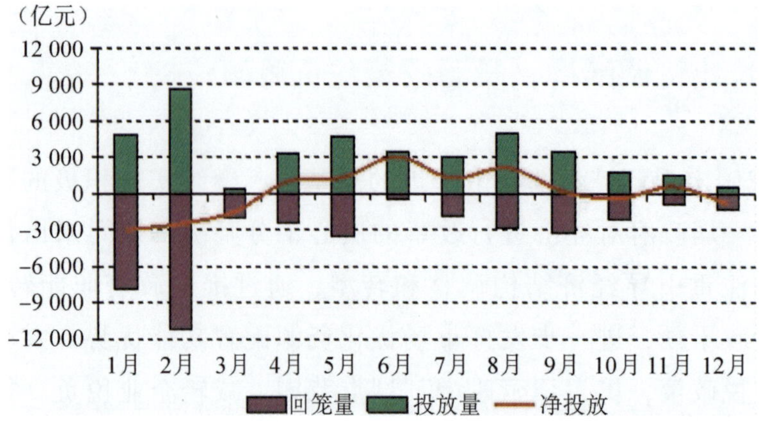

附录图 2-8　2013 年中国人民银行公开市场资金投放情况

融体系流动性持续偏紧。与此同时，2013 年公开市场操作上一个显著的特点是中国人民银行通过“锁长放短”，即通过逆回购和央票续做的方式调控市场流动性，并适时运用创新工具熨平短期流动性波动。

2013 年，M2 余额同比增速在波动中回落，上半年保持在 15% 以上的较高水平，4 月突破 16% 达 16.1% 的年内高点，随后一直下探至 6 月末的 14.0%。下半年以来，M2 同比增速在 15% 以下小幅波动，总体有所回落，年末下降至 13.6%，比上年末低 0.2 个百分点，保持适度增长的态势。全年各月 M2 余额同比增速均高于年度 13% 的预期目标，反映出 2013 年以来信贷环境总体较为宽松，同时也暗示了货币政策调控还存在一定的难度（见附录图 2-9）。

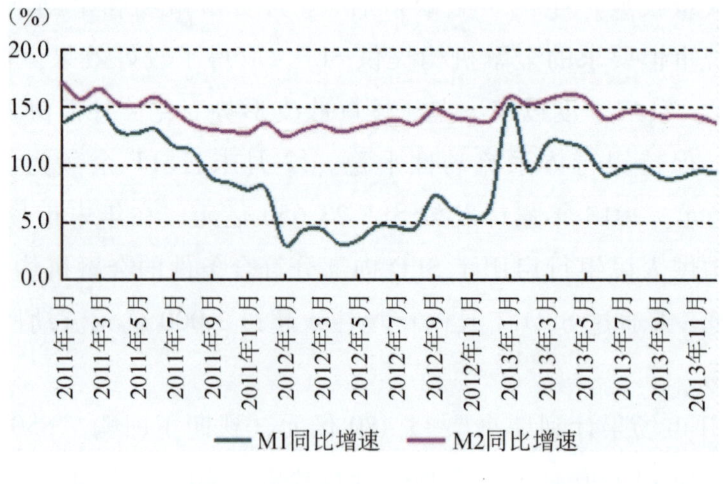

附录图 2-9　2011 年以来月度 M1 和 M2 余额同比增速

2013 年，社会融资规模为 17.29 万亿元，同比增长 9.7%，上半年和下半年分别为 10.2 万亿元和 7.1 万亿元，下半年增速有所放缓，反映出中国人民银行不断收紧货币政策，金融去杠杆化效应进一步显现，但总体来看，社会融资规模仍然保持了较快增长，平均每个月多增加约 1 270 亿元。其中，委托贷款、信托贷款等融资方式增加较多，全年同比分别多增 1.26 万亿元和 5 603 亿元（见附录图 2 - 10）。

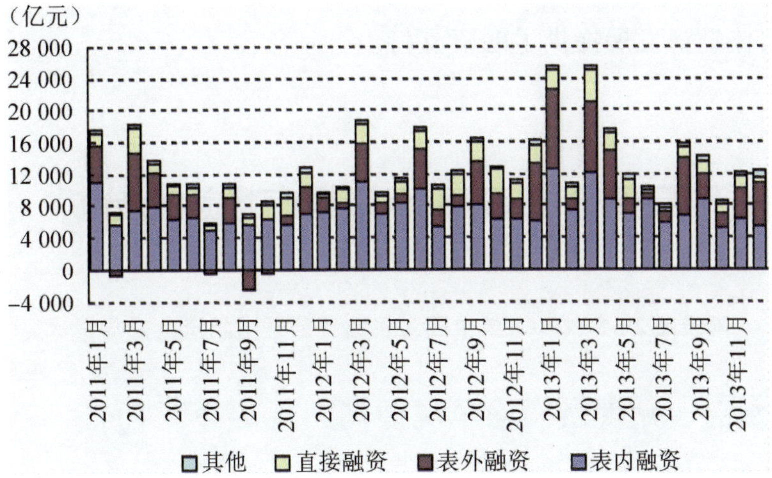

附录图 2 - 10　2011 年以来月度社会融资规模及结构

作为社会融资最主要的组成部分，2013 年，全部金融机构新增人民币贷款达 8.89 万亿元，同比增长 8.4%，比上年下降 1.4 个百分点（见附录图 2 - 11），新增贷款占社会融资规模的 51.4%，为历史最低水平，比上年低 0.6 个百分点，表明目前人民币贷款依然是实体经济的主要融资工具，但金融体系提供的其他融资方式也已经发挥着越来越大的作用。贷款结构中，由于产业部门、基础设施行业和服务业的中长期贷款回暖，2013 年中长期贷款增速继续保持稳定增长，余额同比增速高达 13.0%，比上年高 3.5 个百分点，新增中长期贷款占全年新增贷款的 51.6%，比上年大幅提升 16.6 个百分点，比票据贴现及短期融资高 5.5 个百分点。

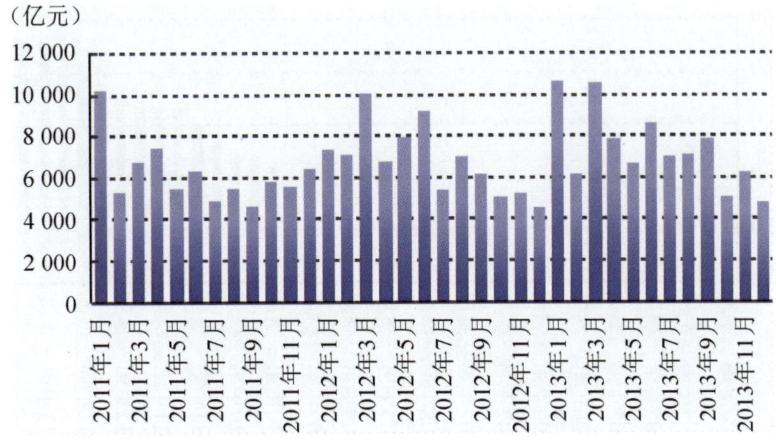

附录图 2 - 11　2011 年以来月度新增人民币贷款

作为社会融资规模第二大组成部分的表外融资，主要是委托贷款、信托贷款和未贴现的银行承兑汇票。2013 年上述三项合计 5.17 万亿元，同比增长 42.8%，占同期社会融资规模的 29.9%，比上年高 6.9 个百分点。金融机构表外业务发展加快，这在一定程度上为实体经济发展提供了融资支持。

第二部分　2013 年票据市场运行分析

一、票据承兑、贴现余额均呈现冲高回落走势

2013 年，商业汇票承兑余额呈现冲高回落的走势，票据承兑市场规模整体增长有限。中国人民银行《货币政策执行报告》显示，全年企业累计签发商业汇票 20.3 万亿元，同比增长 13.3%，其中第一季度为 5.4 万亿元，创单季签发量的历史最高，同比增长 35.1%。第一季度末商业汇票承兑余额也升至 9.2 万亿元的历史新高，同比增长 27.8%。第二季度以后，随着监管部门先后出台了关于规范银行理财资金投资非标资产和农村中小金融机构票据业务的监管文件，商业汇票签发规模受到一定程度的抑制，第二至第四季度签发量分别为 5.3 万亿元、4.5 万亿元和 5.1 万亿元，均低于第一季度，年末商业汇票承兑余额也降至 9.0 万亿元，同比增长 8.3%，年度增速为 21 世纪以来的最低（见附录图 2－12）。

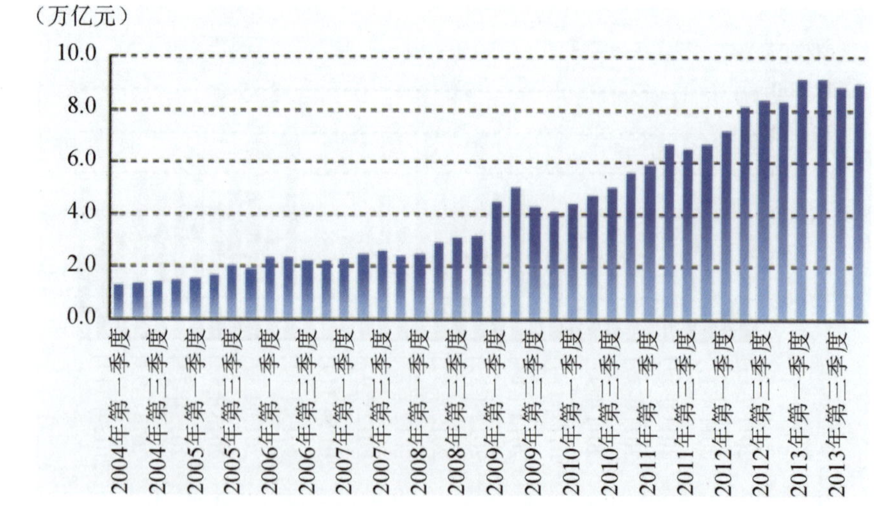

附录图 2－12　2004 年以来季度商业汇票承兑余额

2013 年，全部金融机构贴现余额也基本呈现先升后降的态势，其中 1 月微降，2～5 月逐月增长，3、4 月月度增量超千亿元，5 月末达到 2.4 万亿元的年内最高，6 月以后转为下降趋势，除 11 月小幅增长外其余月份均为下降。截至年末，全部金融机构贴现余额为 2.0 万亿元，比年初小幅下降 839 亿元或 4.1%（见附录图 2－13）。2013 年贴现余额走势主要是受中国人民银行货币政策整体前松后紧特征的影响。上半年商业银行信贷规模相对宽松，加之银行间市场流动性预期较好，普遍加大了票据资产的配置力度；下半年由于经济企稳回暖态势明显，企业融资需求逐步恢复，商业银行可用信贷规模略显不足，年中银行间市场的流动性危机冲击和中国人民银行不断“放短锁长”的公开市场操作，也使得商业银行对未来的流动性预期出现拐点，开始逐步回吐票据贴现资产，以保障一般贷款的投放。

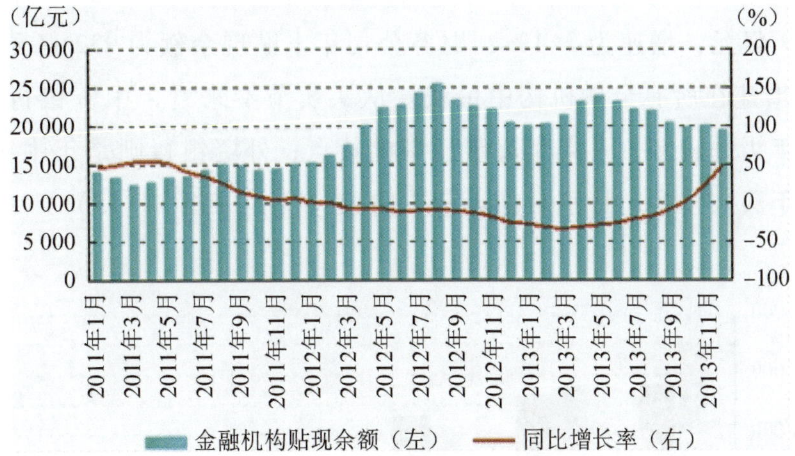

附录图 2－13　2011 年以来全部金融机构月度贴现余额及同比增速

从贴现余额占全部贷款的比重看，2～5 月逐月回升，6～12 月快速下降，年末贴现余额占全部贷款的 2.7%，比年初下降 0.5 个百分点，已非常接近 21 世纪以来商业银行票据资产配置的历史最低时期水平（2011 年 3 月，2.5%）。从增量占比来看，全年新增票据贴现占新增人民币贷款的－0.9%，总体上仍然呈现“退票进贷”的趋势，但各月度间的表现差异较大，其中 4 月最高达到 21.2%，9 月最低达到－19.4%（见附录图 2－14）。

分机构类型看，2013 年各类金融机构贴现余额的市场排名并未发生变动，但各类金融机构贴现余额增速差距较大，基本呈现绝对规模大的机构贴现余额下降，绝对规模小的机构贴现余额上升的特点。具体看，全国性大型商业银行的贴现余额从年初的 6 963 亿元降至年末的 5 675 亿元，下降 18.5%，降幅在所有金融机构中最大；全国性中小型商业银行的贴现余额从年初的 5 559 亿元下降至年末的 5 341 亿元，降幅为 3.9%；区域性中小型商业银行从年初的 4 277 亿元增加到年末的 4 633 亿元，增长

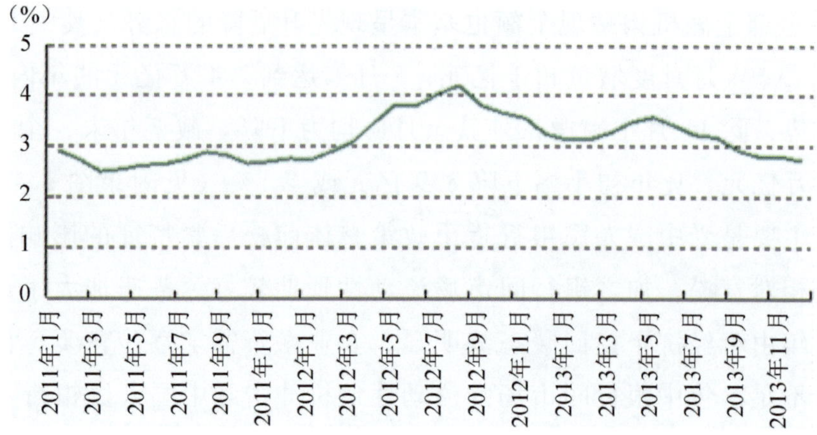

附录图 2－14　2011 年以来全部金融机构月度贴现余额占全部贷款比重

8.3%；农村信用社年末贴现余额为 1 711 亿元，比年初增长 7.4%；外资银行年末贴现余额为 1 259 亿元，增速为 2.4%；财务公司年末贴现余额为 932 亿元，比年初大幅增加 17.0%，增速在所有金融机构中最快。从买卖节奏来看，中资银行、农村信用社基本呈现上半年买进较多，下半年逐步压降的特点；外资银行则是年中买入较为积极；财务公司下半年买入较多，特别是临近年末阶段（见附录图 2－15）。

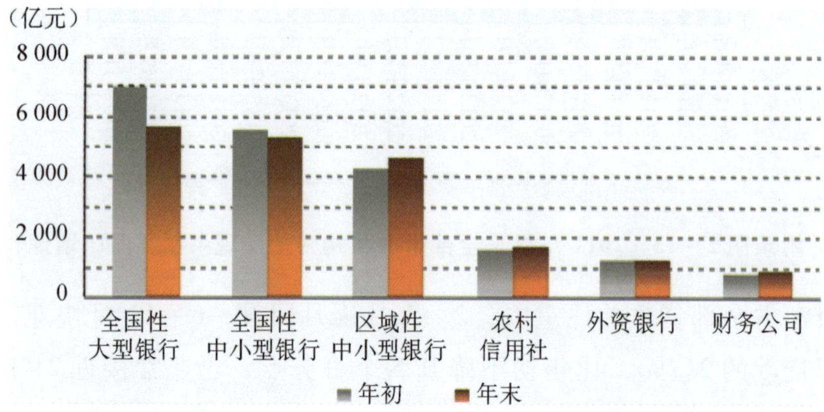

附录图 2－15　2013 年末各类金融机构贴现余额与年初对比

从各类机构贴现资产配置比重来看，除农村信用社贴现余额占贷款的比例与年初基本持平外，其他各类金融机构贴现占贷款比例均有不同程度下降。在配置比重下降的机构中，区域性中小型银行降幅最大，由年初的 7.4% 下降至年末的 6.6%；财务公司降幅最小，由年初的 8.8% 下降至年末的 8.6%。外资银行贴现资产配置比重仍居各类金融机构中最高，达到 15.8%，而全国性大型银行配置比重仍然最低，仅为 1.5%（见附录图 2－16）。

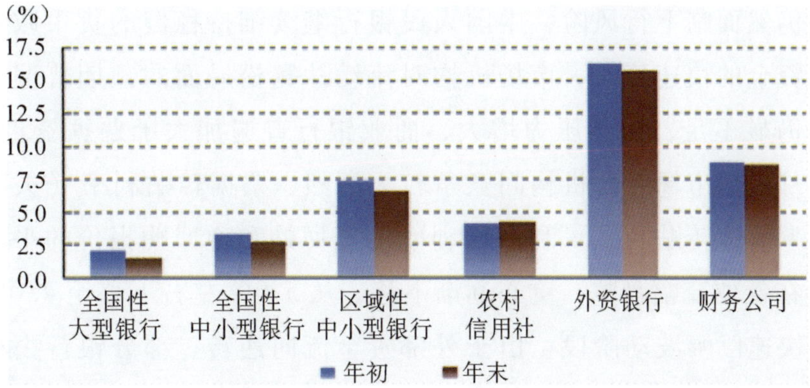

附录图 2-16 2013 年末各类金融机构贴现余额占贷款余额比重与年初对比

二、上下半年利率波动大相径庭，流动性危机造就分水岭

2013 年票据市场利率走势呈现明显的阶段性特征，上半年由于经济景气度欠佳、货币政策稳中偏松基调和市场竞争加剧等因素使得大部分时间票据市场利率呈现窄幅盘跌走势，平均水平较上年整体偏低，但流动性突发因素的影响导致 6 月票据市场利率出现罕见的短期巨幅波动，7 月以后市场利率水平整体抬升，并呈现高位波动格局，年末再度冲高。

Wind 数据显示，2013 年票据直贴利率（长三角地区）大致从年初 5.9% 左右一路下行至 4 月下旬 4.3% 左右的年内低点后进入一个多月的低位窄幅盘整期，6 月初开始出现快速反弹，最高达到 11.4%，7 月中旬下探至 5.58% 的低点后的四个月内基本维持在 6% ~7% 的范围内波动，11 月下旬开始突破箱体震荡区间并上摸至接近 9% 的下半年高点，年末收于 7.20%，较上年末小幅上涨 132 个基点（见附录图 2-17）。

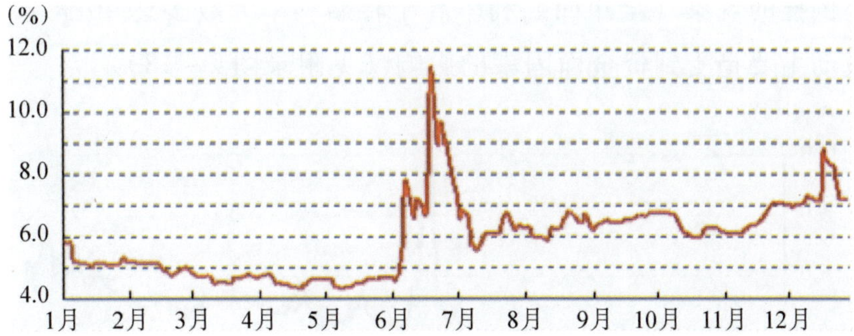

附录图 2-17 2013 年 Wind 票据直贴利率（长三角地区）走势

票据转贴现市场利率的走势和直贴利率大致相似，以中国票据网报价利率为例进行分析，年内走势大致可以分为三个阶段：第一阶段是 1 ~5 月的低位盘跌阶段。由于

经济增长形势仍然面临下行风险，中国人民银行继续维持稳健的货币政策基调，加之第一季度外部资金的快速流入，市场机构对流动性宽松局面的预期普遍较为一致，而实体信贷需求仍显不足，盈利压力增大，商业银行普遍加大了票据资产的运作力度。因此，前五个月票据市场经营机构间竞争较为激烈，票据转贴利率（买断和卖断报价的平均值，以下简称转贴利率）和回购利率（正回购和逆回购报价的平均值，以下简称回购利率）在低位窄幅盘整，重心逐渐下移，从5.0%左右下移至4.0%左右。第二阶段是6月的快速巨幅波动阶段。由于外部资金流向逆转、部分银行去杠杆、新外汇监管措施等因素与传统流动性节点的叠加影响，从5月中旬开始，银行间货币市场出现资金紧张状况，短期利率出现整体上行，6月中旬资金面紧张状况进一步加剧，短期利率开始大幅飙升，并带动中长端利率上涨。受此影响，票据转贴利率和回购利率在6月第二周开始大幅飙涨，一周之内上涨均超过500基点，最高冲到10%以上，但之后一周内又迅速回落300基点以上，整个票据市场在短短半月内经历了历史上罕见的过山车似的波动。第三阶段是7~12月的高位盘升阶段。票据市场利率在经历6月的巨幅波动后开始回归理性，机构间对于票据利率水平的预期开始趋于一致，但由于中国人民银行逐步收紧的货币政策调控尺度，以及迫使银行业逐步降低此前过高的杠杆，使得商业银行对于资产和流动性的摆布也日趋审慎和精细化，整个市场利率中枢较1~5月有明显的上移，转贴利率和回购利率基本在5%~7%之间波动。临近年末，资金面再次出现短暂的紧张局面，市场利率再次向上突破，最高到8%左右。

从全年情况看，转贴利率全年平均为5.51%，比上年上涨5个基点；回购利率平均为5.36%，比上年上涨85个基点。截至12月末，转贴利率报收于6.26%，比上年末上涨93个基点；回购利率报收于6.90%，比上年末上涨210个基点。2013年，票据转贴和回购利率走势非常一致，以往转贴相对于回购的溢价表现得极不明显，甚至时常出现利率倒挂的现象（全年回购利率高于转贴利率天数多达46天），这表明2013年市场利率波动主要是受到资金面因素的影响（见附录图2－18）。

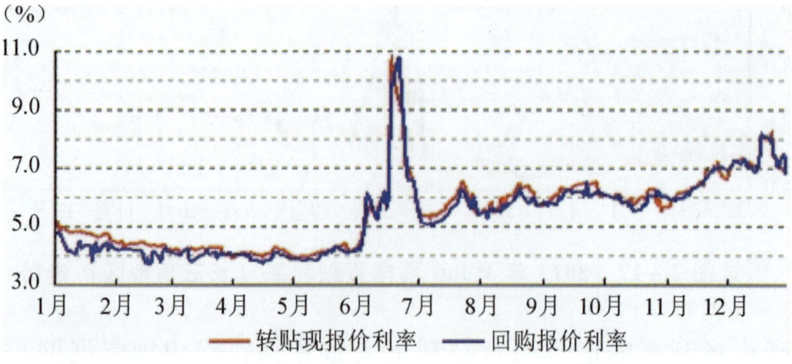

附录图2－18　2013年中国票据网转贴现、回购报价利率走势

三、票据买入需求旺盛，市场报价和交投异常活跃

2013 年，中国票据网日均报价金额为 780 亿元，较上年增长 22.6%。买入方向仍然占据主导地位，买入方向（买断和逆回购）报价金额是卖出方向（卖断和正回购）的 2.9 倍，占比较上年提高 4 个百分点。值得注意的是，与 2012 年相比，买卖方向内部的结构出现了不同的变化：买入方向上，买断报价金额占比较 2012 年提高 11.4 个百分点至 51.7%，超过逆回购成为所有报价品种中的主力，是 2013 年买方力量增强的主要贡献因素；卖出方向上，卖断报价金额占比较 2012 年下降 5.1 个百分点至 67.0%。这也在一定程度上反映了 2013 年在资金面时常趋紧的情况下，商业银行逆回购业务拓展力度下降，而正回购需求有所增加，同时票据业务的信贷规模约束在弱化。

2012 年、2013 年中国票据网报价金额结构对比见附录图 2－19。

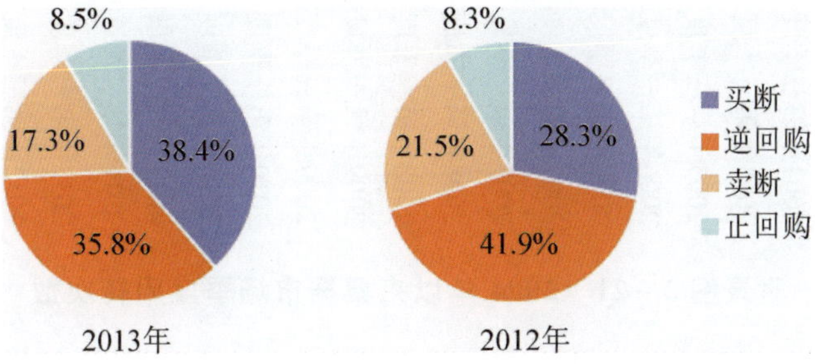

附录图 2－19　2012 年、2013 年中国票据网报价金额结构对比

从票据市场交易量来看，中国人民银行《货币政策执行报告》显示，2013 年贴现量达到 45.7 万亿元，同比增速达 44.3%。具体来看，第一至第四季度贴现量分别为 9.5 万亿元、12.9 万亿元、12.2 万亿元、11.1 万亿元，其中第二季度为历史最高（见附录图 2－20）。

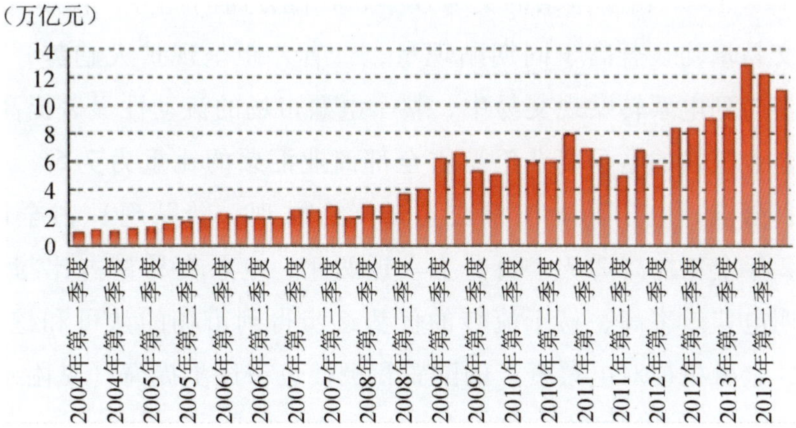

附录图 2－20　2004 年以来票据市场季度交易量

从票据季度周转次数（季度贴现量/季初季末平均贴现余额）看，第一至第四季度分别为4.5、5.7、5.5和5.4次/季（见附录图2-21），其中第二季度的周转次数创下历史新高。近年来，票据市场交易量不断上升，一方面是由于贴现规模资源的相对有限，在日益增长的盈利压力驱使下，机构持票收息需求下降而交易性获利动力普遍上升；另一方面是由于近年来商业银行票据业务运作模式日益多元化，机构对与票据相关的理财业务的开发和参与程度日渐增强，从而创造了新的票据交易需求。

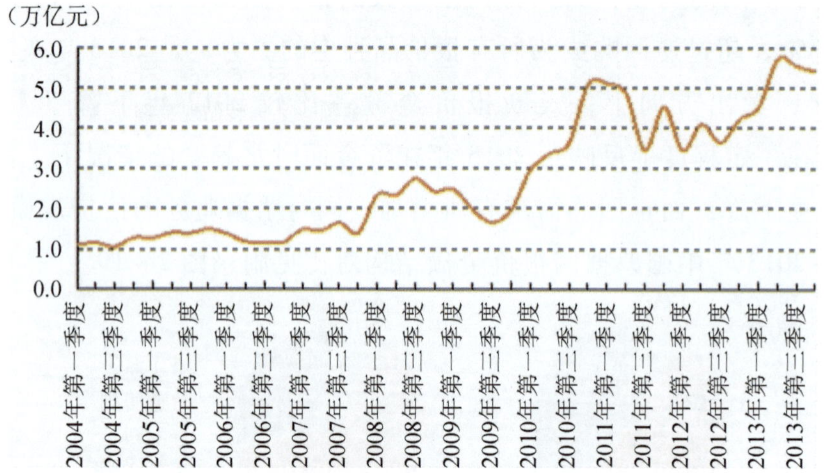

附录图2-21　2004年以来票据市场季度周转次数

四、电票业务量快速增长，转贴现交易增长最快

根据中国人民银行数据，截至2013年12月末，全国接入电子商业汇票系统的机构共计359家，比年初增加18家。全年电子商业汇票系统签发金额为15 864亿元，比上年增长69.1%；贴现金额为6 405亿元，同比增长64.9%；转贴现金额为19 510亿元，同比增长199.3%。由于电票的交易效率和收益方面的优势，转贴现交易开始趋于活跃，各季度交易量均显著高于同期贴现量，二者差距呈现扩大趋势，显示出越来越多的商业银行参与到电票转贴现交易中，整个电票市场的流动性显著提高。

前三季度企业签发的电子商业汇票占全部商业汇票的比重为7.5%，较2012年全年提高2.3个百分点；电子商业汇票交易量（含贴现、转贴现）占全部商业汇票的6.0%，比2012年全年提高2.7个百分点。近两年，电票交易量占比与签发量占比均逐年上升，表明电票效率高、易于流转的优势逐步得到市场的认可和挖掘，普及推广程度正在加强，金融机构对电票资产的配置积极性也在逐步提高（见附录图2-22）。

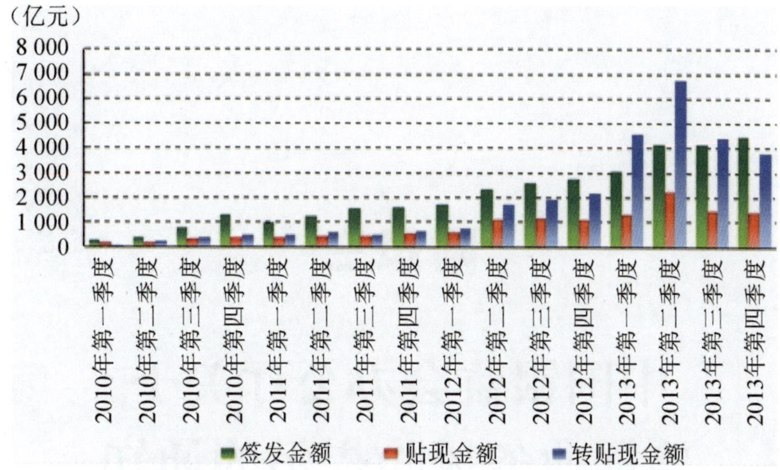

附录图 2－22　2010 年以来电票季度交易金额

附录三

中国银监会办公厅关于票据业务风险提示的通知

银监办发［2015］203 号

各银监局，各政策性银行、大型银行、股份制银行，邮储银行，外资银行，金融资产管理公司，其他会管金融机构：

按照 2015 年现场检查计划，各银监局分别对辖内部分银行业金融机构 2015 年上半年票据业务进行了现场检查。检查发现，相关银行业金融机构在办理票据业务中均不同程度存在不审慎行为。为督促和引导银行业金融机构切实加强票据业务管理，有效防范风险，现就有关风险提示如下：

一、风险提示

（一）票据同业业务专营治理落实不到位。部分银行业金融机构票据同业专营上收不彻底，不同程度存在未实行专营部门集中审批、分支机构办理同业票据业务、会计处理不集中、未对同业票据交易对手实行名单制管理、违规办理商业承兑汇票买入返售业务等问题。

（二）通过票据转贴现业务转移规模，消减资本占用。部分银行业金融机构利用“卖断＋买入返售＋到期买断”、“假买断、假卖断”、附加回购承诺等交易模式，假卖断真出表，或帮助他行在月底代持，调节信贷规模；有的利用第三方机构，将票据资产转为资管计划，以投资替代贴现，随意调节会计报表并减少资本计提。

（三）利用承兑贴现业务虚增存贷款规模。部分银行业金融机构滚动签发银行承兑汇票，以票吸存，虚增资产负债规模，或以贷款、贴现资金做保证金，办理银行承兑汇票，虚增存款。有的还通过人为倒换业务类型，提增中间业务收入，虚增绩效。

（四）与票据中介联手，违规交易，扰乱市场秩序。部分银行业金融机构与中介合作，离行离柜大量办理无真实贸易背景票据贴现，非法牟利。

（五）贷款与贴现相互腾挪，掩盖信用风险。部分银行业金融机构利用贴现资金还旧借新，调节信贷质量指标；发放贷款偿还垫款，掩盖不良。

（六）创新“票据代理”，规避监管要求。部分银行业金融机构通过同业代理转贴现、抽屉协议，隐匿信贷资产规模；委托中介机构办理票据业务，甚至出租、出借账户和印鉴。

（七）部分农村金融机构为他行隐匿、消减信贷规模提供“通道”，违规经营问题突出。在个别股份制银行、城商行的主导下，部分农信社、农商行、村镇银行为他行做通道、消规模，违规贴现，大量出具抽屉协议或承诺办理转贴现，不按规定进行会计核算，甚至账外经营，潜藏风险重大。

二、监管要求

（一）高度重视票据业务风险，认真落实监管要求。银行业金融机构要将“低风险”业务全口径纳入统一授信范围，认真履行尽职调查、审核、审批职责，要全面加强票据业务风险管理，不得办理无真实贸易背景的票据业务。对已办理票据承兑、贴现的发票、单据等凭证，经办行应在原件正面注明承兑（贴现）的银行名称、日期、金额等相关信息，防止虚假交易及发票重复使用。各法人银行业金融机构要切实落实同业专营和治理要求，严格按照业务权限、交易对手准入清单和同业授信额度开展同业票据业务。

（二）强化合规管理，规范票据经营。银行业金融机构要强化内控建设，全面树立合规理念，加强员工行为管控，严禁机构和员工参与各类票据中介和资金掮客活动，严禁携带凭证、印章等到异地办理票据业务。银行业金融机构要严格规范账户特别是异地账户的开立和使用管理，不得出租、出借账户，严禁“倒打款”行为，严防银行票据资金被套取、挪用，违规参与民间借贷或非法集资，甚至成为社会非法金融活动的资金来源。

（三）完善绩效考核，防止资金空转。银行业金融机构要合理确定业务规模和发展速度，按照业务实质建立完善的绩效考核机制，确保信贷资金有效服务实体经济，防止将票据业务作为调节经营指标和绩效收入的工具，造成银行资金空转。

（四）加大监管力度，依法查处违规行为。各银监局要进一步加大对票据业务的监督与检查力度，坚决把“三铁三见”要求落实到位，严肃查处各类违法违规行为。对管理不力、屡查屡犯及账外经营等严重违法违规问题，除对直接责任人进行严肃问责外，还要追究上级管理人员责任。涉嫌犯罪的，及时移送司法机关。

中国银行业监督管理委员会　办公厅

2015 年 12 月 31 日

附录四

中国人民银行　中国银行业监督管理委员会关于加强票据业务监管、促进票据市场健康发展的通知

银发［2016］126号

中国人民银行上海总部，各分行、营业管理部，各省会（首府）城市中心支行，深圳市中心支行；各省（自治区、直辖市）银监局；国家开发银行，各政策性银行、国有商业银行、股份制商业银行、中国邮政储蓄银行：

近年来，基于商业汇票的各类票据市场业务快速增长，为拓宽企业融资渠道、优化银行业金融机构（以下简称银行）资产负债管理发挥了积极作用，但也存在部分票据业务发展不规范，部分银行有章不循、内控失效等问题，已引发系列票据案件，造成重大资金损失，业务风险不容忽视。为落实金融支持实体经济发展的要求，有效防范和控制票据业务风险，促进票据市场健康有序发展，现就加强票据业务监管、规范业务开展等事项通知如下：

一、本通知所称的票据业务是指中华人民共和国境内依法设立的银行，为客户办理的商业汇票承兑、贴现业务和银行之间办理的买断式转贴现业务，以及《中国人民银行　中国银行业监督管理委员会　中国证券监督管理委员会　中国保险监督管理委员会　国家外汇管理局关于规范金融机构同业业务的通知》（银发［2014］127号）中以票据类金融资产为基础资产的买入返售（卖出回购）业务。

二、强化票据业务内控管理

（一）按业务实质建立审慎性考核机制。银行应建立科学的考核激励机制，按照

《银行业金融机构绩效考评监管指引》（银监发［2012］34 号文印发）的要求，合规经营类指标和风险管理类指标权重应当明显高于其他类指标，将承兑费率与垫款率等票据业务经营效益指标与风险管理类指标纳入考核，确保票据业务规模合理增长。

（二）加强实物票据保管。银行应建立监督有力、制约有效的票据保管制度，严格执行票据实物清点交接登记、出入库制度，加强定期查账、查库，做到账实相符，防范票据传递和保管风险。

（三）严格规范同业账户管理。银行应严格执行《中国人民银行关于加强银行业金融机构人民币同业银行结算账户管理的通知》（银发［2014］178 号）要求。开户银行必须通过大额支付系统向存款银行一级法人进行核实。严格规范异地同业账户的开立和使用管理，加强预留印鉴管理，不得出租、出借账户，严禁将本银行同业账户委托他人代为管理。开户银行和存款银行应按月对账，对账发现同业账户属于虚假开立或者资金流水异常的，应立即排查原因，对存在可疑情形的应在 2 个工作日内向监管部门报告。

（四）强化风险防控。银行应严格按照监管部门票据业务管理制度和本通知的要求，认真梳理内部各项制度，规范业务流程设计，坚持关键岗位、职能部门分离制约；加强员工行为管控和行为排查，开展内部业务培训、道德教育，提升员工专业素养和合规意识；建立和持续优化票据业务系统，实现流程控制系统化，加强内控检查和业务审计，确保内控制度和监管要求落实到位，防范道德风险和操作风险。

三、坚持贸易背景真实性要求，严禁资金空转

（一）严格贸易背景真实性审查。银行应加强对相关交易合同、增值税发票或普通发票的真实性审查，并可增验运输单据、出入库单据等，确保相关票据反映的交易内容与企业经营范围、真实经营状况，以及相关单据内容的一致性。通过对已承兑、贴现商业汇票所附发票、单据等凭证原件正面加注的方式，防范虚假交易或相关资料的重复使用，严禁为票据业务量与其实际经营情况明显不符的企业办理承兑和贴现业务。

（二）加强客户授信调查和统一授信管理。银行应科学核定客户表内外票据业务授信规模，并将其纳入总体授信管理框架中。根据票据业务具体的授信种类搜集客户资料，包含但不限于基本信息、财务信息和非财务信息等，杜绝超额授信。银行应按照《商业银行授信工作尽职指引》（银监发［2004］51 号文印发）的要求做好对不同票据业务授信品种的分析评价。在客户原有信用等级和业务评价水平的有效期内，发生影响客户授信等的重大事项，银行应及时调整相关风险分析与评价。

（三）加强承兑保证金管理。银行应确保承兑保证金为货币资金，比例适当且及时足额到位，保证金未覆盖部分所要求的抵押、质押或第三方保证必须严格依法落实。应识别承兑保证金的资金来源，不得办理将贷款和贴现资金转存保证金后滚动申请银

行承兑汇票的业务。保证金账户应独立设置，不得与银行其他资金合并存放。保证金管理应通过系统控制，不得挪用或随意提前支取。

（四）不得掩盖信用风险。银行不得利用贴现资金借新还旧，调节信贷质量指标；不得发放贷款偿还银行承兑汇票垫款，掩盖不良资产。

四、规范票据交易行为

（一）严格执行同业业务的统一管理要求。银行应严格按照《中国人民银行 中国银行业监督管理委员会 中国证券监督管理委员会 中国保险监督管理委员会 国家外汇管理局关于规范金融机构同业业务的通知》和《中国银监会办公厅关于规范商业银行同业业务治理的通知》（银监办发［2014］140号）的要求，将银行承兑汇票买入返售（卖出回购）业务纳入全面风险管理，严格实施集中统一授权、授信、审批，完善前、中、后台分设的内部控制机制，强化业务管理。按照会计准则要求，采用正确的会计处理方法，对买入返售（卖出回购）业务单独列立会计科目，严格按照业务合同（协议）规定进行会计核算。

（二）加强交易对手资质管理。银行应对买入返售（卖出回购）的交易对手由法人总部进行集中统一的名单制管理，定期评估交易对手信用风险，动态调整交易对手名单，不得与交易对手名单之外的机构开展买入返售（卖出回购）票据等同业业务。

（三）规范纸质票据背书要求。受理转贴现业务时，拟贴入银行必须确认交易对手已记载背书，禁止无背书买卖票据；已贴入银行必须于转贴现业务当日在本手背书的被背书人栏记载本机构名称，保障自身票据权利。受理买入返售业务时，拟买入返售银行必须确认交易对手是最后一手票据背书记载的被背书人。

（四）禁止离行离柜办理纸质票据业务。转贴现、买入返售（卖出回购）的交易双方应在交易一方营业场所内逐张办理票据审验和交接。买入返售（卖出回购）交易对应的票据资产需要封包的，交易双方应在买入方营业场所内办理票据审验和交接。票据实物应由买入方保管。

（五）严格资金划付要求。办理转贴现贴入和买入返售（卖出回购）业务时，转入行应将资金划入票据转出行在中国人民银行开立的存款准备金账户或票据转出行在本银行开立的账户，防止资金体外循环。通过被代理方式办理电子商业汇票业务的金融机构，可以使用在代理行开立的、与电子商业汇票业务关联的同业账户办理资金收付。

（六）禁止各类违规交易。严禁银行与非法“票据中介”、“资金掮客”开展业务合作，不得开展以“票据中介”、“资金掮客”为买方或卖方的票据交易。禁止跨行清单交易、一票多卖。

五、开展风险自查，强化监督检查

（一）全面开展票据业务风险自查。银行应于2016年6月30日前，在全系统开展票据业务风险排查，对存在的风险隐患，立即采取有效措施堵塞漏洞。重点排查将公章、印鉴、同业账户出租、出借行为，与交易对手名单之外机构开展交易的行为，以及为他行“做通道”、“消规模”，不按规定进行会计核算的行为。对违规开立和使用的同业账户，应予撤销；对疑似“票据中介”、“资金掮客”等客户或交易对手，应及时审慎处置；对已形成资金损失或涉嫌违法犯罪的，应及时向监管部门报告，移交公安部门处理。银行应于2016年7月15日前，将风险自查情况同时报送中国人民银行和银行业监督管理部门，全国性银行报送中国人民银行总行和中国银行业监督管理委员会，其他银行报送法人所在地中国人民银行上海总部、各分行、营业管理部、省会（首府）城市中心支行、深圳市中心支行（以下统称人民银行副省级城市中心支行以上分支机构）和各省（自治区、直辖市）银监局。

（二）加大监督检查力度，增强监管实效。中国人民银行总行和副省级城市中心支行以上分支机构，中国银行业监督管理委员会和各省（自治区、直辖市）银监局，要依照法定职责加大对票据业务的现场和非现场检查力度，增强监管实效，强化制度执行，整顿市场秩序；严肃票据业务纪律，公布咨询举报电话、畅通举报渠道。在接受举报和执法检查中，发现银行存在违规操作的，依法严肃查处并督促及时整改。对违规情节严重的，视情况采取暂停市场准入、暂停票据业务等监管措施，依法追究直接责任人员和相关高管人员责任。

请中国人民银行副省级城市中心支行以上分支机构，各省（自治区、直辖市）银监局将本通知联合转发至辖区内各城市商业银行、农村商业银行、农村合作银行、外资银行、农村信用社和村镇银行。

执行中如遇问题，请及时报告中国人民银行、中国银行业监督管理委员会。

中国人民银行
中国银行业监督管理委员会
2016年4月30日

附录五

海外发达票据市场发展概述

当今世界发达国家的票据市场都经历了一个长期的不断完善的过程，通过对其研究，寻找其发展规律，可以为我国的票据市场提供借鉴。本报告对海外主要发达票据市场概况作一简要综述。

一、美国票据市场

美国票据市场上的交易工具包括商业票据（Commercial Paper）和银行承兑汇票（Bankers Acceptances）。银行承兑汇票的主要作用是：为国际贸易融资；为在国内储存或运输商品融资；为在国外储存或在国际运输商品融资。在过去很长的时间里，银行承兑汇票一直是美联储银行的操作工具之一，但是随着银行承兑汇票市场规模的扩大，金融机构可以通过市场方便地解决承兑汇票的流动性问题，所以美联储在公开市场中逐步减少了对银行承兑汇票的直接操作。

受联邦储备法案有关条款的限制，银行承兑汇票市场规模缩小，商业票据占据票据市场的主要地位。商业票据市场自20世纪80年代末期以来得到了迅速的发展，主要原因是联邦储备银行收紧银根，银行信贷资金不能充分满足公司、企业资金需求，从而导致以商业票据为融资方式的直接融资的增长。商业票据的面额一般较大，平均购入规模大约是200万美元，大约70%的商业票据由相关金融公司发行。金融公司多是大型装备制造公司的附属机构，他们的主要目的是为其母公司的顾客担保融资。此外，融资性票据与交易性票据并存，20世纪80年代末到90年代初，还出现了资产保证商业票据规划组织（ABCP）规划，该规划以借款人的各种应收账款为抵押，在参与银行的信用担保和流动性贷款的支持下，发行商业票据的组织形式和协议安排，形成了票据证券化趋势。商业票据在发行前必须先由专门的评级机构进行评级，其评级结果是投资者进行投资选择、决策、降低风险的重要依据。

金融市场的参与者介入票据市场的程度很高，一方面，票据的发行者包括了金融公司、非金融公司和银行控股公司；另一方面，票据的投资者则包括了银行、非金融企业、投资公司、中央和地方政府、私人养老基金、公益基金、个人等。他们之间通过中介机构有机联系起来，票据买卖双方通过中介机构沟通信息，保证交易的顺利实施。

二、英国票据市场

英国的票据市场是建立时间最早、历史最长的货币市场，一直比较发达。票据市场主要工具包括英国政府国库券、商业票据、中央和地方政府的债券和可转让存单等证券。票据市场以贴现行为中心，由商人银行（票据承兑行）、票据贴现行、商业银行、证券经纪商号和英格兰银行等金融机构组成。票据贴现行是英国银行系统中的一种特殊机构，主要扮演票据市场的组织者和融资桥梁的角色，通过各类银行及金融机构的即期贷款从事票据贴现和公债买卖，以促进短期资金的正常周转。它一方面接受客户的商业票据和经过承兑所承兑的票据并办理贴现；另一方面是商业银行和英格兰银行间的纽带以及中央银行与商业银行之间的“缓冲器”。商人银行（票据承兑行）在票据市场经营票据承兑业务，主要为客户办理票据承兑，并以收取小额的手续费作为正常业务收入。票据一经承兑行承兑，就成为“银行票据”，其贴现利息要比一般商业承兑汇票低。商业银行在贴现市场的活动主要是向贴现所提供“通知贷款”，并从贴现行购入票据。

英格兰银行作为最后贷款人向票据贴现行贷款，以国库券的代理发行机构的身份进入贴现市场，同时通过贴现市场影响短期利率水平和银行储备水平。短期利率的高低直接影响到国内货币供应的松紧度，从而间接影响到借贷、消费需求、投资、产量等，最终影响到价格水平。这样，英国的票据市场就成了英格兰银行向商业银行及投资者传递其货币政策意图的渠道，英国政府货币政策意图通过票据市场进而迅速准确地传递到实际经济部门。

三、日本票据市场

日本的票据贴现市场是金融机构相互之间进行票据贴现买卖的市场，是金融机构以贴现方式，通过买卖票据相互之间融通中期资金的市场，是银行间同业拆借市场的延伸。该市场的参与者包括城市银行、地方银行、相互银行、信用金库、信托银行、农村系统金融机构、外资银行和证券公司。交易的工具是具备真实贸易背景的票据，包括本票和汇票，由日本特有的短资公司充当票据市场的中介机构。可以看出，日本的票据市场相比英国、美国，其市场工具种类较少，缺乏融资性票据，这由日本的金融市场环境决定。

票据再贴现曾在日本货币框架中发挥过主导作用，特别是在20世纪60~80年代期间，日本的金融市场尚欠发达，而企业却面临着资金极度短缺的状况，此时，中央银行的票据再贴现作为一项主要的货币政策工具，为日本经济高速发展提供了有利的资金支持。但是，由于市场环境的变化，20世纪90年代以来，在日本不论是商业银行的票据贴现，还是中央银行的票据再贴现，均呈现逐步萎缩趋势，其主要原因是金融市场的深化及其市场工具的逐步推出使再贴现的地位和重要性相应逐步下降。此外，企业为了逃避征收票据印花税，开始更加倾向于选择透支方式，而不愿采用票据贴现方式，以至于对中央银行再贴现需求减少。1995年7月，自无担保的同业隔夜拆借利率低于票据再贴现利率之后，票据再贴现量开始大幅下降，2001年6月停止再贴现，引入票据回购市场。

四、欧洲票据市场

欧洲票据市场是20世纪80年代国际金融创新的重要成果之一，是欧洲货币市场的重要组成部分，其主要交易工具包括欧洲短期票据、欧洲商业票据、欧洲中期票据。最具特色的是欧洲票据市场上出现的融资便利（Facility），它是一种由各种不同的发行方式、提款方式和承诺担保方式组合而成，以合约形式向借款人或票据发行人提供的融资安排。具有不同融资需求的企业都可以通过融资便利，找到为自己量身定做的融资组合服务。

欧洲货币市场基金是欧洲商业票据唯一最大也是增长最快的投资者，原因在于消费者对于银行收益率的不满意及对金融市场替代性金融工具品种的不断了解。养老金债务私有化也进一步加速了进入票据市场的资金量。另外，合并与收购浪潮产生了筹集大量资金的需求，银行筹资成本上升，所以公司财务管理者开始寻找更多具有竞争性的融资渠道。

附录六

2015年中国票据市场大事记

2015年1月，上海市金融学会票据专业委员会成立大会暨“新常态·新机遇”票据论坛在上海举行，大会选举中国工商银行票据营业部为会长单位，中国农业银行票据营业部等8家单位为副会长单位。

2015年2月，互联网票据理财平台“金银猫”首次为其即将上线的新产品投入首期500万元的风险备付金，在互联网票据理财行业中率先引入风险备付金风控方式。

2015年2月，大公信用数据有限公司发布《互联网金融票据质押融资信用风险报告》，指出目前互联网票据质押融资存在五大问题，即信息披露真实规范性不足、虚假票据现象严重、一票多押融资问题较多、虚假宣传误导投资者、广泛存在自融问题。大公信用同时还公布了266个互联网金融网贷平台黑名单和676个预警名单。

2015年3月，全国人大代表、时任中国人民银行南京分行行长周学东建议尽快修改现行《票据法》，坚持票据的无因性这一基本原则，确立融资性票据的合法地位，在票据业务上有条件地允许企业签发融资性票据，适度放开票据的融资功能。

2015年3月，第三方互联网票据服务平台票据宝在博鳌亚洲论坛发布了国内首份票据垂直领域信用评级报告——《中国票据信用评级报告》，以21个档次对银行承兑票据、商业承兑票据主体做信用评级。

2015年3月，无锡市正式设立小额票据服务中心，负责无锡中小微企业小额票据贴现的预约登记、政策宣传、业务推广、信息统计和配合协调等工作，首批选择江苏银行无锡分行、无锡农商行为合作银行，合作银行内设立小额票据贴现中心，其各营业网点设立小额票据受理窗口，负责小额票据贴现的受理申请、审查审核、资金划付和信息反馈等具体业务工作。小额票据服务中心的设立，旨在进一步支持小微企业发展，有效缓解中小微企业小额票据流转难、变现难问题。

2015年5月，中信银行上海分行成功为上海自贸区FTN账户办理了跨境人民币业务项下电子商业汇票受让业务，并顺利完成该FTN账户电子银行承兑汇票贴现业务的放款，这是国内首笔跨境人民币业务项下电子商业汇票业务。

2015年7月，浙商银行推出涌金票据池2.0版，在2014年10月1.0版的基础上，创新集团额度调剂、额度转移计价、票据双向买断、信用额度加载、电子商票带息、线上转贴现等新功能。

2015年10月，安徽省经信委与徽商银行、省农信社联合社联合设立"安徽省小额票据贴现中心"，通过设置"非授信承兑行专项额度"，切块小额票据贴现专项额度，优化业务流程，改造管理系统，并推出小额票据贴现新产品，破解小额票据贴现难问题。

2015年11月，中国工商银行票据营业部发布工银票据电子化交易平台，依托中国工商银行"融e购"电商平台，在票据资产托管服务的基础上，为客户提供集自由报价、交易匹配、票据交易、资金清算、风险控制、统计分析、信息资讯等功能于一体的票据综合服务，实现票据交易全流程的电子化。

2015年12月，广东省设立中小微企业小额票据贴现中心，邮储银行广东省分行、招商银行广州分行、平安银行广州分行成为首批设立小额票据贴现中心的金融机构，标志着广东省专业化的中小微企业票据融资平台正式建立。

2015年12月，中国银监会下发《关于票据业务风险提示的通知》（银监办发[2015]203号），对相关银行业金融机构在办理票据业务中存在的不同程度的不审慎行为进行风险提示，要求银行业金融机构高度重视票据业务风险，认真落实监管要求；强化合规管理，规范票据经营；完善绩效考核，防止资金空转；加大监管力度，依法查处违规行为。

参考文献

[1] 中国银行业协会：《中国票据市场发展报告 2014 ~ 2015》，中国财政经济出版社 2015 年版。

[2] 编写组：《新世纪中国票据市场发展报告（2000 ~ 2011）》，中国金融出版社 2013 年版。

[3] 中国人民银行：《历年各季度中国货币政策执行报告》。

[4] 中国人民银行：《历年支付体系运行总体情况》。

[5] 中国人民银行：《2014 年中国区域金融报告》。

[6] 中国人民银行：《2015 年中国区域金融报告》。

[7] 中国工商银行票据营业部课题组："宏观货币政策调整对票据市场利率的影响"，《金融论坛》，2014 年第 6 期。

[8] 励雅敏、黄耀锋、袁喆奇："票据专题报告——票据市场待规范，银行风险仍可控"，《平安证券公司行业报告》，2016 年 1 月 28 日。

[9] 潘梅、喻诚、耿天舒："新常态下票据业务创新和风险防范"，《农村金融研究》，2015 年第 7 期。

[10] 王红霞、曾一村、汪武超："2015 年中国票据市场运行回顾与前景展望"，《中国货币市场》，2016 年第 1 期。

[11] 王红霞、曾一村、汪武超："商业银行票据业务跨界创新与融合发展"，《上海金融》，2016 年第 3 期。

[12] 王红霞、曾一村、吴晓均、汪武超："人民币国际化趋势下票据业务创新发展"，《农银学刊》，2015 年第 6 期。

[13] 王红霞、曾一村、徐扬："经济新常态下中国票据市场发展呈现新特征"，《CHINA BANKING》，2015 年第 10 期。

[14] 王红霞、曾一村、汪武超："互联网票据理财业务的现状及发展建议"，《上海金融学院学报》，2015 第 3 期。

[15] 刘洁："电子票据研究"，《法制博览》，2016 年第 3 期（上）。

［16］聂清华："我国电子商业汇票业务发展的瓶颈及对策"，《哈尔滨师范大学社会科学学报》，2015 年第 1 期。

［17］叶文辉："互联网票据 P2B 平台的风险及对策"，《金融研究》，2015 年第 7 期。

［18］陈勇："互联网票据理财平台发展与政策建议"，《上海金融》，2014 年第 9 期。

［19］汪办兴："上海自贸区银行电子票据参与跨境人民币支付的业务研究"，《上海金融学院学报》，2015 年第 5 期。

［20］汪办兴："银行借鉴互联网票据模式加快电子票据业务发展的思考"，《上海金融学院学报》，2015 年第 3 期。

［21］金旗、高歌："新常态下的商业银行票据风险管理"，《中国银行业》，2015 年第 4 期。

［22］肖小和、张蕾、王亮："新常态下票据业务全面风险发展趋势与管理研究"，《上海金融》，2015 年第 6 期。

［23］曾一村："票据业务的资金化运作趋势分析及建议"，《中国货币市场》，2011 年第 7 期。

［24］董德志、魏玉敏："2015 年货币市场利率运行报告与展望"，《中国货币市场》，2016 年第 1 期。

［25］巴曙松："票据市场的发展与政策影响：国际经验与中国的路径选择"，《中国金融》，2006 年第 4 期。

［26］徐忠、姚前："数字票据交易平台初步方案"，《中国金融》，2016 年第 17 期。

［27］朱剑锋："国外票据市场发展模式对我国的启示"，《济南金融》，2004 年第 4 期。

后　记

本书源于中国银行业协会《中国票据市场发展报告2015～2016》重点课题，由中国银行业协会票据专业委员会及其办公室总负责。课题由中国工商银行主承办，中国农业银行、交通银行、中国邮政储蓄银行、招商银行和北京农商银行协办，国家开发银行、中国银行、中国建设银行、中国光大银行、华夏银行、中国民生银行、兴业银行、平安银行、上海浦东发展银行、北京银行、徽商银行、江苏农村信用社联合社和浙江农村信用社联合社等银行金融机构协助。

这是中国银行业协会票据专业委员会成立两年来第二本《票据蓝皮书》。本书立足于2015年以来中国票据市场的发展情况，兼顾中国票据市场的发展历史和愿景，试图从多元化、跨市场、国际化的角度向读者展示当下中国票据市场发展的概貌。

本书特点：一是务实性；二是系统性；三是前瞻性。参加报告编写的人员皆为各家银行总行层面具有市场经验的经营管理者，他们具有较强的理论联系实际的能力，反映和叙述信息时力求符合市场情况。本书内容既包括票据市场，又包括关联度较强的债券市场、资金市场等其他货币市场子市场。本书还对互联网票据、海外发达票据市场的发展以及2016年以来票据市场新变化作了专门阐述。为弥补21世纪以来境内发行的我国票据市场年度发展报告的缺失，本书补录了《2012年中国票据市场发展报告》、《2013年中国票据市场发展报告》作为附件，为决策监管部门和票据研究者在研究新中国票据市场发展史（特别是21世纪以来）提供便利。

全书主体共分为三个部分：第一部分（总报告：第一章）对2015年中国票据市场发展进行综述；第二部分（年度分项报告：第二章至第十一章）分别以2015年中国票据市场发展的宏观环境、市场运行情况、与相关货币市场联动发展、业务开展情况、市场利率运行情况、区域票据市场发展、金融机构票据业务开展情况、创新发展、电子票据与互联网票据发展和风险状况与防控等十个方面进行了全面阐述；第三部分（前景展望：第十二章至第十三章）对全国统一票据市场建设与发展以及银行业票据业务经营的预期进行推理、预测和设想。

本书各部分编写分工如下：

【主体部分】

第一章2015年中国票据市场发展综述由中国工商银行票据营业部邹江、汪办兴和修晓磊撰写；第二章2015年中国票据市场发展的宏观环境由交通银行票据业务中心崔韬、刘庆晓撰写；第三章2015年中国票据市场运行情况和第四章2015年中国票据市场与相关货币市场联动发展由中国农业银行票据营业部曾一村、汪武超撰写；第五章2015年中国票据市场业务开展情况由中国邮政储蓄银行张宇航、高辉、江仁让、于硕撰写；第六章2015年中国票据市场利率运行情况由北京农商银行总行于瑞珍、郭文卿撰写；第七章2015年中国区域票据市场发展由中国邮政储蓄银行张宇航、高辉、江仁让、于硕撰写；第八章2015年金融机构票据业务开展情况由北京农商银行总行于瑞珍、童鹏撰写；第九章2015年银行票据业务的创新发展由招商银行刘杰、陈婷婷撰写；第十章2015年电子票据和互联网票据发展由招商银行刘杰、陈婷婷撰写；第十一章2015年中国票据市场风险状况与防控由交通银行票据业务中心张晓声撰写；第十二章全国统一票据市场建设与展望和第十三章银行票据业务经营形势与发展展望由中国工商银行票据营业部邹江、汪办兴和修晓磊撰写。

【附录部分】

附录一和附录二由中国农业银行票据营业部李晓莉供稿；附录三和附录四由中国银行业协会维权部刘晓菊、吴安琪提供；附录五和附录六由中国工商银行票据营业部赵珣、汪办兴和颜村雨收集整理和编制供稿。

自《中国票据市场发展报告2015~2016》课题开题到书稿得以编印，历时五个多月。本书在编写过程中得到中国银行业协会专职副会长潘光伟、秘书长黄润中和财务总监赵濛等协会领导的高度关注和大力支持，票据专业委员会主任、中国工商银行副行长胡浩，票据专业委员会常务副主任、中国工商银行票据营业部总经理徐晓岚等领导对书稿架构内容提出了高质量要求。本课题主办和牵头单位中国工商银行对课题的开题、集中撰写、审稿及保障工作给予周到服务，中国工商银行票据营业部唐国林副总经理和王永琪副总经理自始至终参与报告的组织、起草和修订工作，并做了全面安排，在此对他们表示感谢。

本书在编写出版过程中，中国银行业协会首席法律顾问、维权部主任卜祥瑞对本书组织编撰和出版发行提出了许多具体要求和指导；中国银行业协会维权部副主任、票据专业委员会办公室主任嵇成柱，中国工商银行票据营业部信息管理部总经理邹江和汪办兴博士，中国工商银行票据营业部市场营销部总经理赵珣等全程参与了课题和书籍的组织策划、审稿修订与编撰工作。

本书的出版发行工作得到中国人民银行、中国银监会相关政策监管部门和领导的关注与支持，得到朱长法、王红霞、张敬伦、何绍聪、郑福鹏、卢京华、肖小和等业界知名专家领导的关心、指导，同时得到中国银行业协会票据专业委员会19家常委单位的全力支持和300余家成员单位的大力协助。本书还直接或间接引用、参考了其他研究者的相关研究文献，对以上领导、导师和文献的作者，我们表示深深的谢意。

中国财政经济出版社金融分社的蔺红英主任、王丽女士等同仁在编辑、出版过程中继续给予帮助。在此向所有给予编写、出版、发行工作支持和帮助的领导、单位和编写人员一并表示衷心感谢。

历史已经过去，未来终将到来。总结过去是为了面向未来，中国票据市场历经38年光荣与梦想的洗礼，我们相信，在中国人民银行、中国银行业监督管理委员会等政策监管部门的正确领导和用心呵护下，努力坚持票据为实体经济服务的方向，通过不断改革、创新、发展和严格管理，中国票据市场一定会走上更加健康、持续、快速发展的新征程。

由于编写时间不足、数据资料来源受限等原因，对于本书存在的疏漏和错误，欢迎业界和读者批评斧正。

中国银行业协会票据专业委员会
《中国票据市场发展报告》编写组
二〇一六年十一月